河北省社会科学基金项目

★ 本书由河北省社会科学基金项目（IT治理参与主体博弈行为风险分析及应对策略研究）资助，项目编号： HB18GL045

IT项目风险从管理到治理

——基于利益相关者博弈视角

瞿英　邵冬　张晓玮◎著

知识产权出版社
全国百佳图书出版单位
—北京—

图书在版编目（CIP）数据

IT项目风险：从管理到治理：基于利益相关者博弈视角/瞿英，邵冬，张晓玮著. —北京：知识产权出版社，2021.3

ISBN 978-7-5130-7348-6

Ⅰ.①I… Ⅱ.①瞿… ②邵… ③张… Ⅲ.①IT产业—项目管理—风险管理 Ⅳ.①F490.2

中国版本图书馆CIP数据核字（2020）第254278号

内容提要

本书结合知识经济时代对IT产业转型发展的要求，讨论了不同利益主体在IT项目供应链中的行为博弈，构建了面向利益相关者视角的IT项目风险管理与治理体系。基于此，设计了基于知识浸入的风险管理模型，基于博弈分析结果，识别IT项目治理风险因素，给出不同利益主体风险规避策略。

读者对象：从事管理方面研究的科研工作者、对IT项目风险管理及治理感兴趣的读者。

责任编辑：栾晓航　　**责任校对**：潘凤越
封面设计：邵建文　马倬麟　　**责任印制**：孙婷婷

IT项目风险：从管理到治理
——基于利益相关者博弈视角
瞿英　邵冬　张晓玮　著

出版发行：知识产权出版社有限责任公司	**网　　址**：http：//www.ipph.cn
社　　址：北京市海淀区气象路50号院	**邮　　编**：100081
责编电话：010-82000860转8382	**责编邮箱**：luanxiaohang@cnipr.com
发行电话：010-82000860转8101/8102	**发行传真**：010-82000893/82005070/82000270
印　　刷：北京九州迅驰传媒文化有限公司	**经　　销**：各大网上书店、新华书店及相关专业书店
开　　本：787mm×1092mm　1/16	**印　　张**：13.25
版　　次：2021年3月第1版	**印　　次**：2021年3月第1次印刷
字　　数：220千字	**定　　价**：65.00元

ISBN 978-7-5130-7348-6

前　言

随着我国经济结构的深度调整以及云计算、大数据、人工智能和“互联网+”技术的普及和使用，越来越多的组织认识到信息化的重要性，社会信息化的需求表现出强劲势头。因此，近年来IT产业创业指数及IT业务数量都有明显的提升。众所周知，IT产品固有的不确定性及开发过程的不确定性给IT项目建设蒙上了一层神秘的面纱，同时也给产业信息化带来了一定程度的风险。特别是IT产品涉及多方利益相关者，各方在IT项目建设中角色不同，从主体角度来看，这些利益相关者形成了一个特殊的供应链，这就导致IT项目的建设不仅仅是技术问题，而各方利益相关者的协同在很大程度上影响着IT项目的成败。IT项目风险应对及规避问题不仅仅是IT产品供应商内部风险管理的问题，利益相关者之间的行为博弈及协调在很大程度上影响着IT项目的成败，因此需要建立科学合理的风险治理体系，在整个IT产业链条上呈现整体的风险治理能力，最大限度地规避风险，享受信息经济带来的红利。现有的研究集中于利益相关者单个组织内部的风险管理及治理，偏微观，忽视了利益相关者个体行为特征所导致的风险差异，以及各方利益相关者在产业链中的相互关联和依存性。本书在对现有IT项目风险管理进行优化的基础上，对利益相关者的风险治理体系及行为博弈进行了探讨。这里分别以IT产品服务供应商、IT产品供应链中各方利益主体以及IT产品用户及发起方为研究对象，分析他们在IT产业链中的地位及行为特点，从系统角度讨论其风险规避的核心问题并给出解决方案。

1. 基于知识管理的IT产品供应商项目风险管理

IT产品供应商作为产品提供方，其目标在于提供合乎用户需求的高质量产品或服务，也是产业链中最活跃的主体，其风险管理水平直接影响到IT产业链的风险控制能力。因此，针对IT产品供应商的风险管理的研究一直是理论界的研究热点，主要集中在IT项目风险管理理论体系和风险管理支撑技术两个方面。前者侧重于对风险管理理论模型及框架等方面进行研究，后者则侧重于探讨如何用适当的方法实现上述管理模型，目前该方面研究主要集中在风险分析支撑技术上。但是随着新技术的出现，数据驱动的信息系统运营模式的变化也将引领信息产业的变革。传统的IT风险管理需要有新技术的融入才能顺应新时代的要求，IT产业转型升级同样需要风险管理做出相应的转变，才能提高其风险管理水平。这里重点讨论大数据背景下IT项目风险管理模式创新，通过将知识融入风险管理过程的方式，对风险决策水平改进提出相应改进方案。

2. IT产品供应链中相关行为主体博弈分析

近年来，频频出现用户数据泄漏、恶意捆绑软件插件等现象。究其原因，是信息不对称所诱发的机会主义行为，也就是说，逆向选择和道德风险问题是造成我国IT产业中市场参与者行为不规范的重要原因。从信息不对称的角度探讨IT项目行为主体造成的市场风险，不但具有可行性，而且是对IT项目管理理论体系的丰富。因此，本书将研究如何协调整个IT行业中的价值链行为主体的利益，如何确定整个IT产业链上最优的资源配置，建立行之有效的监管体系，在不完全信息条件下研究IT产品开发方与代理方的两方动态博弈模型，将努力程度作为重要考核指标，引入博弈模型中，在最优结果的基础上进一步深入分析提升整个价值链体系的效率的因素。

3. IT产品发起方或用户的风险治理

本书借鉴国内外已有的研究成果，结合中国企业现状，针对企业信息化建设过程的特点，明确企业高层管理团队、业务部门以及IT部门等各参与主体责任，分析其行为博弈的焦点，明确三者行为博弈为企业带来的风险问题。在分析过程中，笔者将演化博弈论和系统动力学相结合，对信息化建设相关主体的企业高层管理团队、业务部门以及IT部门三方在企业IT治理过程中的行为演化博弈过程进行分析；建立SD模型，仿真模拟参与主体演化博弈过程，得到行为博弈系统的演化均衡状态；根据相关结果，为我国IT治理的顺利实施和风险应对提供理论与方法支持。

本书构建了知识管理浸入的风险管理模型，基于冲突分析的IT产品供应链系统的博弈平衡，基于演化博弈和系统动力学的IT用户内部组织的IT治理模型，同时，本书对风险管理到风险治理进行了完整的梳理，并进行了深入分析，同时对IT产业链各主体风险规避策略提出了建设性的建议。在本书的撰写过程中，瞿英完成12万字，邵冬完成9万字，张晓玮完成1万字。

目　录

1 绪论

1.1 研究背景

在20世纪六七十年代，人们骑着大梁自行车去购买生活必需品；通过邮件去联络远方的亲朋好友。而现在，人们只需要一部手机就可以购买到所需的物品，一个视频电话就能看见想念许久的人。刘明下班回家时，忘记购买食材，打开手机，选中自己需要的食材，预约送达时间，她到家的时候食材也就到了。王东被公司派去出差，很想念自己的妻儿，打开手机，找到妻子的号码，一键视频通话，特有的铃声响起后，妻子接通，两人形象信息以图像的形式呈现到对方面前。无论你在世界的哪个角落，这些都已成为人们日常生活的写照。人们的生活逐渐被计算机、手机、移动网络填满。我们已经步入信息化时代。

1.1.1 什么是信息化社会

当今世界正在经历着一场革命性的变化，信息和信息技术革命正以前所未有的方式主导着社会变革的方向，引领着各行各业的变革。首先，在生产活动中引入了信息处理技术，从而使生产过程的自动化达到一个新的水平；其次，电信与计算机系统合二为一，这样就可以在几秒钟内将信息传递到世界的任何地方，从而使人类活动的很多方面表现出信息活动的特征；最后，信息和信息机器成为许多活动的积极参与者，甚至参与了人类的知觉活动、概念活动和原动性活动。在此进展中，信息/知识正在以系统的方式被应用于变革物质资源，逐渐替代劳动，成为国民生产中“附加值”的源泉。这种革命性不仅会改变生产过程，更重要的是，它将通过改变社会的通信和传播结构而催生出一个新时代、新社会。在这个社会中，信息/知识成为社会的主要财富，信息/知识流成为社会发展的主要动力，信息/情报源成为新的权力源。随着信息技术的普及，信息的获取将进一步实现民主化、平等化，这反映在社会政治关系和经济竞争上也许会产生新的形式和内容，而胜负则取决于谁享有信息源优势。信息和信息技术的本质特点，在社会和经济发展方面也必将带来全新的格局。

信息化时代就是信息产生价值的时代。信息化是当今时代发展的大趋势，代表着先进生产力。按照托夫勒的观点，第三次革命浪潮是信息技术革命，大约从20世纪50年代中期开始，其代表性象征为“计算机”，以信息技术为主体，重点是创造和开发知识。随着农业时代和工业时代的衰落，人类社会正在向信息时代过渡，跨进第三次革命浪潮文明，其社会形态是由工业社会转变到信息社会。第三次革命浪潮的信息社会与前两次革命浪潮的农业社会和工业社会之间最大的区别，就是不再以体能和机械能为主，而是以智能为主。信息化时代是人类从工业化阶段发展到以信息为标志的一个新时期。

1.1.2 信息化应用层出不穷

信息化社会最为显著的特点是：智能化、电子化、全球化以及非群体化。知识的生产成为主要的生产形式，知识成了创造财富的主要资源。这种资源可以共享，可以倍增，可以“无限制”地创造；光电和网络代替工业时代的机械化生产；信息技术正在取消时间和距离的概念，信息技术及发展大大加速了全球化的进程。信息和信息交换遍及各个地方，人们的活动更加个性化。信息交换除了在社会之间、群体之间进行外，个人之间的信息交换日益增加，以至将成为主流。

在信息化时代，人类活动的一切领域，如政治、经济、军事、文化、个人生活等，都是以信息的获取、加工、传递和分配为基础。信息化使人类以更快更便捷的方式获得并传递人类创造的一切文明成果；信息化提供给人类非常有效的信息交流手段，促进人们之间密切交往和对话，增进相互理解，有利于人类的共同繁荣；信息化促进社会文化的发展和进步，丰富了人们的精神生活，创造了新的文化载体，促进了文化繁荣；信息化提高了社会生产力和管理水平，改变了经济管理体制、组织形态和结构[1]。这些都是信息化的显著优势。信息化对社会的生产、人们的生活产生了革命性影响，如劳动生产自动化、公民生活多样化、信息交流便捷化、社会交往多元化等。可以说，信息化对我们生产和生活的所有领域、所有人、所有事物都具有深远的、积极的影响，这一点是毋庸置疑的。

随着信息化的全面覆盖，信息化 IT 产品逐渐增多，信息化 IT 产品应用层出不穷，范围也越来越广泛，IT 产品作为一种信息化产品，有别于传统产品。移动信息化 IT 产品在外科护理人员自主弹性排班中的应用效果非常好，可以提升护理管理者的排班效率，提高护士对排班的满意度及护士的工作积极性。美团、饿了么等美食 IT 产品，12306、智行网等购票 IT 产品，学习通、中国 MOOC 教育 IT 产品等竞相上线。人们已被信息化应用紧紧包围，信息化社会进一步加深。企业为了搭乘这一便车，也将信息化建设纳入本企业的规划之中，各类组织越来越依赖 IT 产品建立的信息系统，使其信息处理过程自动化，进而实现运营管理最优化，IT 产品在各类社会组织运营中所占比例越来越大。信息技术应用于企业业务流程中，极大地提升了企业运作效率和核心竞争力。

1.1.3 风险客观存在

党的十九大报告中明确指出“推动互联网、大数据、人工智能和实体经济深度融合”，“加快发展现代服务业，瞄准国际标准提高水平”，这标志着“大智云物移”（大数据、人工智能、云计算、物联网、移动互联网）正步入迅猛发展的时代，传统产业的管理模式将向智慧化管理转型，社会经济正经历着从工业经济向知识经济转型的过程，人们越来越清晰地看到经济增长背后真正的动力所在（知识）。人工智能的迅猛发展，无疑使企业对信息、知识的需求日趋强烈，新一轮信息化升级项目投资也将成为必然。

信息技术的普及，催生了人们对信息技术更深入的需求。信息系统的普及提升了人们的信息素养，也对信息系统的转型升级提出了新的要求。传统的基于 PC 端的 IT 产品已不能满足新时代人们对信息应用的需求，移动端的应用、软件即服务（SaaS）、云等新型应用的突起，注定了 IT 产品产业的转型升级将大有可为。应用方的变革需求逐渐清晰，这必将带来 IT 产业的春天。但 IT 行业是高新技术行业，是智力密集型行业，新技术层出不穷，但尚不成熟，仍处在不断升级更新状态中。因此，IT 项目在 IT 产品开发过程中就面临着被淘汰的风险，或者用户方对新技术的期望过高引起的项目供需双方需求难以协调等问题。因此，现实中有太多企业的 IT 项目都以失败告终，例如 ofo、快车，它们甚至达不到企业所期望的底线。

目前，现代的组织信息化工作越来越趋向于网络化、智能化、集成化，基于大型信息系统的 IT 项目越来越复杂，它们在给组织带来利益的同时，围绕信息技术产生的系统性风险也逐渐生成，成为影响企业运行的重要风险，由此造成企业运营成本增加，甚至导致企业整体崩溃。IT 项目作为一种新兴的高科技项目，随着信息化建设的不断推进，也越来越多地应用到我们的实际生活中。它是以 IT 产品这一虚拟产品为核心的项目。计算机 IT 产品主要分为系统 IT 产品和应用 IT 产品两大类，系统 IT 产品包括各类操作系统、补丁程序及硬件驱动程序，如 Windows、Linux、UNIX 等。应用 IT 产品包括工具 IT 产品、游戏 IT 产品、管理 IT 产品等。根据中华人民共和国工业和信息化部发布的 2019 年上半年 IT 产品行业经济运行情况可知，我国 IT 产品和信息技术服务业发展态势良好，业务收入持续较快增长，利润增速有所回落，出口小幅增长，从业人数稳步增加。2019 年上半年，我国 IT 产品和信息技术服务业共完成 IT 产品业务收入 32836 亿元，同比增长 15%，增速同比提高 0. 6 个百分点。其中，第一、二季度 IT 产品业务收入分别增长 14. 4% 和 15. 5%，增长呈现平稳向好发展态势。其中，IT 产品收入增长速度加快，工业 IT 产品保持较快增长，实现收入 9183 亿元，同比增长 14. 1%，增速同比提高 0. 5 个百分点，较一季度提高 1. 8 个百分点，占全行业收入比重的 28%。无论复杂的操作系统还是简单的应用 IT 产品，都要进行 IT 产品项目的开发。随着 IT 产品项目的发展速度越来越快，IT 产品项目的风险性表现得也越来越明显，复杂的 IT 产品项目开发的周期比较长，而简单的应用 IT 产品项目生产周期较短，尤其在项目进行的过程中，相应的风险因素也将随之增多。

从图 1－1 可以看出，我国 IT 产品与信息技术服务业日趋成熟化，然而 IT 产品项目是一项复杂的系统工程，存在着诸多风险因素，这些不确定性因素也势必会隐藏更大的风险。以信息经济学的角度来看，造成 IT 产品项目市场失灵的根源为信息不对称，即逆向选择和道德风险问题，也是 IT 产品项目风险产生的主要原因。因此，当前社会发展的总体趋势是提高 IT 产品项目管理的效率，成功实现信息的共享，企业也越来越重视 IT 项目风险管理。

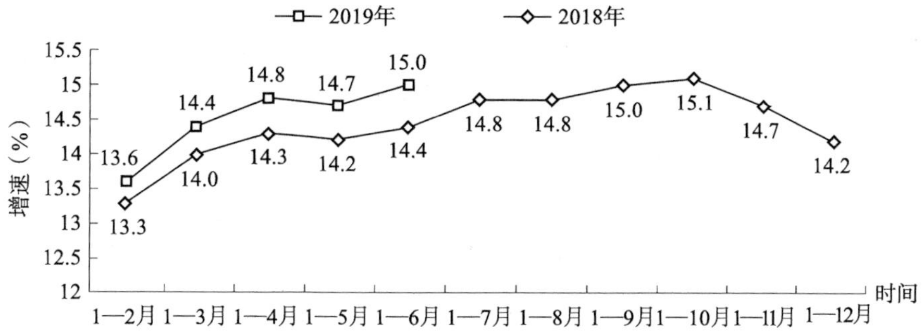

图 1－1 2019 年上半年 IT 产品业务收入增长情况

随着 IT 项目的不断投入，为了进一步降低 IT 项目风险，提高 IT 项目的成功率，加强 IT 项目风险管理具有重要意义。风险管理在 IT 项目开发过程中非常重要，风险管理是否合理，将会直接影响到 IT 项目的成败。

在信息化社会，人们对 IT 产品已经不再陌生，使用素养也在不断提升。大多数人认为，IT 产品越来越小，随时可用了，开发技术成熟了，成功率自然会提高；大多数人认为，只要 IT 产品能使用，功能满足，IT 项目就是成功的。然而事实上并非如此。从项目的供给方角度看，项目管理涉及多个领域，对项目失败的衡量集中体现于项目管理的四大知识域：范围、成本、质量、进度。无论范围蔓延还是范围萎缩，成本超预算、质量不达标、交付超时都标志着项目的失败。所以现代 IT 项目从严格意义上来说成功率不高，而技术壁垒的突破造成项目建设容易的假象，同时项目管理理论与方法尚未在民众中得以普及，无法从系统的角度去认识项目建设的复杂性，从而造成大家对项目风险的感知度很低。

从使用方来看，尽管这些企业都已经认识到信息化建设在提升核心竞争力方面发挥着十分重要的作用，也意识到IT项目投资具有很广阔的发展前景，然而，他们大部分只是单纯地重视IT技术在整个企业信息化建设当中的使用，并不能站在战略的高度分析IT资源在企业信息化过程中所扮演的重要角色。从信息系统本身来分析，信息系统的建设需要充分考虑和结合自身的特征和规律，需要根据企业自身的组织结构以及业务结构来开展信息化建设，组织、管理、技术必须相辅相成，这样才能使技术发挥最大效用。只有把IT战略与企业发展战略密切结合，把IT项目看作是经营问题的解决方案，才能真正提升企业经营管理水平，提高IT项目投资的回报率。可见，供给方如果不提高项目管理水平，使用方如果不重视管理、组织等辅助资产的投入，加之信息社会对IT项目提出的新需求，IT项目的成功率不容乐观。这就意味着IT项目中蕴含着大量的风险。因此，如何提高项目风险管理水平，如何提高项目的成功率是摆在我们面前的现实问题。

在传统的工作模式下，只有类似于产品数据的客观数据才会被记录到电子档案中，这些数据却不能体现IT产品产生的全过程，而大部分技术文档也以纸质的形式保存。从另一个角度来说，IT项目的风险与个体的行为之间有很大关系，而行为数据却很少被记录下来。加之企业缺乏风险意识，很少积累风险数据，因此无法从数据中获得风险知识。随着信息技术的发展，特别是Web 2.0的广泛应用，IT产品组织乃至各行各业的微观组织的工作模式都发生了巨大的变化。论坛交流、办公自动化系统、协同工作平台、版本控制系统、缺陷跟踪系统、邮件列表等均已成为不可或缺的工作工具。这些工具记录了海量的数据，记录了项目开发过程，记录了开发者行为。IT产品开发活动积累的行为数据已经构成了大数据，如何有效收集、组织和运用这些大数据，以新的视角重新认识IT项目风险管理的基本问题，突破原有认知瓶颈，并在大数据背景下探讨IT项目风险管理模式，从而改进风险决策效率，进而有效解决IT项目风险数据缺乏、知识难以获得等问题，已成为摆在面前的难题。无论开发方还是使用方，都应该充分利用这些大数据解决所面临的“风险知识贫乏”的问题。因此，加强对IT项目风险管理领域的不确定性知识的挖掘研究，并利用其研究成果来指导风险管理实践，就具有非常深远的现实意义。

1.1.4 新时代催生 IT 治理新模式

IT 项目高风险、低成功率的现实既影响了 IT 产品开发企业自身的发展，也影响了项目使用单位的积极性和对信息系统的信任度，进而严重阻碍了社会信息化的进程。风险是客观存在的，如何应对风险成了解决供需双方后顾之忧的核心问题。IT 项目风险管理理论体系已经搭建了风险管理的框架，而面对新的环境如何实现这个框架则是我们需要深入研究的问题。生产过程信息化、服务过程个性化、运营模式链条化、服务模式网络化、产业模式集群化等趋势，以及“云计算”“大数据”带来的信息系统需求的巨大变革，无疑为 IT 产业带来了新的挑战，也对 IT 项目风险管理模式提出了新的要求。

面对 IT 项目的风险，专家学者们首先想到了利用风险管理的方式来降低风险带来的影响，也充分认识到，IT 项目风险管理不仅仅是风险识别、风险评估、风险控制、风险规避等例行过程，在这些过程中更需要进行包括知识获取、知识表示、知识更新等在内的风险知识管理。面对不确定性环境，探讨基于知识管理的风险决策模型，进而指导企业有效地规避风险，降低风险发生的可能性，这是从 IT 产品开发方的角度来应对风险问题的处理方式，而 IT 项目的风险并非仅存在于开发过程中，并不是开发方单方面能够全部解决的。单纯的项目管理需要开发方和使用方协同形成合力。此外，企业数字化转型，以及 IT 产业的转型涉及多方利益主体，因此存在着利益相关者的权责利的分配，这些都不是纯粹面向项目的风险管理所能够解决的，这已经涉及 IT 治理的问题。

IT 治理（Information Technology Governance），是关于 IT 决策的权责利安排，是公司治理的重要组成部分，能够从宏观角度指导信息化建设中的决策问题。中国信息化推进联盟的孙强先生最早在国内提出了“IT 治理”理念，认为 IT 治理就是在结合组织目标与企业信息化战略的基础上，确保信息技术的发展符合企业业务目标的要求，有效地利用信息资源，合理地管控信息化过程中的相关风险，提高企业经营绩效，赢得竞争优势。

随着大数据、“互联网 +”、云计算等概念的提出以及信息技术的快速发展和市场竞争的加剧，以信息化投资来提升企业的核心竞争力已是大势所趋。一些学者的研究表明IT治理在信息化投资和企业目标实现、企业绩效提高之间起到了关键作用。熊盛洁（2016）通过对相关数据的分析验证，发现IT治理、内部控制质量与企业绩效之间存在着正向的相关关系[2]。张瑜（2017）采用实证研究方法探讨了企业信息化投资、IT治理与公司绩效之间的关系，研究结果表明，大量的信息化投资，需要在IT治理的条件下才能得到相应的回报[3]。所以，企业要对投入的信息化资产进行管理和整合，即实施IT治理，来降低信息化投资的风险，进而提高企业绩效。

国内对IT治理的相关研究是不断深入的。首先，在借鉴大量国外先进理念、最佳实践的基础上，引入了IT治理的基础理论知识。部分学者分别从IT治理与企业信息化建设、风险管理、企业绩效等问题相结合的角度进行了深入研究。对于IT治理的相关研究都是站在企业发展战略的宏观角度来进行的，对于IT治理的风险管理也局限于企业的内外部环境等方面，并没有体现出IT治理参与主体在企业信息化建设中起到的关键性作用。

本书在借鉴国内外已有研究成果的基础上，从IT项目发起方、使用方、开发方等多个行为主体出发，基于博弈论、冲突分析及系统动力学等多角度深度剖析主体行为风险产生机理，针对企业信息化建设过程的特点，准确识别IT治理的参与主体，分析参与主体之间的博弈行为，结合IT治理参与主体行为博弈的结果，识别IT治理行为风险因素，并基于IT治理相关理论提出IT治理行为风险应对方法。其研究成果对管理学科中主体行为风险研究的丰富和完善有所贡献，并对IT治理行为风险管理提供理论依据和方法，同时进一步深入企业具体的IT治理实施应用研究，为企业的健康发展起到帮助、支持作用。

随着信息技术的快速发展以及“互联网+”、云计算、大数据、人工智能等概念的提出，越来越多的企业意识到信息化建设的重要性。盲目的信息化投资、缺乏有效的管理实施经验、不明确的权责分配制度都是阻碍企业信息化发展的重要因素。近年来，此类问题也引起了越来越多的学者进行关注和研究。而IT治理是解决这些风险、提升企业绩效的有效途径。

现实中有太多公司的IT项目都以失败而告终，它们甚至达不到公司所期望的底线。这是由于大多数企业虽然意识到了提高企业的信息化程度来提高企业市场竞争力的重要性，也看到了 IT 技术的巨大潜力，但是，它们大多只是重视 IT 技术在整个企业的信息化建设当中的运用。而对于信息系统来说，它的建设和管理都有其固有的规律和特点，在企业进行信息化建设的时候，更应该考虑的是将本企业的自身情况和管理特点融合到信息系统的建设当中，而不是仅仅注重 IT 技术的运用，让企业的信息化系统建设与企业的日常管理脱节。在进行信息化建设时，企业应当明白，进行信息化建设的目的是让企业更好地发展，让信息系统为企业的运营服务，进而创造更大的利益。面对快速变化的市场环境、客户需求，企业只有不断地调整自身的经营来适应这些变化，才能保持企业自身的竞争力，当企业在不断地调整自身经营的业务战略时就有可能改变了企业的 IT 战略，同时，企业的竞争策略的改变也会带来业务模式的改变，进而可能影响企业的 IT 战略。在这样不稳定的市场经济环境下，企业的 IT 治理如果没有一定的适应性、较好的承受能力，就难以动态地应对这些难题，进而影响信息系统的生命周期，间接性地造成资源浪费，不利于企业进一步的发展。

所以，解决上述企业 IT 发展所面临的问题，从 IT 投资中获取真正的价值成为企业重点关注的内容。相关研究显示，业绩一流的企业成功之处在于它们能够通过实施有效的 IT 治理支持其战略。而明晰的期望行为是有效治理的关键，所以对 IT 治理参与主体行为博弈风险进行研究就显得尤为重要，可以帮助企业利用 IT 治理相关理论解决问题、规避风险，以提高企业绩效。

1.2 研究意义

“坚持底线思维，增强忧患意识，提高防控能力，着力防范化解重大风险，保持经济持续健康发展和社会大局稳定”，“要完善风险防控机制，建立健全风险研判机制、决策风险评估机制、风险防控协同机制、风险防控责任机制”。风险防控已成为当前中国地方政府重大决策和重点工程项目立项前的一项制度性安排。“大智云物移”正在步入高速发展的时代，传统产业的管理模式将向智慧化管理转型，IT 项目在需求强劲的机会面前也面临着转型升级的要求，加之 IT 项目本身风险的客观性，无论开发方还是投资方都面临着项目建设的新风险。如何防范化解 IT 项目的重大风险是信息产业升级改造面临的重大问题。然而，IT 项目的建设涉及多方利益主体，各方主体对风险感知及意识程度不同，很多主体在风险管理实践中存在着诸如重形式、轻内容，重结果、轻过程等问题，不仅使 IT 项目风险管理与治理陷入有名无实的窘境，而且使潜在的风险爆发成为可能。归根结底在于各方主体既缺乏有关项目管理与治理的学理认识，又对其过程机制了解不足，从而影响到项目风险管理及风险治理的应用价值。

基于 IT 项目风险防范的现实需求，本书通过对利益相关者的博弈行为进行分析，寻找利益相关者博弈的均衡解，识别行为博弈的风险点，为化解风险提供科学支撑，从而构建 IT 项目利益相关者的生态系统，形成 IT 项目利益共同体。该研究可以为 IT 项目利益相关主体风险管理与治理实践提供借鉴，为企业的 IT 战略实施与健康发展提供支撑；也可为研究人员进一步探寻风险内在逻辑及演化路径提供启示，对于丰富 IT 项目风险管理技术及治理方法，具有一定的理论意义。

1.3　国内外研究现状综述

“IT 产品危机”的出现，让人们意识到“no bullet”已经成为不争的事实。20 世纪 80 年代末，人们就开始了 IT 项目风险管理方面的研究，近年来一直是理论界研究的热点。该方面的文献较多，这里基于文献计量的方法，对其研究脉络进行梳理。而关于 IT 治理的研究起步较晚，关于 IT 项目风险治理的研究文献资料相当有限。因此，本书在总结前人研究成果的基础上，结合 IT 治理的实际问题以及主体行为风险管理领域的相关研究成果，从 IT 治理和主体行为风险管理两个方面分别阐述国内外研究现状。

1.3.1 IT 项目风险管理研究现状

本书采用文献计量的方法来探索 IT 项目风险国内外研究现状。文献计量技术不断发展，尽管出现了诸如 CiteSpace 等文献分析工具，但不同工具受制于其分析算法及数据源，为了保证数据采集的全面性、客观性及分析的针对性，本书采用爬虫技术获取源数据。爬虫思路为：中文文献源自中国知网（CNKI）检索平台，以主题“IT 产品项目风险”和“IT 项目风险因素”为检索对象。其中所需数据项为标题、摘要、关键字、作者、导师、作者单位、作者专业、发表年份以及引用次数，爬取出的文献总数为 1030 篇，全部中文文献年份在 2003—2017 年，文献类型包括了：学术期刊、博士论文、硕士论文、会议论文、科技成果、中国专利。

外文文献来源于 ScienceDirect 学术平台，检索的关键词为 Software project risk，为了与中文文献的时间一致，以便更好地对比分析，检索时段设定为 2003—2017 年。所需数据项为标题、摘要、关键字、文章发表时间，文章类型为研究文章，检索结果共 89493 篇外文文献，按照相关度排序爬取出 1062 篇文献。首先从发文时间、发文数量、发文单位、研究专业倾向等研究概况进行统计分析，进而对研究内容、研究方法演化路径进行归纳总结。通过对爬虫得到的文本数据进行计量分析，本章节从 IT 项目风险研究概况及演化进程两个方面进行综述。

1.3.1.1 IT 项目风险研究概况分析

国内外 IT 项目风险研究概况分析是针对文献的基本情况进行研究，主要包括国内外文献发表时间、发表数量对比分析以及我国 IT 项目风险研究团队分析。

1. 国内外文献发文时间及数量对比分析

中文文献中有 709 篇文献标注发表时间，外文文献中根据相关性排序的先后选取该领域相关的文献有 1061 篇，图 1 - 2 为中外文文献发表时间分布对比，该图不能代表中外文文献数量，只为数量变化趋势研究做参考。

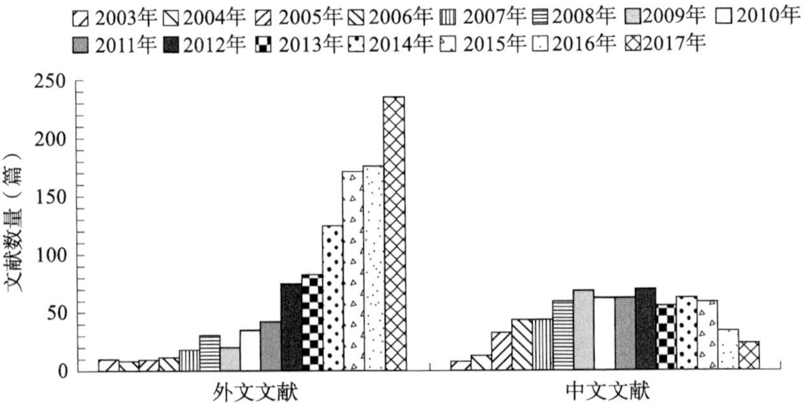

图1－2　中外文文献发表数量对比

从图1－2中可以看出中文文献数量总体呈先上升后下降的趋势，原因归纳为：

（1）研究趋于成熟，IT项目风险规避有方

随着研究的不断深入与发展，中国IT项目风险已经从原来的模糊未知转变为有足够的认识。对于IT项目风险的充分认知，使得能够对IT项目风险进行有效的识别控制甚至管理，进而可能有效地规避IT项目风险，最终降低IT项目风险概率，导致研究热点逐渐降温。

（2）同质化的研究较多，未知风险难发掘

在中文文献的爬虫结果中不难发现评价类的文章较多，这说明IT项目风险的研究主要是围绕对已有的风险进行识别后的评价，对于未知风险的研究比较欠缺，也很难发掘，这就导致对已有风险的研究已经相对饱和，对不明确的风险研究不够及时。

外文文献发表数一直提升，呈指数型增长，究其原因可从以下两方面考虑：

（1）风险在IT项目中仍具有致命性

国外对于IT项目风险的研究一直没有停歇，热度依旧很高，IT项目风险对IT项目的成败仍然起着决定性的作用，再加上风险存在的主观性，风险管理主体对风险的认知度及驾驭能力尚未达到理想水平，所以相关的研究一直在延续。

（2）外文文献存在地域性差距

外文文献的收录包括多个国家和地区，文章数量较中文文献有很大的差

距，更重要的是，区域研究水平表现不平衡和信息传递等问题，导致同质性研究内容在时间分布上有所差异。加拿大学者 Nick J.，Pizzi 在 2013 年应用模糊理论对 IT 项目风险进行了评估[4]；西班牙学者 Antonio Rodríguez 等人在 2016 年同样运用模糊理论及层次分析法对 IT 项目风险进行了评估[5]。

2. 我国 IT 项目风险研究团队分析

对我国 IT 项目风险研究团队的分析包括该领域中高发文量的作者、所在学校（单位）及专业的梳理汇总。将文献作者、单位、专业的文本进行预处理、分词后，进行词频统计，可视化为词云图（见图 1－3、图 1－4）。根据作者及单位专业高频词，按发文量排序得到我国 IT 项目风险研究人员汇总表（见表 1－1）。

图 1－3 研究团队作者词云图

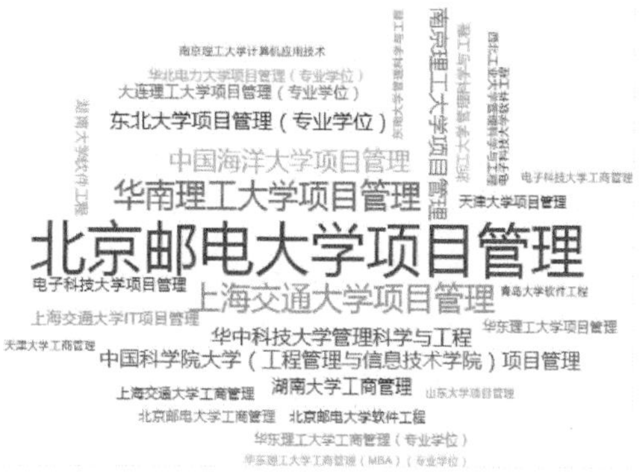

图 1－4 研究团队单位及专业词云图

表 1－1 我国 IT 项目风险研究人员汇总表

姓名	频次	学校	专业	年份	姓名	频次	学校	专业	年份
王长峰	8	北京邮电大学	管理类	2009—2012	李敏强	4	天津大学	管理类	2003—2011
张金隆	8	华中科技大学	管理类	2006—2009	卢向南	4	浙江大学	管理类	2004—2007
万江平	6	华南理工大学	管理类	2011—2014	瞿英	4	河北科技大学	管理类	2012—2016
杨洪涛	6	华东理工大学	管理类	2012—2017	王宁	4	北京邮电大学	管理类	2009—2013
邵培基	5	电子科技大学	管理类	2008—2012	忻展红	4	北京邮电大学	管理类	2009—2010
胡桃	4	北京邮电大学	管理类	2008—2012	杨旭	4	北京邮电大学	管理类	2008—2018
蒋波	4	大连海事大学	管理类	2005—2015	周国华	4	西南交通大学	管理类	2006—2012
朱宗乾	4	西安理工大学	管理类	2006—2010	—	—	—	—	—

（1）IT 项目风险研究科研单位贡献分析

在我国对 IT 项目风险领域研究较多的作者有：王长峰、张金隆、万江平、杨洪涛、邵培基、胡桃、蒋波、李敏强、卢向南、瞿英等。按发文量排序如表 1－1 所示。该领域已经形成了以上学者为首的研究团队。以北京邮电大学为例，研究从对已有的 IT 产品风险归纳汇总出发，提出相应的应对策略，到更加精深的信息系统集成项目风险管理过程的研究，再对 IT 产品测试外包项目风险的研究，最终实现大型 IT 项目风险管理问题的创新与探讨。这是一个由浅至深、从模糊到精细的过程，代表了 IT 项目风险研究领域的逐步发展与完善。

（2）IT 项目风险研究专业倾向分析

在发表数量大于 10 的专业中，管理类专业占 66.7%，计算机类专业占 33.3%。这可以说明管理类专业针对 IT 项目风险的管理方面研究比例较大，而以计算机技术为主的研究相对薄弱。换句话说，大部分中文文献中 IT 项目风险的相关文献主要是以管理学的角度来论述的。这也充分印证了前面的观点，虽然计算机技术不断发展，IT 产品开发的难度看似在降低，但风险依然存在，所以仅仅从技术的角度来解决风险问题是不可行的，管理问题一直是该领域的关键问题。

1.3.1.2 IT 项目风险研究演化路径分析

本节通过分析文献内容，从 IT 项目风险定义、研究内容、研究方法三个角度归纳并呈现了风险研究的演化进程。

1. IT 项目风险定义演化进程

普遍认为 IT 项目作为特殊的智力密集型项目，其运作具有不确定性，项目的成功与否在很大程度上取决于实施过程中对风险的有效识别及控制。因此，把 IT 项目风险管理看作特殊的风险管理，探讨适合该领域的风险管理理论模型及框架是 IT 项目实施中面临的核心问题。目前公认的 IT 项目风险管理理论贡献汇总如表 1－2 所示。

表 1－2 IT 项目风险理论贡献汇总表

作者	理论贡献	作者	理论贡献
Boehm (1989)	指出 IT 项目风险管理由风险评估和控制两大部分组成，并且提出了 TOP10 风险清单的风险辨识思想[6]	蒋国萍 (2005)	提出了基于关键链的 IT 产品项目进度风险管理模型
Charette (1989)	从不同角度构造出了类似的风险管理结构	陈建斌 (2010)	提出基于敏捷思想的重量级 IT 产品项目管理框架
将国萍 (1990)	认为 IT 产品风险评估、持续的风险管理和团队风险管理构成了 IT 产品项目风险管理的基本框架	Samer (2012)	将知识管理过程融入项目风险管理过程，提出了基于知识的风险管理框架
陈建斌 (1996)	提出 Riskit 模型，旨在对风险起因、触发事件及其影响进行完整的体现和管理，并按一定步骤评估风险	Uzzafer (2013)	提出了一种 IT 产品开发项目的权变估计模型，该模型可减弱风险事件在风险容忍度内的最大影响[8]
Hall (1998)	提出六学科模型，考虑了风险管理与项目管理的结合，注重风险的度量和控制，是理论与实践相结合的有益尝试	Petra M. (2014)	提出如何通过组织项目间的相互作用来共享和生成基于实践和分布式项目管理
Tallon (2002)	进一步把风险管理提前到 IT 产品项目投资阶段	张子剑 (2014)	将 CMMI 与 IT 产品生命周期相结合，构建了基于 IT 产品过程、生命周期和风险管理的三维结构的 IT 产品项目风险管理模型[9]
Walsh (2002)	从不同角度构造出了类似的风险管理结构	Thomas (2016)	通过 300 多个 IT 项目数据，建立了基于项目风险得分的项目结果类别判别模型[10]
方德英 (2003)	提出了基于风险实体的风险管理体系[7]	G. Ahn (2018)	提出了一种基于概率图模型的 IT 产品项目风险预测方法，并建立了风险预测框架[11]

2. IT 项目风险研究热点演化进程

以国内外文献的关键字为依据，对其进行词频的分析，对研究热点进行词云可视化展示，将其演化进程归结为六个阶段，如图 1－5 所示。

第一阶段（项目管理主导的研究）：2003 年，IT 项目风险研究开始起步，从“项目管理”的角度出发，结合 IT 项目特殊性，以项目管理过程的理论经验对 IT 项目风险进行了诱导式拓展研究。

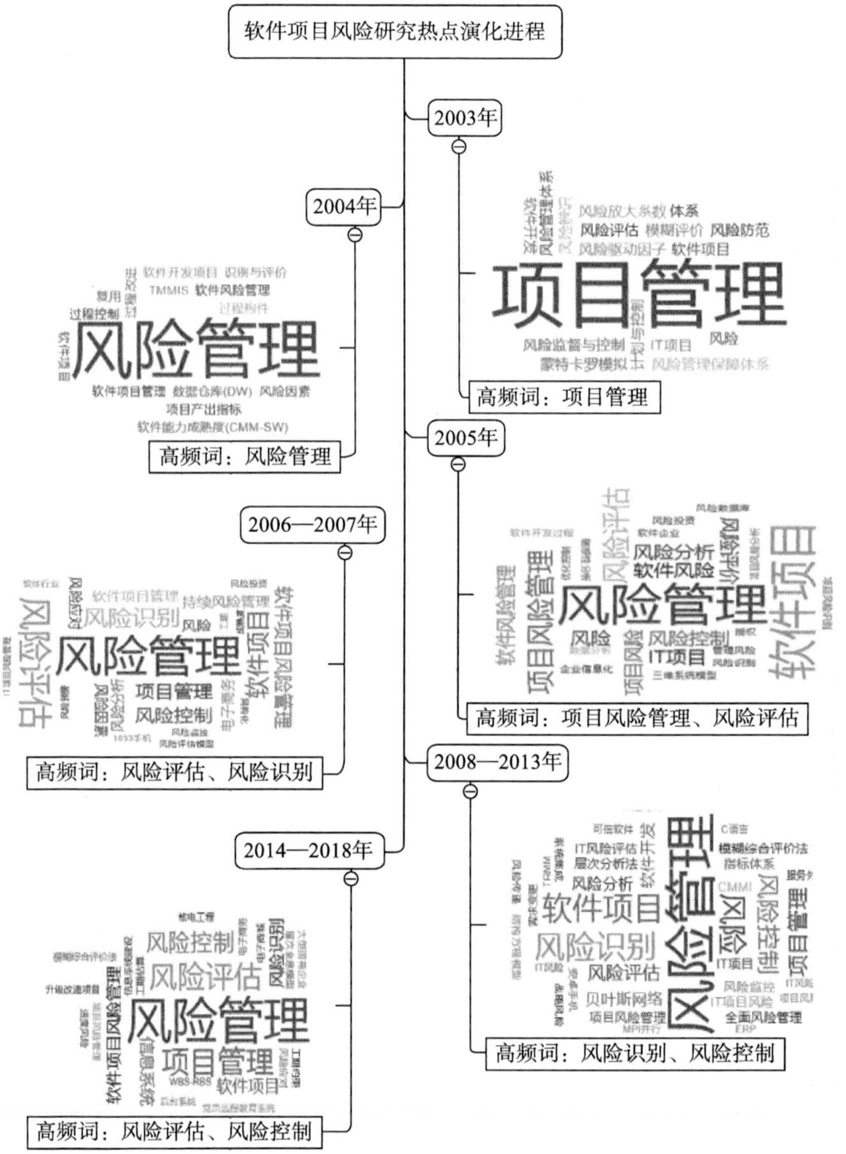

图 1-5　IT 项目风险演化进程图

第二阶段（风险管理导向的研究）：2004 年，经过对 IT 项目风险的初步探索，引入“风险管理”管理框架，为 IT 项目风险的研究增添了新的思路及依据。

第三阶段（项目管理与风险评估融合的研究）：2005 年，“项目风险管理”

理论基本形成，自此相关研究学者开始对 IT 项目风险进行粗略的评估研究。

第四阶段（风险评估与风险识别初步研究）：2006—2007 年，对风险因素的分析及风险程度的衡量等方面成为该阶段的主体工作。而 IT 项目风险的不确定性使得风险评估工作更具挑战性，因此对风险识别与风险分析的研究也逐渐开始，并逐渐深入。

第五阶段（以风险识别和风险控制为主的研究）：2008—2013 年，经过了上一阶段的研究积累，引入了一些定量评估方法，但评估客体的客观性及全面性制约着评估的准确性，充分认识到风险识别工作的重要性之后，人们不得不对风险识别进行深层研究，旨在全面认识风险，为风险的评价、分析及应对提供基础。同时，作为评估的目的，风险控制的研究工作也逐渐开展起来。

第六阶段（风险评估与风险控制并举阶段）：2014—2018 年，风险识别研究趋于成熟，更加准确地分析风险因素之间相互关系及其重要性等工作变得尤为重要，风险评估方法的改进创新，特别是大数据驱动的风险评估为风险评估工作带来了新的生机，风险控制方法及策略研究也逐步深入。

3. IT 项目风险研究方法演化进程

根据 IT 项目风险领域研究方法词云图（见图 1－6），可以看出 IT 项目风险研究方法集中于对风险的评估，学者试图将常用的评价及决策方法应用于该领域，以期获得最佳的评估效果。本书对研究方法从适用范围、使用时间及用例进行了归纳，如表 1－3 所示。

图 1－6　IT 项目风险研究高频方法词云图

表 1-3　IT 产品项目风险常用方法表

方法	适用范围	使用阶段（年）	举　例
贝叶斯	关键风险因素后评定	2005—2018	Sariman 等人通过贝叶斯分类方法，分析上传的 IT 产品文件示例，从而识别 IT 产品项目文件中存在的风险[21]
层次分析法	对风险因素评价，多与其他方法一同使用	2008—2019	Anthony 利用层次分析法建立 IT 产品风险排序模型，进一步验证该模型在操作、技术、战略和环境 IT 产品风险排序中的可用性属性。结果表明，建立 AHPIT 产品风险排序模型在促进 IT 产品风险因素排序方面有效[22]
解释结构模型	为 IT 产品项目风险因素建模，查看其相关关系和重要程度	2006—2018	Banuls 等人提出了一种基于场景的方法来正确管理项目生命周期中的风险，运用交叉冲击分析和解释结构建模，提高现有风险分析技术的预测能力[23]
模糊综合评价法	对 IT 产品项目风险因素或因素级别进行评价	2005—2019	通过模糊综合评价法对 IT 产品项目的风险或风险级别进行评价研究[24]
BP 神经网络	预测风险因素的精度、建立评估风险模型等	2005—2019	应用遗传算法优化 BP 神经网络，提高 BP 神经网络的学习效率和 IT 产品过程可信风险评估的可靠性[25]
遗传算法	与相关评价方法相结合进行风险因素评估	2005—2016	遗传算法结合因果关系推断方法，在样本数据有误差的情况中，以更低的计算复杂度挖掘出更准确的信息[13]

纵观历年文献，IT 项目风险研究方法集中于基于传统评价、决策的风险评估研究及基于能力成熟度集成模型的风险识别研究。模糊综合评价法、贝叶斯、BP 神经网络、层次分析法、粗糙集理论等方法多用来进行 IT 项目风险评价。Vahidnia 等人介绍一种方法和原型工具，以协助 IT 产品开发实践者和团队进行风险评估过程，运用风险优先级、风险矩阵及模糊逻辑为从业人员提供潜在故障类型的预测分数和项目的汇总风险分数[12]。陈蔚琦、张婧文等人对 IT 项目风险的评价采用了模糊理论的相关思想进行 IT 产品项目风险评估[13,14]。陈宇杰、刘承刚等人运用贝叶斯相关理论对 IT 产品项目风险进行了

评估[15,16]。Xiaoqing 等人为了提高 IT 产品项目开发风险评估的准确性，提出了一种基于 BP 神经网络和粗糙集理论相结合的风险评估模型[17]。王雪丽等人应用贝叶斯和模糊理论对 IT 产品项目风险进行了评估，运用该方法为开发高质量的可信 IT 产品提供了策略[18]。CMMI 模型中有一个过程域为风险管理，张建业基于 CMMI 模型对电网企业信息化建设进行了风险管理、风险识别和风险分析[19]。董锐根据 CMMI 模型的特点、优势等，对 A 公司的 IT 产品项目管理现状进行识别，并完成基于 CMMI 模型的管理过程构建。通过 A 公司的实践实例，证明依托 CMMI 模型进行 IT 产品项目管理成熟度的改进，能够为 IT 产品企业不断达成商业目标，并且低成本、高质量、快速地向客户交付满意的 IT 产品找到一条可行的路线[20]。

1.3.1.3 IT 项目风险研究前沿发展分析

1. 风险识别面临从人工辨别到自动识别的转变

风险识别依旧是 IT 项目风险的一大研究内容，根据以往的研究和实践经验，风险的识别研究应该已饱和，但是风险识别的方式依旧分为自动识别、人工辨别两种情况。这种现象导致有新的不可预知的风险随时产生，所以风险识别依然是 IT 项目风险研究中的一大难题，那么“新风险”的产生方式和应对策略就变得尤为重要。

2. 风险管理对象由静态到动态的转变，引发的风险评估、风险控制、风险应对方法的适应性创新

在 IT 项目的进程中，生命周期每一个阶段的工作都不是一个个独立的个体，它们之间存在着密切的关系，因此，风险的产生和作用过程很有可能具有“流动性”的特点，所以在描述风险的过程中就不应像大部分研究那样从静态的角度考虑风险的成因和解决办法，有些风险是具有动态过程的。

3. 完备的风险数据库和风险知识库的构建问题

风险数据库的不完备及风险知识库的不可应用性是制约 IT 项目风险控制与共享的瓶颈。“IT 产品项目风险”的相关文献中，风险信息的来源主要包括：网页内容、电子邮件、数据库、个人信息等。从中可以发现，风险数据库与其他风险因素的来源相冲突，换句话说，风险数据库的存在并没有使 IT 项目风险因素来源具有可靠性，大部分学者及相关工作人员依旧从网页、邮件等

渠道获取风险信息。因此风险因素的不确定，导致风险无法有效地预防和合理地规避，最终出现 IT 项目成功率一直不高的现象。

4. 数据驱动的智能风险管理

上文中提到 IT 项目风险识别从人工辨识到自动识别的过程注定了智能风险管理时代的到来。同时，IT 项目分析方法涵盖了定量分析、数据分析、精细分析及统计分析等内容，也预示着大数据时代在 IT 项目风险管理的过程中起着理论性、权威性方面的突出作用。“人工智能”“人际交互”时代的到来为 IT 项目风险管理的便捷性、全面性等做出了贡献。

1.3.2 IT 治理国内外研究现状

IT 治理的概念源于 20 世纪 90 年代中期 Brown 所提出的信息系统治理（IS Governance）[26]。90 年代末，Sambamurthy 等人将其与公司治理的概念结合，提出了 IT 治理这一概念[27]。IT 治理是用于描述企业或政府是否采用有效机制，使得 IT 应用能够完成组织赋予它的使命，同时平衡信息技术与过程风险，确保实现组织的战略目标。IT 治理是以构建能兼顾相关各方利益的 IT 决策机制与组织架构为基础，以促进 IT 应用与组织战略目标一致为根本原则，以 IT 绩效评估与 IT 风险管理为途径，以利用 IT 为组织创造价值为终极目标。实施 IT 治理的目标是帮助管理层建立能够针对不同业务发展要求，整合信息资源，制定并执行推动组织发展的 IT 战略。IT 治理通过实现 IT 价值和合理控制 IT 风险，最终达到实现 IT 战略与企业战略的支撑和促进作用。在学术界，有关 IT 治理的研究分为引导型和控制型两大流派。引导型 IT 治理流派的研究强调通过引导（权责利制度安排）来提高 IT 治理水平，该流派的代表麻省理工学院的 Weill 和 Ross 教授认为，“IT 治理是在 IT 应用过程中，为鼓励期望行为而明确决策权归属和责任担当的框架”[28]。这类研究认为 IT 决策权是 IT 治理的重点内容，Weill 更是强调 IT 治理旨在解决 IT 决策权力的分布问题。控制型 IT 治理流派的研究强调 IT 治理中的控制因素，主要的研究思路是平衡 IT 风险与回报，控制企业 IT 资源的运用，实现 IT 资源的有效性和效率。

由于国际上 IT 治理领域的相关研究还不成熟，使得国内很难照搬国外现成的研究成果，所以孙强先生发起并成立了中国 IT 治理研究中心和中国信息化推进联盟IT治理专业委员会，最早在国内致力于IT治理的深入研究[29]。在IT治理理论引入我国的初期阶段，有关学者主要致力于对IT治理的概念理解和性质界定，并结合我国企业的实际情况，分析介绍了IT治理的目标、具体内容以及结构框架等内容。随着时间的推移，部分学者关注到我国企业的信息技术建设正处在高速发展而又相对混乱的时期，并伴随着企业的公司治理结构的不断调整，IT建设面临着巨大的风险，他们开始研究如何利用IT治理的理论和方法来规避风险，制定对企业有利的IT战略和投资决策。刘勇（2007）将Zachman框架应用于IT风险管理，提出了IT风险管理的Zachman框架，在此基础上对IT风险量化度量进行了探讨[30]。郭家堂（2009）经过综合和演绎，对COBIT模型进行了改进，设计出了企业并购中的信息系统整合风险控制模型。他应用该模型，结合企业并购中信息系统整合的具体流程，分析其中的潜在风险，进行相关性分析归类，从IT治理的角度，提出各类风险控制的方法[31]。罗贵心（2010）借鉴COBIT模型，基于Risk IT框架并结合IT风险组合理论、IT治理最佳实践来研究企业IT治理的框架和方法，有助于企业对IT风险的识别、评估和应对[32]。之后，越来越多的学者开始关注到IT治理对组织绩效的影响问题。江炼（2014）构建了制造企业IT能力的概念模型和测量表，并对测量表的信度和效度进行了检验，将制造企业IT能力划分为IT基础能力、IT管理能力和IT组织核心能力[33]。唐文（2015）从实证的角度出发来研究高新技术企业IT治理与企业绩效的关系[34]。霍文彬（2015）通过层次分析法、调查研究法和专家咨询的方法，结合COBIT理论和企业信息化评估方法设计出基于COBIT框架的供电企业IT治理绩效模型[35]。以上的研究证明，实施有效的IT治理能够提高组织绩效。

随着对IT治理研究的不断深入，越来越多的学者开始重视将IT治理理论应用到实际经营决策中。有些学者将IT治理理论引入高校信息化建设过程中，聂瑞华、刘永贵（2015）分别从战略一致性、治理结构、IT部门改革和IT绩效评估四方面总结了美国大学IT治理改革成功的经验，并在此基础上，提出以信息化体制推动大学体制变革发展，重视IT治理的实际应用[36]。李莹、李强、陶元磊（2015）将IT治理引入高校内部控制架构，构建基于IT治理的内部控制体系框架，利用IT治理理论整合松散、低效的信息化中心，解决高校内部信息不对称的困境[37]。苗峰、张伟（2016）提出在数字化校园建设过程中，结合院校实际情况的基础上，选择IT治理中的CISR模型和基于ITIL的IT服务管理作为标准化的规范，为校园数字化服务提供了理论指导和流程规范[38]。还有一些学者将IT治理理论与区域医疗卫生信息化建设相结合，胡超、罗爱静、姚山虎（2014）运用IT治理理论，构建区域医疗信息共享与协同服务平台IT治理组织结构，并从战略匹配、价值传递、资源管理、风险管理和绩效评估等方面提出相应的治理机制，以期实现区域医疗信息共享与协同服务平台的战略目标[39]。黄桂新、刘小兰（2015）介绍了IT治理的方法论在医疗信息化行业的应用，运用IT治理支柱模型，从IT治理的角度提出医院信息化“顶层设计”、规范化建设的办法，解决某大型医院信息化建设过程中面临的管理问题[40]。杨琳、李超、林丽华等人（2017）结合区域医疗卫生大数据现状，借鉴IT治理的先进思路及方法，提出基于IT治理的区域医疗卫生大数据总体架构，并分别对数据架构、技术架构、应用架构以及安全体系进行实践[41]。

综上所述，IT治理能够有效地解决企业信息化过程中的各项风险，并且IT治理对企业绩效有重大影响。通过IT治理理论与高校和区域医疗信息化相结合的实践证明，IT治理是保障企业信息化建设的有效途径，它能够顺利实现企业信息化建设过程中战略匹配、价值传递、资源管理、风险管理和绩效评估等问题。而IT治理主要涉及的就是企业参与主体的决策问题，所以本书对IT治理参与主体的行为博弈进行研究至关重要。

1.3.3 主体行为博弈国内外研究现状

大型项目涉及众多利益相关者，项目主体价值观具有多元性，项目主体之间相互作用及其与外部环境交互作用加剧了项目组织及其行为管理的复杂性，所以有关学者在关注项目本身带来风险的基础上，开始关注项目参与主体行为博弈所带来的风险。国外学者Rahim Khanizad等人（2018）根据银行合作关系能够降低成本增加营业利润，提出了一种银行各参与主体的博弈模型，银行可通过博弈结果进行合作，在提供服务的同时获得更高的利益[42]。Hossein Azgomi等人（2018）针对数据仓库物化视图选择框架博弈模型进行了研究，其中查询处理和视图维护成本进行博弈，直到达到纳什均衡[43]。在我国，郭汉丁、张印贤（2015）运用主体多阶段博弈模型对政府管理部门和废旧电器回收再利用产业链进行博弈分析，基于马尔可夫过程揭示各类主体的群体行为特征，构建博弈双方收益矩阵，对政府管理部门和闭环产业链主体博弈策略分析，促进废旧电器回收再利用产业的发展[44]。唐冰松（2015）针对关系复杂的BT项目各方主体利益，建立了业主、投资商、承包商三方的管理关系，旨在发现影响三方的主要因素，其中建立了一个基于混合策略纳什均衡的三方收益模型，通过博弈树和博弈均衡分析实现了影响自身行为的主要因素以及应对策略[45]。杨晗（2017）在乡村旅游发展的研究中对利益相关主体行为进行博弈，将乡村旅游经济作为统一整体，把生态环境看作“虚拟的利益相关者”，利用合作博弈论中的Shapley值法研究乡村旅游利益分配和生态环境等问题[46]。姜琳等（2018）针对PPP模式下城市基础设施项目的主体进行博弈分析，建立政府部门和私营部门之间的完全信息动态博弈模型，通过模型求解和纳什均衡条件，得出政府部门所给出的项目补贴应满足的条件以及双方的合理投资区间，在该区间内可以确保各自在项目投资中的效用最优化[47]。

近年来，随着演化博弈论研究的快速发展，部分学者将演化博弈理论与系统仿真方法相结合，分析各个参与主体之间的行为博弈情况，既丰富了演化博弈理论的应用范围，又为行为博弈研究提供了新思路。张力方（2013）对城中村改造过程中涉及的参与主体政府、村民和开发商，构建演化博弈模型，分析三者之间的演化稳定情况，将演化均衡分析与系统动力学分析相结合，找出影响博弈均衡状态的关键因素，为更好地进行城中村改造工作提供支持[48]。王晓强（2015）运用演化博弈理论分析基于O2O的电子产品逆向供应链中政府、制造商与消费者三个主要参与方的博弈行为，建立演化博弈模型，利用复制动态微分方程，寻求模型的博弈均衡状态，运用系统动力学建模进行仿真分析，为博弈系统找到演化均衡状态，有针对性地对基于O2O的电子产品逆向供应链的构建与实施提出建议[49]。刘月婷（2015）基于二维非对称演化博弈基础模型构建产学研协同创新演化博弈模型，通过求解博弈双方的复制者动态微分方程来寻找模型的演化稳定策略，运用Netlogo数值模拟的方法进行仿真研究，得出不同初始值情况下不同的演化趋势[50]。彭本红、谷晓芬、鲁倩（2017）构建了服务型制造项目实施过程中博弈参与主体核心制造商、顾客和服务商之间的演化博弈模型，利用系统动力学仿真研究了三方之间策略选择的动态博弈过程，结果表明，核心制造商、顾客和服务商最终会达到监督—参与—努力的稳定均衡状态[51]。

综上所述，总体上看目前国内外对项目主体行为博弈风险的研究还缺乏系统性。本书在借鉴国内外已有研究成果的基础上，针对大数据背景下企业信息化过程的特点，结合IT治理行为风险的定义，去识别IT治理参与主体行为风险因素，并在此基础上提出IT治理参与主体行为风险应对方法。其研究成果对于管理学科中主体行为风险研究的丰富和完善有所贡献，并对IT治理行为风险管理提供了理论依据和方法。

1.4　研究内容及研究框架

1.4.1　研究内容

本书从系统角度出发，以IT项目相关利益主体行为为研究对象，不同的利益主体相互作用，形成不同的子系统，基于子系统优化的理念，构建不同的风险管理与风险治理体系。

从IT产品组织内部相关主体的角度来考虑，这里我们所做的研究假设，就是IT产品组织内部相关主体具有共同的目标，即设计出令用户满意的产品，使得IT项目成功顺利交付。从这个意义上来说，他们的利益是一致的，因此，不存在相互掣肘等问题。他们的着眼点是基于项目过程的风险管理水平提升，但是信息时代对IT项目提出了新的要求，如何顺应新时代的要求，创新风险管理模式，则是他们更为关注的问题。

从项目供应角度来看，这里以IT项目为例，如果我们以使用方为出发点，他们希望获得相应的基础设施来提升其生产效率及效益，则IT产品开发商可看作其供应商，在开发商与使用方之间可能存在IT产品代理商，而IT项目在实施过程中往往还存在第三方监理，这就形成了一个特殊的供应链。如何协调不同行为主体之间的关系，从而达到供应链平衡，实现各方主体的共赢，对于规避IT项目的风险具有非常现实的意义。本书通过各方主体之间博弈分析，识别 IT 项目供应过程中的风险点，最终为风险规避提供解决方案。

从企业使用方和发起方角度来看，IT 项目的实施涉及企业战略，IT 战略与企业战略需要协同，涉及企业内部各方主体之间利益关系，因此采用博弈方法进行分析。以企业中 IT 治理参与主体的博弈行为为研究对象，通过分析企业 IT 治理参与主体间的行为博弈关系，识别 IT 治理参与主体行为风险；构建 IT 治理参与主体行为的演化博弈模型，运用系统动力学仿真方法分析博弈均衡结果；根据博弈结果，结合 IT 治理的相关方法，针对参与主体行为博弈风险提出应对策略，为企业解决 IT 治理参与主体博弈行为风险提供帮助与指导。

1.4.2 研究框架

从研究内容和研究目标出发，本书形成以下研究框架（见图 1－7）。基于上述研究框架具体分为如下八个部分。

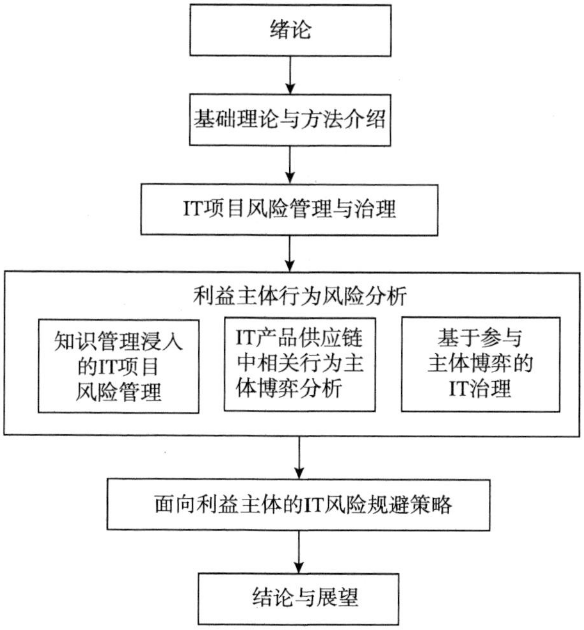

图 1－7 研究框架

第一部分：绪论。介绍本书的研究背景及意义，对 IT 项目管理与治理及参与主体行为博弈的国内外研究现状进行总结综述，概述本书的研究内容及创新点。

第二部分：基础理论与方法介绍。分别对文本挖掘、冲突分析、演化博弈理论和系统动力学理论进行概述，为下文的研究分析提供理论支持。

第三部分：IT 项目风险管理与治理。分别对 IT 项目、风险管理、风险治理的相关概念进行描述，为下文研究分析做好铺垫。

第四部分：知识管理浸入的 IT 项目风险管理。结合 IT 项目管理趋势，从 IT 产品组织角度讨论将知识管理的相关技术融入 IT 项目风险管理过程中的方案。通过知识获取、知识表示、知识存储等方式，辅助提升风险管理水平，为风险管理实践提供规范和理论支撑。

第五部分：IT 产品供应链中相关行为主体博弈分析。利用博弈论的相关知识，对我国 IT 行业价值链行为主体结构优化进行研究；在完全信息静态的情况下，构建了以 IT 产品开发商、IT 用户和监理方为行为主体的三方博弈模型，在最优结果的基础上进一步分析影响最优 IT 行业价值链各方收益的因素；从风险治理的角度为利益主体行为规范化提供参考。

第六部分：基于参与主体博弈的 IT 治理。企业内部的 IT 治理参与主体为高层管理团队、业务部门、IT 部门，并分析三者在 IT 治理过程中的角色和行为，通过对三者的行为分析识别参与主体行为博弈的风险。

第七部分：面向利益主体的 IT 风险规避策略。基于各方利益主体演化博弈的均衡状态，给出各方主体在项目实施过程中的风险规避建议。

第八部分：结论与展望。总结本书的研究成果，对研究中存在的不足之处及进一步的研究进行分析归纳。

1.4.3 研究方法

本书采用的研究方法与技术较多，总体上是定性方法与定量方法相结合，具体方法包括：文献分析、调查分析、文本挖掘、贝叶斯网络、Petri 网、数据库技术、网络爬虫、语义分析方法、本体理论、博弈分析、系统动力学、系统分析等。这些研究方法将针对不同的研究内容有选择地运用，具体应用情况如表 1－4 所示。

表1-4 主要研究方法

研究内容	文献分析	调查分析	博弈论	冲突分析	系统动力学	Petri 网	文本挖掘	数据库技术	网络爬虫	贝叶斯网络	关联规则
知识管理浸入的 IT 项目风险管理	√	√					√	√	√	√	√
IT 产品供应链中相关行为主体博弈分析		√	√	√	√			√	√		
基于参与主体博弈的 IT 治理			√	√	√				√	√	
面向利益主体的 IT 风险规避策略	√	√	√		√						

1.5 研究目标及创新点

1.5.1 研究目标

本书在借鉴国内外已有研究成果的基础上，针对信息产业转型升级背景下 IT 项目风险管理与治理的关键问题，引入知识管理、博弈论、系统仿真等方法与技术，探索知识经济时代 IT 项目风险管理新模式；把行为科学理论纳入风险分析体系，针对不同利益主体的行为特点，从不同角度探究 IT 项目利益主体的行为博弈，揭示 IT 项目风险产生的根源和风险规避的着力点，从而为企业 IT 战略实施过程中风险规避提供方法指导和理论支撑。

本书解决的关键问题：

（1）准确构建参与主体的行为博弈模型。在明确 IT 治理参与主体的基础上，需要识别 IT 治理主体行为所产生的风险，这就需要选择合适的博弈模型对主体行为进行建模分析。而主体行为复杂多变，影响因素较多，使得如何选择恰当的博弈模型成为本项研究的重点和难点。

（2）选择恰当的 IT 治理手段应对参与主体行为风险。由于关于 IT 治理的相关理论知识出现的时间较晚，相关的国内外研究并不成熟，选择合适的IT治理手段应对参与主体的行为风险也是本项研究的难点之一。

（3）选择合适的办法验证应对IT治理主体行为风险的策略是合理有效的。若以实例验证，则需要与相关企业深度结合，需要大量知识和数据的支撑；若以仿真模拟，需要选择合适的模拟IT产品。主体行为复杂多变，如何清晰准确地描述IT治理主体的行为是此项研究的重点，而在明确主体行为的基础上选择正确模拟主体行为的仿真IT产品则成为此项研究的难点。

（4）IT项目风险管理中的知识获取、表示和推理问题。由于企业风险意识淡薄，造成了风险知识缺乏，导致风险管理实践缺乏知识指导，如何把IT项目实践中的风险知识提取出来，并通过知识泛化的形式形成行业或领域标准，是本书要解决的重点问题。

1.5.2 创新点

1. 基于IT治理的参与主体行为的风险识别

传统的风险管理研究主要是对企业的环境、技术等硬性风险进行分析，而忽略了对企业组织文化、主体行为等因素引起的软性风险的分析和控制。本项目从企业信息化建设背景下，对参与主体之间的博弈行为进行分析，通过主体行为的博弈识别主体行为风险，为风险识别提供新的方法和途径。

2. 构建基于情景仿真的主体行为博弈风险应对模型

传统的风险应对大多数是定性的策略，缺少定量决策依据，而无法复原风险细节和场景，本模型拟通过情景仿真的方式，再现博弈冲突场景，并结合决策理论，寻找风险应对最优方案，为风险应对开辟新的通路。

3. 构建了完整的基于知识管理的风险管理支撑体系

（1）把文本数据挖掘技术应用于IT项目风险知识管理领域，拓宽了风险知识的获取途径。

（2）基于文本挖掘思想，以论坛相关文章数据为支撑本身，通过分词、词性分析，提取知识特征词等技术的综合运用获得泛化的知识获取流程。

（3）本研究构建了基于领域本体的描述性风险知识体系及基于Petri网的IT产品开发流程风险知识体系，较全面地概括了IT项目风险知识体系。

(4) 运用数据库关系表的自连接理论，形成知识库推理机制，实现了风险间多维递推关系及风险知识的存储，使 IT 项目风险共享成为可能。

本章小结

本章主要阐述了本书的研究背景、研究意义，并对国内外相关研究现状进行了综述，讨论了当前研究的局限性，在此基础上，介绍了本书的内容安排及研究框架，以及课题的研究内容和创新之处。

参考文献

[1] 刘江玲，侯昊辰，范永青. 关于信息化的冷思考 [J]. 情报科学，2013，31 (08)：157 - 160.

[2] 熊盛洁. IT 治理、内部控制质量与企业绩效相关性研究 [D]. 杭州：浙江财经大学，2016.

[3] 张瑜. 信息化投资、IT 治理与公司绩效关系研究 [D]. 北京：首都经济贸易大学，2017.

[4] N. J, PIZZI. A Fuzzy Classifier Approach to Estimating Software Quality [J]. Information Sciences, 2013: 241.

[5] A. RODRÍGUEZ, F. ORTEGA, R. CONCEPCIÓN. A Method for the Evaluation of Risk in IT Projects [J]. Expert Systems with Applications, 2016, 45.

[6] B. W. BOEHM. Software Risk Management [M]. Washington D. C: IEEE Computer Society Press, 1989.

[7] 方德英，李敏强. IT 项目风险管理理论体系构建 [J]. 合肥工业大学学报（自然科学版），2003 (26)：907 - 912.

[8] M. UZZAFER. A Contingency Estimation Model for Software Projects [J]. International Journal of Project Management, 2013, 31 (7): 981 - 993.

[9] 张子剑，曹静，饶国政，等. 软件过程风险评估方法研究 [J]. 计算机科学与探索，2014，8 (06)：674 - 683.

[10] S. THOMAS, M. BHASI. A Discriminant Model for Classifying Software Project Performance [J]. International Journal of Information Technology Project Management, 2016, 7 (2): 58 - 71.

[11] G. AHN, M. KWON, C. KANG, et al. Probabilistic Graphical Framework for Predicting Software Project Risk [J]. Industrial Engineering and Management Systems, 2018, 17 (1): 120 – 127.

[12] VAHIDNIA S, ÖMER ÖZGÜR, ASKERZADE I N. An Early Phase Software Project Risk Assessment Support Method for Emergent Software Organizations [J]. International Journal of Advanced Computer Science & Applications, 2017, 8 (5): 105 – 118.

[13] 陈蔚琦. 基于加性噪声模型的因果关系推断理论及其应用 [D]. 广州：广东工业大学，2016.

[14] 张婧文，刘新慧. 软件研发项目需求复杂性及其与项目风险关系研究 [J]. 科技管理研究，2015，35 (24)：182 – 185.

[15] 陈宇杰. 基于贝叶斯网络的 H 公司 MES 项目风险管理 [D]. 广州：华南理工大学，2017.

[16] 刘承刚. 软件项目风险管理研究与应用 [D]. 上海：上海交通大学，2016.

[17] L. XIAOQING, J. QINGQUAN, K. HSU, et al. Support or Risk? Software Project Risk Assessment Model Based on Rough Set Theory and Backpropagation Neural Network [J]. Sustainability, 2019: 11 (17).

[18] 王雪丽，张璇，李彤，等. 面向可信软件的风险评估方法 [J]. 计算机工程与应用，2016，52 (19)：97 – 101.

[19] 张建业. 电网企业信息化项目风险管理与评价模型研究 [D]. 北京：华北电力大学，2015.

[20] 董锐. 基于 CMMI 模型的软件项目过程管理研究 [D]. 北京：华北电力大学，2015.

[21] G. SARIMAN, EU KUCUKSILLE. A Novel Approach to Determine Software Security Level using Bayes Classifier via Static Code Metrics [J]. Elektronika Ir Elektrotechnika, 2016, 22 (2): 73 – 80.

[22] B. ANTHONY. Validating the Usability Attributes of AHP – Software Risk Prioritization Model using Partial Least Square – structural Equation Modeling [J]. Journal of Science & Technology Policy Management, 2018, 10 (2): 404 – 430.

[23] V. BANULS, C. LOPEZ, M. Turoff. Predicting the Impact of Multiple Risks on Project Performance: A Scenario – Based Approach [J]. Project Management Journal, 2017, 48 (5): 95 – 114.

[24] 耿亮. SaaS 平台开发项目中的风险管理 [D]. 北京：北京邮电大学，2019.

[25] 房芳. 面向软件可信的软件过程风险管理模型研究 [D]. 烟台：山东工商学

院，2019.

[26] BROWN CV. Examining the Emergence of Hybrid IS Governance Solutions：Evidence From a Single Case Site [J]. Information System Research，1997，8（1）：69－94.

[27] SAMBAMURTHY V，ZMUD RW. Arrangements for Information Technology Governance：A Theory of Multiple Contingencies [J]. MIS Quarterly，1999，23（2）：261－290.

[28] WEILL P，ROSS JW. IT Governance：How Top Performers Manage IT Decision Rights for Superior Results [M]. Boston，MA：Haverd Business school Press，2004.

[29] 郝亚斌，孙强. 建立 IT 治理机制 [J]. 中国计算机用户，2003（9）：22－23.

[30] 刘勇. Zachman 框架在 IT 风险管理中的应用研究 [D]. 合肥：合肥工业大学，2007（5）：15－39.

[31] 郭家堂. 基于 IT 治理的企业并购中信息系统整合风险问题研究 [D]. 上海：上海外国语大学，2009.

[32] 罗贵心. 基于 Risk IT 框架的企业 IT 风险治理研究 [D]. 大连：东北财经大学，2010.

[33] 江炼. 两化融合背景下制造企业 IT 治理对 IT 能力的影响机制研究 [D]. 广州：华南理工大学，2014.

[34] 唐文. 高新技术企业 IT 治理与企业绩效关系研究 [D]. 北京：首都经济贸易大学，2015.

[35] 霍文彬. COBIT 框架下供电企业 IT 治理方案优化研究 [D]. 北京：华北电力大学，2015.

[36] 聂瑞华，刘永贵. 美国高校 IT 治理的特点与启示 [J]. 中国电化教育，2015（2）：40－45.

[37] 李莹，李强，陶元磊. 基于 IT 治理的高校内部控制体系构建研究 [J]. 财务与会计，2015（14）：74－76.

[38] 苗峰，张伟. IT 治理在数字化校园中的应用 [J]. 科技教育，2016（22）：111－112，114.

[39] 胡超，罗爱静，姚山虎. 基于 IT 治理的区域医疗信息共享与协同服务平台管理模式研究 [J]. 中国卫生信息管理杂志，2014（6）：530－536.

[40] 黄桂新，刘小兰. 医院信息规范化建设的问题与 IT 治理策略探讨 [J]. 中国数字医学，2015（12）：104－106.

[41] 杨琳，李超，林丽华，等. 基于 IT 治理的区域医疗卫生大数据架构研究 [J]. 现代计算机（专业版），2017（5）：52－58.

[42] RAHIM KHANIZAD, GHOLAMALI MONTAZER. Participation Against Competition in Banking Markets Based on Cooperative Game Theory [J]. The Journal of Finance and Data Science, 2018, 4 (1).
[43] HOSSEIN AZGOMI, MOHAMMAD KARIM SOHRABI. A Game Theory Based Framework for Materialized View Selection in Data Warehouses [J]. Engineering Applications of Artificial Intelligence, 2018, 71.
[44] 郭汉丁，张印贤. 政府管理部门与废旧电器回收再生利用产业链主体多阶段博弈分析 [J]. 再生资源与循环经济，2015，8 (08)：9 - 13.
[45] 唐冰松. BT 项目主体行为多方博弈及应对策略 [J]. 土木工程与管理学报，2015，32 (03)：90 - 94.
[46] 杨晗. 乡村旅游发展中利益相关主体行为博弈分析与对策建议 [J]. 中华文化论坛，2017 (07)：136 - 142.
[47] 姜琳，李润萍. PPP 模式下城市基础设施项目主体行为博弈分析 [J]. 项目管理技术，2018，16 (06)：32 - 37.
[48] 张力方. 基于系统动力学的城中村改造三方演化博弈研究 [D]. 广州：暨南大学，2013.
[49] 王晓强. 基于 O2O 的电子产品逆向供应链参与者行为博弈研究 [D]. 北京：北京物资学院，2015.
[50] 刘月婷. 产学研协同创新演化博弈研究 [D]. 哈尔滨：哈尔滨工业大学，2015.
[51] 彭本红，谷晓芬，鲁倩. 服务型制造项目治理中利益相关者演化博弈研究 [J]. 系统仿真学报，2017 (3)：61，595 - 608.

2 基础理论与方法介绍

本章主要对后面章节中用到的各种理论和方法进行介绍，主要包括：信息不对称理论、博弈论相关理论、系统动力学、知识管理相关概念等。

2.1 信息不对称理论

1. 信息不对称的基本内容

信息不对称是指在经济、政治等社会活动中各人信息交换程度不对等。信息涵盖知识、思想、情感、新闻、事实、数据等，是关于客观事物运动状态和运动方式的反映。信息本身是可以传递、扩散、复制、共享和增值的。市场是无形的，具有公开、公平竞争性。在市场交易活动过程中，每一个市场参与者都是理性经济人，以利益最大化为原则，根据所掌握的信息量做出决策，买卖双方对商品相关的质量与性能的信息掌握的程度不同，信息不对称现象无处不在。例如在 IT 产品市场上，IT 产品开发商掌握 IT 产品的质量、性能及价值等全部核心技术信息，而大多数 IT 产品消费者不了解 IT 产品方面的知识与技术信息，双方掌握的信息量差距很大，在信息交换与传递的过程中，存在着严重的信息不对称。

信息不对称普遍分为两类，第一类以发生的时间划分为事前不对称和事后不对称，可能发生在签订契约之前或签订契约之后；第二类以信息内容划分为隐匿行动模型和隐藏信息模型。

2. 信息不对称产生的原因

信息不对称产生的关键成因来源于信息的特性，信息具有私密性、隐蔽性、滞后性、价值性等特征。在市场交易活动中，买卖双方同时进行信息的交换，在交易过程中普遍存在着信息内容模糊、获取不及时、掩盖技术层面等问题，这些都将造成信息孤岛，从而产生信息不对称。随着生产力的快速发展，在现实的市场经济活动中，由于社会劳动分工产生不同行业，不同行业的劳动者掌握行业信息量必然是不同的，各行业人员专业知识要求越来越充裕，各司其职造成占有信息力量强大的一方资源过剩，信息量匮乏的一方相对闭塞，掌握信息力量的悬殊导致利益分配结构严重失衡，恶性循环的结果就是产生严重的信息不对称，导致市场失灵。

总体来说，信息不对称产生的原因分为两类，一类是信息自身所特有的性质，尤其是有价值的信息，交易主体一旦掌握了它们，便会使其发挥信息的私密性，成为信息优势的一方。另一类是不同行业人员的信息垄断行为。随着经济社会的不断发展与进步，因为交易主体所掌握的信息有限，人们愈加注重信息的宝贵性，掌握越多的信息量对自身越有利，而从其他人身上获取信息则需要付出代价，彼此缺乏诚信，处于信息劣势的一方在搜集信息时遇到很大的阻碍，这是源于信息优势方的垄断，理性的信息优势方会为了使自身利益最大化或是隐匿核心技术信息或是提供虚假消息。不正当的市场竞争行为造成交易主体无法同时获得最大的经济利益，市场无法达到帕累托最优。严重的信息不对称将导致资源浪费，无法达到资源最优配置甚至导致市场失灵。

3. 信息不对称诱发的问题

信息不对称将诱发很多问题，例如市场假冒伪劣行为、降低市场最优配置、降低市场效率等。一般来说，按照交易主体掌握信息的程度来区别委托人与代理人，委托方由于对信息掌握不足所以委托掌握信息量充足的代理人经营某些经济活动，双方将签订契约以规范各自的行为。信息不对称现象所诱发的问题可概括为以下两种。

（1）道德风险。道德风险是指市场交易主体双方签订契约后发生的，在不承担风险后果的前提下，采取的使自身效用最大化而不顾对方的收益的自私行为，是市场交易主体原本达成一致协议而代理方缺失诚信导致的。当市场交易主体存在利益冲突时，代理人会以最低的成本获得最大的收益，如在委托方无法全程观察代理方的行动时，代理方很可能采取偷懒行为而获得契约所保障的收益，也就是说用最小的努力获得最大的收益。例如在IT行业中，IT用户委托IT产品开发商开发一项IT产品项目，双方签订契约后，IT用户由于对IT

产品性能、质量不了解，便会面临 IT 产品开发商偷工减料、应付合同中条款的道德风险。

总之，道德风险普遍存在于社会经济活动中，涉及经济、政治、金融等各个领域。道德风险的产生源于人性的自私自利，某些人独自占有信息，会对信息沟通渠道造成阻碍，在一定程度上损害市场的运行效率，如此发展下去将造成市场失灵，因此，研究如何防范道德风险，有着十分深远的现实意义。

（2）逆向选择。逆向选择是指在委托—代理签订契约之前，代理人根据自身掌握的信息蒙混过关、以次充好来欺诈委托人，选择对自己有利的一面以获得自身最大利益，损害委托人的利益。逆向选择的严重发展将造成许多棘手的问题。首先会假货横行，由于消费者难辨真假，不了解产品的真实质量信息，市场上同种商品的质量不同时，质量差的卖方先人一步，抢占商机，将质量好的生产商挤出市场；其次会造成市场的颠覆，交易双方因为缺乏信任而减少交易量及交易额，造成市场上供给与需求失调；最后市场竞争机制会混乱，不公平交易与竞争、混乱的价格战将造成市场资源无法得到有效配置，无法达到帕累托最优。由此可见，这种现象对生产商、消费者甚至是整个市场价值链主体都将造成损害。

2.2 博弈论相关理论

2.2.1 博弈论

1. 博弈论概述

博弈论（Game Theory）主要是研究经济行为活动中各参与主体进行策略选择的一种理论，应具体分析参与主体的对策，因此，亦称为对策论。博弈一词起源于游戏与赌博。对博弈的通俗理解是赌胜，现实中的“博弈”泛指一切具有互动策略行为的决策活动，其在社会中的各个领域产生重大的影响，而在处理人际关系方面尤为突出。小到人际关系的处理，大到国家间军事政治的较量，都可以运用博弈论进行分析。

博弈论是一种数学对策论，在经济领域中应用非常广泛，主要研究市场中各经济参与主体之间的不同策略选择。其不但可以帮助决策者了解双方最优策略，还可以分析各个经济参与主体的得益，有利于激励决策者主动做出决策，赢得主体利益。博弈论还研究具有竞争关系的主体之间运用的数学理论和方法，促使主体之间以做游戏的方式运用博弈方法做出行动，以优化相关对策。研究经济学的主要理论依据就是博弈论，可以实现主体间的策略选择。这项研究已经拓展到国际公共关系、计算机应用、军事战略决策、生物科学等方面，对我们的生活产生重大影响。

对博弈论的应用可以追溯到春秋时期的《孙子兵法》，书中运用博弈论分析敌人的作战策略，寻找战争突破口，通过分析对方的心理来了解其作战技术。著作中的军事理论对我们现在处理人际关系方面有很大影响。通过对军事中我方与对方的客观分析，可以更清楚双方的博弈关系，也有利于每个博弈方选择自己的策略，即使不知道对方选择的策略也不能忽视对方对自己得到利益的影响，并且还可以在意识到不同的决策选择对自己得益的影响不同的情形下，做出有利于自我发展的决策，并且该著作对博弈的精髓进行了详细的阐述。古代“田忌赛马”的故事也详细地运用了博弈的相关理论。

博弈论来源于我们的生产生活，是现实生活的真实博弈，可以上升到国家领导人做出政治决策、经济大师做出财政决策、军事家做出军事决策等，因此其有利于主体参与者做出最有效的决策。

2. 博弈论的基本要素

（1）参与人是指博弈行动中的决策主体，该主体以自己的效用或利益最大化为行动准则，其可以是个人，也可以是国家、企业等团体；有时为了分析方便，引入虚拟参与人——“自然”，在此，一般认为“自然”是决定外部随机变量概率分布的机制。一般地，$i=1, 2, \cdots, n$ 表示参与人，N 表示“自然”。

（2）行动是指参与人在博弈过程中的具体决策变量。一般用 a_i 表示第 i 个参与人的某一特定行动，而 $A_i=(a_i)$ 表示可供选择的 i 种行动的集合。在 n 个人的博弈中，有序集 $a=(a_1, \cdots, a_i, \cdots, a_n)$ 称为 n 个参与人的“行动组合”，其中元素 a_i 是第 i 个参与人的行动。

（3）战略是指参与人选择行动时的规则，在该规则下参与人决定在什么时候选择何种具体决策。一般用 s_i 表示第 i 个参与人的某一特定战略，$\mathbf{S}_i=$

$\{s_i\}$ 表示第 i 个参与人的所有的战略组成的集合。如果 n 个参与人每人一个战略，n 维向量 $s = \{s_1, s_2, \cdots, s_n\}$ 被称为 n 个参与人的一个战略组合，其中，s_i 表示第 i 个参与人所选的战略。

（4）信息指的是参与人在博弈中了解到的与自己行动有关的知识，包括对自己本身的了解以及对对手的了解。

（5）支付函数即收益函数，是指参与人在每一组可能的选择下所获得的效用或收益，是所有参与人战略、行动的函数。设 u_i 为第 i 个参与人的支付，参与人的支付不仅取决于自己的战略选择，同时也取决于博弈过程中他人的选择，因此，$u_i = (u_1, u_2, \cdots, u_{i-1}, u_{i+1}, \cdots, u_n)$。

（6）结果是指博弈分析者通过分析得到的关于所有博弈参与者行动以及收益的集合，是分析者最感兴趣的要素组合。

（7）均衡是指所有参与人在既定条件下的帕累托最优的行为与收益组合，也是参与人的最优战略组合，一般记为：$s^* = (s_1^*, s_2^*, \cdots, s_n^*)$，其中 s_i 表示第 i 个参与人的最优战略；如果用 $S_{-i} = (s_1^*, \cdots, s_{i-1}^*, s_{i+1}^*, \cdots, s_n^*)$ 表示除 i 以外的其他参与人战略形成的向量，那么，s_i^* 是给定 s_{-i}^* 情况下第 i 个参与人的最优战略，即 $u_i(s_i^*, s_{-i}) \geqslant u_i(s_i', s_{-i})\ \forall s_i' \neq s_i^*$。

3. 博弈论的分类

通过对博弈论进行研究可以得出以下几种分类：

（1）根据不同博弈主体的特点划分。分为合作博弈与非合作博弈。合作博弈论是指博弈中决策主体之间对行为或策略的约束；相反，参与主体之间不存在行为或策略的约束是非合作博弈。

（2）根据行为的时间顺序划分。分为静态博弈与动态博弈。静态博弈是指在博弈中，参与人同时选择或虽非同时选择但后行动者并不知道先行动者采取了什么具体行动的博弈；动态博弈是指在博弈中，参与人的行动有先后次序，且后行动者能够观察到先行动者所选择的行动的博弈。通俗地理解，“囚徒困境”就是同时决策的，属于静态博弈，而棋牌类游戏等决策或行动是有先后次序的，属于动态博弈。

（3）根据信息是否完全划分。分为完全信息博弈和不完全信息博弈。完全信息博弈是指在博弈过程中，针对参与人之间的特征和策略空间以及受益函数筛选不同的信息，并根据这些信息进行博弈。不完全信息博弈是指如果参与人对其他参与人的特征、策略空间及收益函数信息了解得不够全面，或者不是对所有参与人的特征、策略空间及收益函数都有准确的了解，在这种情况下进行的博弈就是不完全信息博弈。

（4）根据参与人对自己决策之前的博弈过程的了解程度划分。分为完美信息博弈与不完美信息博弈。完美信息博弈是指参与人对自己决策之前的博弈过程了解程度较高；不完美信息博弈是指参与人对自己决策之前的博弈过程了解程度较低，表现为故意隐藏信息，导致信息传递不通畅，这时的决策者将会无法完美地掌握信息。

4. 博弈论在经济活动中的应用

博弈论作为一种决策分析方法，在社会学、伦理学以及纯理论研究等方面拥有强大的生命力，其在经济领域的应用更加广泛。

王欣等人把博弈论应用到国家科技计划项目立项中，构建项目申请者、项目审批部门及国家监督机构的三方博弈模型，根据模型均衡解中各参数变量进行分析，得出经费较少的项目容易发生寻租这一结论[1]。Fjona Zeneli 等人研究阿尔巴尼亚中小企业的融资困难的问题，研究的重点是在完全信息下发罗拉市中小企业面对可持续发展的挑战和竞争的市场进行博弈，并提供融资增长策略[2]。

杨纬隆等人对企业战略管理的博弈模型特征进行分析，并以围棋模型进行完美的仿真演示[3]。王明明等人以经济学的视角，在科技项目立项中建立行为博弈模型，分析科技失信的成因，并提出防范科技主体失信的主要措施[4]。李林等人利用讨价还价博弈理论，结合项目参与方地位非对称的现实情况，分别构建了完全信息条件下和不完全信息条件下 PPP 项目风险分配的讨价还价博弈模型，并分别得出了对应的子博弈精炼纳什均衡，得出结果对我国准公共项目建设意义深远[5]。Saul Mendoza - Palacios 等人介绍了一个进化动力学模型的策略集是可分离度量空间的非对称博弈，主要研究了有限策略空间的博弈问题[6]。徐晓萍等人借助博弈分析模型研究关系型借贷对企业贷款行为模式的影响，将道德伦理的因素重新引入经济系统的研究中，发现关系型借贷对营造良好的社会信用体系具有重要的价值[7]。

王冀宁等人在建立企业和高校间技术联盟模型的基础上，深入分析博弈结果，指出要想实现产学研技术联盟的良性发展，单纯依靠企业、高校、科研机构和政府的互相协作是不够的，还需要采取措施不断完善技术联盟的发展机制[8]。刘威等人在构建完全信息博弈模型和演化博弈模型的基础上，深入分析了科技成果转化的短期均衡机制与动态演化过程[9]。黎振强等人通过构建动态博弈模型，论述了科技型中小企业合作创新的条件和动力机制[10]。王呈斌利用非对称博弈模型分析了科技政策在促进企业界增加 R&D 经费、增强技术创新能力以及提高社会自主创新能力方面的作用，并进一步分析了科技政策配置模式的重要性[11]。

综上所述，博弈理论在经济领域应用广泛，但其可归结为两大方面：经济主体最优行为的确定和影响经济系统均衡因素的分析。

2.2.2 演化博弈理论概述

在传统博弈论中，博弈参与主体的特点就是完全理性的，博弈参与主体的认知分析能力在整个博弈过程中都是很强的，这种强理性也存在于博弈参与主体之间。在博弈过程中，参与主体的目的都是追求自身利益的最大化。传统博弈理论的局限性就体现在完全理性假设上，这使得很多学者在研究过程中对传统博弈论中完全理性假设提出了质疑。随着演化博弈论的产生，传统博弈理论完全理性假设的局限性被打破，参与主体的有限理性行为成为主要研究内容。演化博弈论通过对有限理性行为的研究，对博弈过程的均衡状态进行了讨论，对均衡状态的稳定性进行了深入分析，并判断经过演化博弈是否能达到稳定的纳什均衡，即演化稳定状态，这种情况下的博弈策略组合就称为演化稳定策略（Evolutionary Stable Strategy or State，ESS）。

1. 演化博弈理论的提出

演化博弈理论（Evolutionary Game Theory）实际上是经济学领域的一次重大创新，该理论突破了传统博弈论完全理性人的假设，构建起全新的分析框架，其实际上是多种学科的最新发展成果，不仅包括生态学和心理学，还包括社会学以及经济学。因此，演化博弈理论对参与人的资源配置行为基于有限理性的社会人来进行分析。费舍尔（Fisher）和哈密尔顿（Hamilton）是著名的遗传生态学家。他们根据博弈理论对动植物的合作和冲突行为进行分析，这实际上是演化博弈理论的最早起源。他们研究发现，针对大多数情况下不依赖任何理性假设的动植物的演化结果，都可以使用博弈论进行研究。梅纳德·史密斯和皮尔斯（Maynard Smith and Price）于20世纪70年代初创造性提出演化稳定策略这一重要概念以后，演化博弈论才正式诞生[12]。演化博弈理论的又一次突破性发展源于复制者动态（Replicator Dynamics，RD）的首次提出。从本质上看，复制者动态实际上是一种全新的演化博弈理论基本动态概念。生态学家泰勒和杰克（Taylor and Jonker，1978）在对生态演化现象进行研究的过程中提出了复制者动态这一概念[13]。演化博弈理论最核心的一对基本概念便是复制者动态与演化稳定策略（RD&ESS），它们分别表示的是稳定状态以及这种状态的动态收敛过程。但是，演化博弈理论发展的主要内容是通过演化稳定策略概念扩展和动态化组成。

从20世纪70年代开始，演化博弈理论开始从生物演化理论中分离并发展起来，有限理性个体的群体行为是研究对象，强调个体表现并不是现实中行为的最优化状态。个体之间只有通过不断地学习和模仿才能实现个体决策。演化博弈理论强调，参与人无法免费获得决策过程中所需要的信息，信息处理能力也不具有无限性。因此，博弈参与主体完全达不到完全理性的要求。最优化计算结果只能对决策产生影响，但是却不能代表参与人的决策。最优化计算结果会对决策者的社会环境产生十分重要的影响。在实际决策过程中，参与者会通过不断地学习、模仿以及创新来做出最终的决策。所以，经济系统要想回归到平衡状态就需要经历很长时间。对经济系统的动态调整过程进行考察和把握是对参与人行为进行准确描述的前提。演化博弈理论中，动态均衡概念及动态模型所处的位置十分重要。所以，演化博弈理论实际上是基于“试错”方式对个体决策行为以及均衡状态的实现进行分析。在经济社会各个行业和领域，总是可以看到演化博弈理论的身影，其主要是用来对社会制度以及群体行为进行分析[14]。

2. 演化博弈分析的步骤

（1）随机策略组合博弈过程。在演化博弈过程中，往往涉及多个博弈群体，每个博弈群体参与博弈时会分别选择各自的行为博弈策略，不同的博弈策略往往会产生不一样的策略组合收益，也就是支付，最终就会得到策略组合收益矩阵。在博弈策略组合中，期望收益和实际收益比是不断变化的，根据实际对比结果，博弈主体会对自身策略进行调整，进而反复进行博弈。

（2）博弈主体的有限理性行为。在初始博弈阶段，参与主体所选择的比例往往存在差异，不同行为博弈策略选择比例实际上构成了博弈结构。在博弈的过程中，参与主体会根据其他参与主体的博弈行为和策略来调整自己的博弈策略，不同的博弈策略就会对应不同的选择比例。

（3）复制动态微分方程。通过上述步骤以后，参与主体就会形成动态博弈的状态。各参与主体博弈策略选择比例会产生不断调整和变化，最终形成动态演化过程。复制动态微分方程就是实现演化博弈模型中所涉及的过程以及比例选择的变化方法。

（4）演化均衡状态。定量的博弈系统演化过程的稳定性是可以通过对复制动态微分方程进行分析得到的。根据其他参与主体的策略，各参与主体会对自己的行为博弈策略进行调整，通过反复博弈，最终会形成收益最大的策略组合，进而会形成演化博弈的局部稳定状态。

2.3 系统动力学

系统动力学（Systems Dynamics，SD）是一种仿真工具，利用定性和定量方法进行动态系统推演分析。系统动力学构建了结构模型（流图），依托 DYNAMO 仿真语言，通过计算机来做仿真实验。作为系统分析方法，其能够有效模拟社会环境，对社会经济问题进行系统分析。

目前，系统动力学在很多领域都作为一种有效的仿真方法和系统工程方法论得到广泛使用，比如生态治理以及战略决策的研究方面。系统动力学方法是在对系统存在的问题进行定性分析的基础上进行定量分析，根据变量间的因果关系构建因果反馈回路式系统模型，根据闭环层次来分析问题，通过系统变量的反馈情况来解决问题。和其他分析方法相比，系统动力学可以有效解决高阶以及多反馈回路的动态系统中的长期性以及周期性的问题。

在管理决策建模领域，系统动力学被广泛使用，其不仅涉及一个城市、一个国家乃至全世界宏观战略的研究，同时还涉及微观经济领域的研究。系统动力学模型按照应用领域来分，不仅包括世界 SD 模型以及城市 SD 模型，还包括国家 SD 模型以及工业 SD 模型。在最开始应用的时候，主要是利用系统动力学来对供应链管理系统问题进行研究，研究的问题不仅包括工业生产中需求放大问题、产量和劳动力雇佣不匹配问题以及信息管理对供应链管理产生的影响问题，还包括库存波动以及广告营销对生产产生影响的问题。因此，早期的研究比较微观，但是当得到广泛认可的时候，在一定时期内研究对象又偏宏观。由此可见，系统动力学在宏微观领域都得到了广泛应用，是解决复杂大系统问题的有效方法。

1. 系统动力学建模原则

在构建系统动力学模型过程中，需要严格遵守以下几个原则来明确问题以及对边界和变量定义进行界定：

（1）目的性原则。改善系统行为是系统动力学建模的最终目的。需要根据内部反馈结构以及动态行为学的关系来对存在的问题进行解决，这样才能实现最终目的。在建模的过程中，需要确保研究方向和目的保持一致，对相关因素进行明确，这样才能完成最终建模。

（2）重点性原则。在对系统边界进行确定的过程中需要充分考虑重点问题，从系统层面对主要问题进行研究，最终找到主要矛盾。在系统中，很多矛盾和问题同时存在。但是对整个系统的运行产生影响的只有主要矛盾和主要问题。所以，在系统动力学建模过程中，重点性原则必须坚持。

（3）适用性原则。在系统动力学建模过程中，需要对应用系统动力学方法的科学范畴进行明确。作为一种软科学，系统动力学所要解决的是软科学一类问题。这些问题通常会不断变化，同时来源于反馈结构。通过对相关问题进行研究可以判断该问题是否可以通过系统动力学方法进行解决，并在此基础上进行建模。

2. 系统动力学仿真分析步骤

主要通过以下流程来利用系统动力学发现问题、分析问题以及解决问题。

（1）明确系统边界。利用系统动力学建模的首要任务就是划定系统边界，也就是对所研究对象的系统范围进行确定。在划定的范围内，对研究对象的变量、相关因素和变量进行控制。在十分复杂的动态系统中，存在着很多相互影响的因素，明确系统边界的目的就是确保这些因素更加有条理，这样才能对各种问题进行清楚的认识，才能确保把复杂的真实环境转化为系统动力学模型。

（2）分析因果反馈关系。在对系统边界进行明确之后，接下来就要对系统发展产生影响的相关变量进行确定，进而形成系统要素。在系统动力学中，每一个要素之间的关系实际上都是因果关系，它们之间相互影响，相互作用，最终可以形成量化的正负相关函数关系。系统中的反馈回路就源于这些因果关系，由于这些因果关系相互影响，系统状态发生了改变，从而对参与主体的决策产生影响。因果关系回路是系统动力学方法建模的基础。所以，在建模的过程中，最为重要的环节就是对各个变量之间以及各变量和系统之间的关系进行明确，进而构建能够把整体结构反映出来的因果回路图。

（3）构建仿真模型。在解决系统问题的过程中，系统动力学方法实现了定性分析和定量分析的结合。通过定性分析，各种因果关系形成了回路关系图，在此基础上可再进行定量分析。在定量分析的基础上，通过因果回路关系，可将相关变量（水准变量、速率变量）统一到模型当中，对各个变量函数式进行确定，进而得到最终系统动力学流图模型。

（4）模型仿真模拟。系统动力学仿真模型建模完成以后，接下来的工作就是仿真模拟，对模型运行状况、变量关系以及函数关系进行检验。在设置相关变量变化的基础上来达到不同的研究目的，得到不同的仿真结果。笔者在进行系统动力学建模过程中利用了 Vensim PLE。该 IT 产品具有可视化特征，通过建立流程图来对变量关系函数进行改变，最终得到形态系统动力学模式，仿真模拟对不同变量条件下系统动态行为机制。

（5）分析 IT 产品仿真结果。通过 IT 产品来对系统动力学模型进行仿真，通过比较结果来对相关因素对系统结果产生的影响进行深入研究，对各因素之间的内在关系以及因素和系统间的内在关系进行明确，最终得到最佳的问题解决方法，同时提出可行性措施和建议。

系统动力学的建模可分为三个阶段，初步分析、规范分析及综合分析，其中初步分析包括认识问题、界定系统以及要素及其因果关系分析；规范分析包括建立结构模型、建立量化分析模型和仿真分析；综合分析则包括比较分析和政策分析。具体的建模流程如图 2－1 所示。

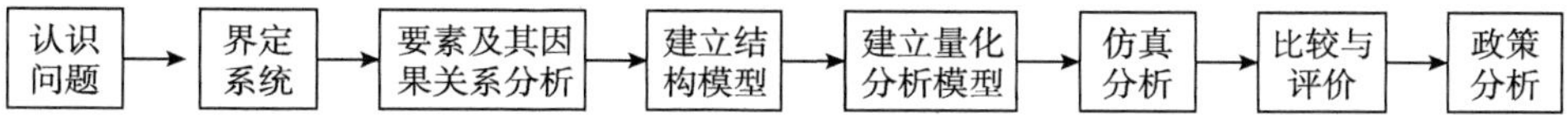

图 2－1　系统动力学建模流程

2.4 知识管理相关概念

2.4.1 语义相似度计算的演进

文本中常会出现意思相近的词语但是表达方式不同，由于离散程度大，文本挖掘的结果不易凸显，甚至文本中蕴含的知识也不易查找。本书中应用语义相似度计算来实现关系关键词、生命周期关键词、IT 项目风险因素去重等文本处理过程，换句话说就是词语上义词、相似词、下义词的相互转化过程，从而使知识的汇总准确性更高，也易于知识获取整体性原则。

词语相似度与词语距离之间存在单调减少的关系，在 CSDN 的大量文章中词语相似度是指两个词语在不同的上下文中可以相互替换而不改变文本的语句语义结构的程度[15]。相似度的概念涉及词语的词法、句法、语义等特点，相似度是一个数值，取值一般在［0，1］之间，数值越大相似度越高。词语距离是衡量词语相似度的重要指标，词语距离与词语相似度之间有着密切的联系，简单的对应关系如式 2－1 所示。对于两个词语 W_1 和 W_2，其相似度记为 $Sim(W_1, W_2)$，两个词语的距离记为 $Dis(W_1, W_2)$，α 为一个可调节的参数。由于 α 存在不确定性，所以这种转换关系是多样的。

$$Sim(W_1, W_2) = \frac{\alpha}{Dis(W_1, W_2) + \alpha} \tag{2-1}$$

在此基础上，孙滨等人[16]为了避免 α 的不确定性，对此关系进行了改进（见式 2－2），只引用了两词路径关系参数，其中 $|P_1|$、$|P_2|$ 表示从根节点到 P_1、P_2 经过的节点的个数（包括 P_1、P_2）$|P_1 \cap P_2|$ 表示从根节点到 P_1、P_2 时，两路径重叠的节点数。从两个公式中可以看出，两个词语的距离越大，词语的形似性越小。

$$Sim(P_1, P_2) = \frac{|P_1 \cap P_2|}{|P_1| + |P_2| - |P_1 \cap P_2|} \tag{2-2}$$

知网对词汇的定义包括：“概念” 和 “义原”。“概念” 是对词汇语义的一种描述。每一个词可以表达为几个概念。“概念”是用一种“知识表示语言”来描述的，这种“知识表示语言”所用的“词汇”叫作“义原”，“义原”是用于描述一个“概念”的最小意义单位，也就是多个“义原”→“概念”→“词汇”。在“基本义原”的基础上，义原的层次图是树状的，这样也方便了计算，刘群教授在词语相似度的计算中，对于两个汉语词语 W_1、W_2 的相似度进行计算，如果 W_1 有 n 个概念：S_{11}，S_{12}，…，S_{1n}，W_2 有 m 个概念：S_{21}，S_{22}，…，S_{2m}，则 W_1 和 W_2 的相似度就等于各个概念相似度的最大值（见式 2－3）。

$$Sim(s_1,s_2) = \sum_{i=1}^{4}\beta_i\prod_{j=i}^{i}Sim_j(s_1,s_2) \qquad (2-3)$$

2.4.2 知识获取相关方法

知识获取方式主要包括：

（1）利用网络能力获取外部关键知识。利用网络能力从合作伙伴构成的网络中获取新的关键知识，推动自身服务创新并提升创新绩效[17]。詹湘东提出网络结构、网络中心度、网络规模能够提升外部知识获取效率[18]。Schreiber 说明了网络对知识获取的影响，同时探讨了本体论语言 OWL、词汇语言 SKOS、本体对其概念和语义搜索潜力四个主题[19]。Ammirato 等人提出在网络环境背景下社交媒体和内部传播手段对知识获取及共享的作用及发展研究[20]。

（2）知识流获取知识。针对知识流主体、知识流客体、知识流动环境三个方向进行知识获取。知识流的客体主要是指知识的本质属性，知识流的主体通过共享意识、合作关系以及吸收能力而获取知识，知识流动环境主要是通过情报分析工作进行知识的获取[21]。程平等通过对课堂流动性从知识流的角度对流程性知识获取形式进行了研究[22]。

（3）相关技术获取知识。Pentland 等人基于 IT 产品系统方法论的协作行动研究倡议，提出对知识获取实践政策改进，更有效地获取知识因素[23]。贾玉祥等人运用语义相似度计算对文本的动宾关系进行了知识处理，目的是增加知识获取的正确率[24]。

（4）主观梳理知识要素。高山行等人运用调研数据对知识进行提炼[25]；杨保军将企业提供的样本数据作为知识获取的来源[26]；宋浩等人在参阅主流文献的基础上结合专家意见将 IT 项目风险分为六大类 43 个因素及获得其中的风险知识[27]；唐爱国等人通过对以往 IT 项目案例进行分析并结合专家经验总结出 IT 项目风险因素及 IT 项目风险知识的指标体系模型[28]。

可见，优越的网络能力提升了知识获取水平，也为多途径获取知识提供了机会，同时网络获取知识是大数据时代的产物；通过知识流获取知识，并采用 Petri 网进行表达，从根本上否定了知识可能存在静态特点，忽视了知识的完整性，大概率导致知识获取方式再先进也无法达到共享的标准；大量知识的获取依旧采用问卷调查、专家访谈等方法，依靠经验来获取知识，但是由经验而来的知识并不能表示出知识的全面性、实时性及可靠性。

2.4.3 知识表示建模技术

知识表示的方法可分为：面向人的知识表示方法及面向计算机的知识表示方法[29]，由于本书建立知识表示的最终目的是构建知识库，因此在此只讨论面向计算机的知识表示方法。

（1）状态空间表示法。其是利用问题的各种可能状态集合做出有效的选择，李伟等人以三枚钱币为例，绘制其状态空间图表示三枚钱币总状态，从而表示各种可能的状态结构[30]。

（2）谓词逻辑表示法。其将非结构化的信息表示为结构化的语言，李祯静等人通过把传统的框架表示法和谓词逻辑表示法相结合将图书馆知识社区相关资源进行了表示[31]。

（3）产生式表示法。一条产生式规则就是一条知识。用产生式可以实现推理和操作，产生式规则是知识表示形式。尚福华等人将模糊推理与知识表示相结合，提出基于模糊框架—产生式知识表示方法，量化地表示知识及推理过程，为决策人员提供更加直观、准确的推理依据[32]。

（4）语义网络知识表示法。它是一种采用网络的形式表示人类知识的方法，孙锦文等人基于自身研究领域提出了一种基于语义网络的故障诊断方法，在此基础上实现本体模型，有效地解决了该领域故障诊断问题[33]。周如旗等人给出了基于属性 Petri 网的语义网络知识表示模式，此模式适合于感觉特征抽取与整合[34]。

（5）本体表示法。该方法的目的是统一应用领域概念，实现知识共享，本体能够克服不同领域环境中各异的词汇表、方法、表示和工具产生的障碍，通过采用共识的方法来概念化领域，并用某种语言使之清晰，以获得共享理解[29]。

Petri 网不仅能够对知识进行推理，在知识的表示过程中以网络的形式表现其中的传递过程，适用于 IT 项目风险在生命周期阶段中的表示；本体模型的构建能够使知识进行计算机语言的识别，为知识库的构建提供了模型及语言依据，同时风险知识需要本体模型对其中的风险属性进行概括与表达。

2.4.4 知识库建立过程

知识库的构建包括知识分类、知识收集、知识表示、知识检索及知识推理[35]。其中知识分类、收集及表示都是为知识库的构建提供准备条件，而知识检索及推理是对知识库进行应用，在上一节中已经讨论了知识收集及表示的技术理论，本小节中主要归纳知识分类、知识检索及知识推理的相关过程。

（1）知识分类。知识分类是对知识进行管理和构建知识库模型的基础。徐丹等人依据知识分类理论，将体育学科知识分为理论知识与实践知识，解析了由于学科知识聚类特征不明确和划分依据不唯一导致的体育学科体系困惑与劣构[36]。Shadi Abpeykar 等人采用新专家系统对高维数据进行分类，利用终端学习机派生在推理引擎的规则库中以识别知识[37]。

（2）知识检索。近年来，知识检索常用方法为 Zemla Jeffrey C. 等人推导出患有阿尔茨海默症和健康对照的患者的语义网络表示，将基于网络的方法与分析流畅性数据进行对比，采用标准方法计算流畅数据中的项目总数和持久性，结果表明，阿尔茨海默症患者的语义记忆障碍可以通过在语义库中包含无关概念之间的虚假关联来建模[38]。Jeon Minjeong 等人利用有限混合 IRT 建模方法来说明基于潜在知识检索的项目解决策略。通过利用在无时间限制下管理的低风险评估数据来说明所描述的策略。提供了一个模拟研究来评估实证结果的准确性[39]。楼雯等人提出基于资源本体的图书馆知识检索模型，设计知识检索平台原型，实现了面向用户的个性化推荐、用户自服务、知识联级检索及展示、专业知识关联服务等功能[40]。其对用户体验进行分析，指出下一步的知识检索研究方向。

（3）知识推理。Daifeng Li 等人提出的知识图广泛应用于检索系统，提供了一种挖掘知识图检测缺失关系的方法，并得到知识图谱是用一种结构化的方式存储实体、实体的属性以及实体之间的关系[41]。李智星等人提出了一种基于非结构化文本增强关联规则的知识推理方法[42]。该方法从非结构化文本表述中抽象出文本表述模式，并以词语分布袋的形式对其进行表示，进而结合知识图谱已有的知识构建关联规则，与传统方法相比，该方法可以高效地从非结构化文本中推理出数量更大且质量更高的三元组知识。徐朦提出了一种新的知识推理方法[43]。通过学科涵盖知识点和知识点间的关系，构建知识点关联图，并结合学生的薄弱知识点，遍历知识点关联图，挖掘学生底层的薄弱知识，生成待学习薄弱知识点序列，从而为学生提供学习路径。

本章小结

本章主要对后面章节中用到的各种理论和方法进行了综述和介绍，其中信息不对称理论作为 IT 项目供应链中主体行为分析的理论基础，博弈论及演化博弈理论是进行利益主体行为博弈分析的重要工具。知识管理相关理论为知识浸入的 IT 项目风险管理提供理论与方法支持。

参考文献

[1] 王欣，贾元华，马晓飞. 国家科技计划项目立项中的寻租博弈分析［J］. 科技进步与对策，2011，28（8）：27－30.

[2] Z. FJONA，Z. LAVDOSH. Financing SMEs in Vlora City，Albania：between Game Theory and Lack of Information［J］. Procedia－Social and Behavioral Sciences，2014，150（15）：126－131.

[3] 杨纬隆，林健. 基于博弈论的企业战略管理研究［J］. 科学学与科学技术管理，2007，136－139.

[4] 王明明，朱军，赵宝元. 科技项目立项中的信用缺失及其应对机制研究［J］. 科学学与科学技术管理，2008（5）：39－43.

[5] 李林，刘志华，章昆昌. 参与方地位非对称条件下 PPP 项目风险分配的博弈模型 [J]. 系统工程理论与实践，2013，33（8）：1940 - 1948.

[6] M. P. SAUL，ONESIMO HERNANDEZ - LERMA. Evolutionary dynamics on measurable strategy spaces：Asymmetric games [J]. Journal of Differential Equations，2015，259（11）：5709 - 5733.

[7] 徐晓萍，张顺晨，敬静. 关系型借贷与社会信用体系的构建 - 基于小微企业演化博弈的视角 [J]. 财经研究，2014，40（12）：39 - 50.

[8] 王冀宁，陈庭强. 学习演化、风险预警与中小投资者 H - LSV 行为模型 [J]. 系统工程理论与实践，2011，31（4）：721 - 728.

[9] 刘威，陈艾菊. 高校与企业在科技成果转化中的博弈分析 [J]. 科技管理研究，2008（07）：246 - 248.

[10] 黎振强，罗能生，林英杰. 基于动态博弈的科技型中小企业合作创新行为分析 [J]. 上海经济研究，2008（06）：101 - 106.

[11] 王呈斌. 科技政策与 R&D 经费——基于非对称博弈模型的机理分析 [J]. 浙江海洋学院学报（自然科学版），2008（12）：433 - 438.

[12] MAYNARD SMITH J，Price G. R. The Logic of Animal Conflicts [J]. Nature，1974（246）：15 - 18.

[13] TAYLOR P. D，JONKER L. B. Evolutionarily Stable Strategy and Game Dynamics [J]. Math Bioscience，1978（40）：145 - 156.

[14] 李少斌，高鸿桢. 企业家形成过程的进化博弈分析 [J]. 厦门大学学报（哲学社会科学版），2002（3）：26 - 31.

[15] M. GRANT. Toward a Knowledge - based Theory of the Firm [J]. Strategic Management Journal，1996，17（S2）：109 - 122.

[16] 孙滨，刘林. 一种基于《知网》的文本语义相似度的计算方法 [J]. 计算机与数字工程，2014，42（02）：187 - 189 + 209.

[17] 李纲，陈静静，杨雪. 网络能力、知识获取与企业服务创新绩效的关系研究——网络规模的调节作用 [J]. 管理评论，2017，29（02）：59 - 68 + 86.

[18] 詹湘东. 结构资本与技术能力：外部知识管理及知识距离的作用 [J]. 科技进步与对策，2019，36（02）：144 - 152.

[19] G. SCHREIBER. Knowledge Acquisition and the Web [J]. International Journal of Human - Computer Studies，2013，71（2）：206 - 210.

[20] S. AMMIRATO，A. M. FELICETTI，G. M. DELLA. The Use of Social Media for Knowledge

Acquisition and Dissemination in B2B Companies：an Empirical Study of Finnish Technology Industries [J]. Knowledge Management Research & Practice, 2018：1 – 18.

[21] 吴川徽. 开放式创新模式下的知识流动：过程与管理研究 [J]. 新世纪图书馆, 2018 (06)：9 – 15.

[22] 程平, 万章浩. 基于知识流的春秋战国翻转课堂知识获取研究——以重庆理工大学会计信息化国家级精品课程为例 [J]. 财会通讯, 2018 (07)：42 – 44.

[23] D. PENTLAND, K. FORSYTH, D. MACIVER. Enabling Integrated Knowledge Acquisition and Management in Health Care Teams [J]. Knowledge Management Research & Practice, 2014, 12 (4)：362 – 374.

[24] 贾玉祥, 赵倩倩, 李育光, 等. 基于词语相似度的语义选择限制知识获取 [J]. 郑州大学学报（理学版）, 2019, 51 (03)：67 – 72.

[25] 高山行, 李炎炎. 生物医药企业政治行为与原始性创新：知识管理的中介作用 [J]. 科学学与科学技术管理, 2018, 39 (07)：24 – 36.

[26] 杨保军. 基于知识管理视角的品牌进化路径与绩效研究 [D]. 合肥：合肥工业大学, 2015.

[27] 宋浩, 周锋波, 姜计荣. 面向可信软件的开发过程风险相关性研究与调查分析 [J]. 中国管理科学, 2016, 24 (S1)：875 – 882.

[28] 唐爱国, 胡春华. 模糊理论在软件项目风险评估中的应用 [J]. 中南大学学报（自然科学版）, 2017, 48 (02)：411 – 417.

[29] 马创新. 论知识表示 [J]. 现代情报, 2014, 34 (03)：21 – 24 + 28.

[30] 李伟, 曹晓东. 从知识表示到算法的研究——三枚钱币问题的状态空间表示和算法实现 [J]. 电脑开发与应用, 2002 (11)：38 – 39.

[31] 李祯静, 秦春秀, 马晓悦. 图书馆知识社区中的知识表示方法研究 [J]. 情报理论与实践, 2017, 40 (05)：112 – 115 + 86.

[32] 尚福华, 李想, 巩淼. 基于模糊框架 – 产生式知识表示及推理研究 [J]. 计算机技术与发展, 2014, 24 (07)：38 – 42.

[33] 孙锦文, 马剑, 丁宇, 等. 基于语义网络的副翼作动器综合故障诊断方法 [J]. 山东科技大学学报（自然科学版）, 2017, 36 (05)：52 – 59.

[34] 周如旗, 孟月萍, 程昌品, 等. 基于属性 Petri 网的语义网络知识表示 [J]. 计算机应用与软件, 2006 (04)：78 – 80 + 131.

[35] 王亚杰. 国内知识库模型研究综述 [J]. 山东图书馆学刊, 2015 (04)：19 – 23.

[36] 徐丹, 陆作生. 基于知识分类与体育实践结合视角的体育学科体系划分新论 [J].

西安体育学院学报，2019，36（01）：45－52.

[37] S. ABPEYKAR，M. Ghatee. Neural Trees with Peer－to－Peer and Server－to－Client Knowledge Transferring Models for High－Dimensional Data Classification［J］. Expert Systems with Applications，2019：137.

[38] Z. JEFFREY C，L. A. Joseph. Analyzing Knowledge Retrieval Impairments Associated with Alzheimer's Disease Using Network Analyses［J］. Complexity，2019：1－12.

[39] J. MINJEONG，D. B. PAUL. An Analysis of an Item－Response Strategy based on Knowledge Retrieval［J］. Behavior Research Methods，2019，51（2）.

[40] 楼雯，姜晓烨，陈雨晨，等. 基于资源本体的图书馆知识检索平台功能设计［J］. 图书馆论坛，2017，37（11）：97－105.

[41] D. LI，A. MADDEN. Cascade Embedding Model for Knowledge Graph Inference and Retrieval［J］. Information Processing and Management，2019，56（6）.

[42] 李智星，任诗雅，王化明，等. 基于非结构化文本增强关联规则的知识推理方法［J］. 计算机科学，2019，46（11）：209－215.

[43] 徐朦. 基于学生知识点的知识推理方法［J］. 信息与电脑（理论版），2019（03）：63－64.

3 IT 项目风险管理与治理

风险是客观存在的，风险管理是 IT 项目管理的重要内容，但是风险意识和感觉却因人而异，因此有必要对 IT 项目风险管理与治理等基础性概念进行说明。本章在对项目、IT 项目乃至在对 IT 项目进行阐述的基础上，对风险产生的根源及风险管理的基本过程进行介绍。随着风险管理技术的发展，风险治理成为客观需求，本章将对风险治理的基本概念及其发展进行阐述，并对相关概念进行辨析，为本书后续章节的展开提供理论支撑。

3.1 IT 项目与 IT 产品项目

项目的兴起，源于人类组织活动的分化。随着生产力的发展和社会分工的细化，人类有组织的活动逐步分为两类：一类是连续不断、周而复始的活动，被称为“作业”（Operation）：另一类是临时性、一次性的活动，被称为“项目”（Project）。美国项目管理协会对项目给出了如下定义：“项目是为了创造某项独特的产品或服务而进行的一项临时性努力。”所谓临时性的努力是指多项相关工作。

20 世纪 90 年代以来，世界范围内出现了波澜壮阔的信息化浪潮，经济全球化和全球信息化已经成为当今世界两大趋势。信息技术（Information Technology，IT）是在信息科学的基本原理和方法的指导下扩展人类处理信息能力的技术。信息技术是以电子计算机和现代通信为主要手段，实现信息的获取、加工、传递和利用等功能的技术总和。信息化是指在经济、科技、社会各领域，在开发、生产、服务、管理、生活各层次，有效开发利用信息资源，建立先进的信息基础设施，发展信息技术及产业，加快国民经济发展和社会进步，提高综合国力和竞争力，提高生活、工作水平及质量。

PMRC 发布的 IT 信息化项目管理知识体系（iPMBOK）将信息技术与信息化视为一体，来综合描述信息技术与信息化，与此对应的项目称为 IT 信息化项目。人们还习惯于将以计算机为主体的各种项目称为 IT 项目。从项目本身而言，利用有限资源，在一定的时间内，完成满足一系列特定的 IT 信息化目标的多项相关工作叫作 IT 项目。

IT 产品项目属于 IT 项目范畴，其核心为 IT 产品。IT 产品的开发和应用必须通过 IT 产品项目来实现。利用有限资源，在一定的时间内，完成满足一系列以 IT 产品为核心的多项相关工作叫作 IT 产品项目。IT 产品项目管理专注于 IT 产品项目活动的一些行为分析与管理，它涉及的范围覆盖了整个 IT 产品项目开发的全过程。IT 产品的特性决定了 IT 产品项目管理与其他领域的项目管理有不同之处。

可见，IT 项目范畴更广，它涵盖了 IT 产品项目，IT 产品项目是一种典型的 IT 项目，也是 IT 项目中大众认知度比较高的一种类型。因此本书后续讲述的 IT 项目不再区分 IT 项目和 IT 产品项目，方法及应用举例中往往以 IT 产品项目来代替 IT 项目。

3.2 风险及其管理

3.2.1 风险及其特征

“风险”一词在统计学、经济学、保险学和决策理论等领域经常使用，目前并没有一个适合这些领域统一的公认的定义。即使是在风险管理领域，对风险的定义也是不同的，缺乏一致性。尽管风险一词在各个领域都没有达成一致，但所有的定义都有两个共同点：损失和不确定性。因此，“风险”一词便有了一般的定义，即承受损失的不确定性。不确定性指的是结果的发生不是随着的人的意志而转移的，是不在人的掌控之中的，是客观存在发生的。风险的发生即指结果不尽如人意时带来的后果。

风险的特征如下：

第一，风险存在的普遍性和客观性。风险是无处不在的，是无时不在发生的。作为损失发生的不确定性，风险是不以人的意志而转移的客观存在。

第二，风险发生的偶然性和必然性。任意风险的发生都是多种因素共同作用的结果，呈现一种随机的现象。但对大量的风险进行统计分析，可显示出风险发生的明显的运动规律。因此可以说，风险的发生是偶然与必然并行的。

第三，风险的可变性。这是指在项目进行过程中，各种风险会在质和量上发生变化，随着风险管理工作的进行，有些风险会得到控制，与此同时，也会有新的风险产生。

第四，风险的多层次性和多样性。大型工程项目的规模大、涉及的范围广、周期长、风险因素数量多并且种类繁多，致使其在全寿命周期内面临的风险呈现多样性。而大量风险之间的关系又错综复杂，风险之间、风险与外界之间交叉的影响又显示出风险的多层次性。

3.2.2 风险管理

项目中的风险管理实际上就是在项目开发过程中贯穿于整个开发流程的一系列管理步骤，其中包括风险识别、风险分析、风险跟踪以及风险控制等一系列活动。任何风险管理活动中，如果最终产生的后果都是可以接受的，那么便可以说通过风险管理解除了风险危机。在任何风险管理过程中，都有两个主要的活动：第一个活动是风险评估，风险评估是对风险来源的潜在影响力过程进行识别和评估；第二个活动是风险控制，目的是解除或削减风险的影响。风险控制是一个制订风险应对计划、实施风险监督、纠正风险偏差的过程。刚开始的风险管理，并不确定风险是什么，风险管理过程便是将这些不确定性因素转变成可接受的风险现实。

在项目管理中，建立风险管理策略以及在项目生命周期中不断地分析控制风险是非常重要的。风险管理主要包括 4 个相关的工作：

（1）风险识别。风险识别即采用系统化的方法，对 IT 项目流程中已知或可预测的风险进行识别。对风险进行识别常用的方法有：专家询问法、财务报表法、现场观察法、问卷调查法、流程图法等。

（2）风险评估。风险评估即评估已识别的风险发生的概率和可能造成的后果。常用的方法主要有：头脑风暴法、多目标分析法、外推法、概率分布法等。

（3）风险处理。风险处理即对已预测出或者已发生的风险采取相应措施以避免或者解除风险危机。一般而言，风险处理的方法有三种：第一，风险控制法。即主动采取措施避免风险、消灭风险或者采取紧急措施降低风险。第二，风险自留。对通过分析确定风险量在项目可承受范围内的风险进行保留，即余留风险。第三，风险转移。即将风险的后果利用合同或非合同的形式转移给项目之外的人或单位承担。

（4）风险监控。风险监控包括对开发流程中可能发生的风险进行监控和风险管理的监控，前者是对已识别或可预测的风险进行监督和控制，后者是监督在项目实施过程中项目相关人员认真执行风险管理的组织和技术措施。

随着风险管理技术的发展，风险管理在项目管理中的地位越来越高，有效的风险管理可以降低项目的失败率，提高项目的成功率。因此，在项目开发的初期对项目进行风险分析，通过识别、分析以及跟踪风险，最终利用风险规避的方法降低项目失败的概率，从而避免因返工而造成的项目成本的上升。风险管理的作用体现在：

第一，有效的风险管理可以提高项目的成功率。进行风险管理可以有效地分析出影响项目进行的风险因子，并对其进行有效的控制，从而降低风险发生的概率，提高项目的成功率。

第二，风险管理可以增强工作团队的健壮性。通过和团队成员一起进行风险分析，让团队成员在面对困难时有充分的估计，对各种意外有心理准备，大大提高团队的信心，从而稳定队伍。

第三，有效地进行风险管理可以有效识别瓶颈，将主要精力集中在重大风险上，将工作方式从被动救火变为主动防患。

因此，为了做好预防，通常采用主动应对的策略，主动应对策略应该在项目分析阶段启动，识别出潜在的风险，评估风险出现的概率以及发生后的影响，按风险大小进行排序，然后建立一个风险应对计划来进行管理。在主动应对策略中，其主要的目标是对风险进行预防，但并不是所有的风险都能预防，因此，项目组必须同时建立一个应对意外事件发生的计划，使在关键时刻能够有效地、及时地、可控地应对意外事件的发生。

3.2.3 IT项目风险及其特征

3.2.3.1 IT项目的特点

由于人们对IT产品的期望值越来越高，IT产品无论在功能上还是在技术上日趋复杂化，从而导致IT产品开发的难度越来越大，加之相关人员风险管理的意识淡薄，导致IT产品开发的问题也越来越多。如IT产品开发项目经常会出现项目超支、延期以及项目质量低劣等问题。而IT产品项目与其他一般项目有所区别，其所独有的特点决定了它的高风险性。由此可见，只有了解并掌握IT项目的特点才能对其进行有效的项目风险管理。IT项目相对于一般的工程项目具有如下特点：

（1）从IT项目的性质来看，IT项目属于资金密集型和知识密集型的创造性劳动。智力、知识、技术、信息等是IT产品开发获取利益的重要来源，IT项目的开发所消耗的物资相对于工程项目开发是很少的。一般的商品的生产所采用的是重复劳动，而IT项目的开发和设计主要采用的是人的创造性劳动，由此可见，人所掌握的知识程度和技术水平对于IT项目的开发起着决定性的作用，这也是项目成功的关键所在，因此，人力成本是IT项目开发的最主要费用开支。

（2）从IT项目的加工对象来看，其加工研究对象是抽象的信息而非具体的实物。因此在IT项目的开发过程中，IT项目的质量和开发的进度是无法精确度量的，从而使得IT项目的管理难以把握。

（3）从IT项目的开发过程来看，IT项目的开发过程属于创造性过程。IT项目的开发生产过程没有绝对正确的标准过程形式。针对不同的IT项目应采用不同的、有针对性的开发过程，但所使用的开发过程是否真正适合所开发的IT项目，只有等到IT项目完成后才能得知。因此，在项目开发的初期，IT项目的开发负责人只能根据项目的特点以及自己的开发经验进行相应的选择，随着项目开发的进行，在开发过程中不断地进行调整。

（4）从IT项目的最终成果来看，IT项目开发完成后的最终IT产品是一种具有抽象性质的逻辑实体。IT产品是由技术文件和程序代码构成的，相对于其他工程项目，IT项目并没有其他物质结果。

综上所述，IT项目的特点主要体现在：IT产品更新速度快、开发经验失效快、复杂度高、人为因素大、过程的可见性差、结果难以预测以及市场模式不完善等。由此可见，IT项目的管理是很难把握的，而IT项目的这些特点也导致了IT项目较其他的工程类项目具有更大的不确定性。

3.2.3.2 IT项目的风险

IT项目的特点导致了IT项目的不确定性。由于不确定是造成风险发生的主要来源，因此，想要有效地识别出风险，首先得分析IT产品开发过程的主要活动中所蕴含的不确定性。IT项目开发过程中的不确定性主要体现在以下几个方面：

（1）需求分析中的不确定性。对IT项目进行需求分析是为了了解客户的真正需求，以确定IT项目开发的目标以及工作范围。需求分析不清晰将直接导致目标不明确，这是导致很多IT产品开发项目失败的一个最主要原因。造成需求分析不完整的原因主要有：第一，由于客户的相关IT知识较为缺乏，对于自己到底需要怎样的IT产品系统不明确，在IT产品开发的过程中不断地提出更改要求，导致项目负责人无法分清各个需求的重要程度，以至于无法正确把握客户需求；第二，由于IT项目开发方专业水平不够或者需求分析不到位，以至于不能完整正确地理解客户的真实需求，导致项目开发目标错误。由此可见，需求分析中的各项活动主要包括：明确客户的真实需求、对客户真实需求的正确理解、建立完整的需求文档等，这些活动都不可避免地引入了很多的不确定性。

（2）设计过程和编码过程中的不确定性。将需求分析的结果转化到设计和编码过程中也存在着很多的不确定性。IT项目的开发需要从多个抽象层次上表述系统，其中包括需求分析模型的建立、IT产品开发项目设计模型的建立以及源代码的执行等。然而，各个抽象层级之间的转换必然会引入很多的不确定性，主要包括：设计模型是否能满足需求分析，设计是否能满足所有需求分析结果，具体能实现多少个，实现程度怎样，以及需求分析模型在设计过程中是否能被设计人员很好地理解等。设计、编码过程中的不确定性将导致某些客户需求不能得以满足。

（3）测试过程中的不确定性。IT 项目过程中的不确定还来源于测试计划中的不确定性和测试活动中的不确定性这两个方面。在测试计划中，计划的编制是否涵盖了 IT 项目的各个功能，测试中的人员安排、进度的设定是否合理，这些都具有不确定性。在测试过程中，人员是最主要的影响因素，相关人员的专业程度、责任心的强度，都不可避免地引入了不确定性。只有在非常理想的环境中进行详尽的测试才能使得测试过程和测试结果具有一定可信度，然而非常理想的环境是不可能实现的，因此 IT 项目的测试过程存在着诸多不确定性因素。

（4）IT 项目管理活动中的不确定性。由于 IT 项目开发过程中的管理活动都是由人执行的，因此其也不可避免地引入了诸多不确定性因素。其中的不确定性因素主要包括：IT 项目开发过程中的各个决策问题是否周全，是否考虑到了所有可能存在的风险因素，各个模型的参数设定是否准确，负责项目开发的各个层级之间的信息交流是否顺畅，项目开发过程中的人员配置是否合理等。

通过上述的对不确定性因素的分析可知：IT 项目开发过程中的风险是指可能对 IT 产品本身造成伤害和损失的各个方面的影响因素。诸多影响 IT 项目开发的风险因素，可归纳总结为如下七类常见的风险：

（1）需求风险。需求中的风险一般可以从三个方面来考虑：首先，从客户本身的 IT 素质出发进行考虑。有些客户由于自身的 IT 知识较为缺乏，并没有弄清楚自己的真正需求，因此很容易形成对需求的错误或不完整理解，从而容易直接导致开发商对客户需求的误解，直接造成开发目标确定错误。其次，从沟通角度出发进行考虑。绝大多数 IT 产品失败都是由客户与项目开发人员之间缺乏沟通造成的，项目开发初期，客户因为对自己需求的理解不透彻，没法确定完整的需求，在 IT 项目的开发过程中不断地对开发方提出需求变更，导致 IT 项目的开发负责人员无法很清晰地理解客户需求以及需求范围，加之有些项目负责人责任心不够，懒于主动和客户进行沟通，以致无法及时地获取客户的变更需求，因此导致项目开发失败。第三，从客户参与程度角度进行考虑。并不是所有的客户都对自己需要开发的系统有很强的责任心，有些客户甚至很明确自己的需求，但就是由于缺乏责任心，没有主动积极地参与到IT项目开发过程中去，没有将自己的明确需求和想法清楚地告诉项目开发人员，从而导致开发方无法捕捉客户有效需求而造成IT项目开发的失败。

（2）人员风险。由于IT项目的开发是由人完成的，当一个IT项目开发立项时，确定项目组成员是至关重要的。因为，人在IT项目开发过程中起着决定性作用。而由于“人”的因素往往是难以把握和预料的，因此人员风险也成为项目中最难掌握的一个风险因素。项目中的人员主要包括客户、IT产品开发团队以及上层领导。关于“人”的影响因素主要包括客户水平不足、客户需求不稳定、客户参与程度不够、上层领导对项目开发不重视、项目开发团队技术水平不够、团队成员稳定性不高、团队成员责任心不强以及项目负责任经验不足等。由此可见，有关“人”的影响因素是多方面的，因此，在考虑人员风险的时候应该予以足够的重视。

（3）技术风险。相对于IT产品开发过程中的其他风险因素，有关“技术”的风险因素应该是项目中最容易被人们理解的一项因素。“技术”是指开发IT产品时所使用的开发平台即开发时的开发环境、开发语言、开发策略、开发方法等。有关“技术”的影响因素主要包括技术成熟度、技术的培训力度、有关的技术难度解决的及时性、技术选择的合理性等。随着IT产品相关技术的飞速发展，IT行业对技术人员的水平要求也越来越高，如果技术人员的经验不够，行业的培训力度不够或者是没有选择合适的开发技术，将会对IT项目的开发带来技术风险。

（4）成本风险。由于IT项目开发的最终目标都是谋取利益，因此，如果在开发过程中造成成本费用的过度浪费，就可能造成IT项目的超支，有时候会因亏本而造成项目失败。造成成本费用浪费的原因有项目经理的管理协调能力不够、执行力度不强等。

（5）进度风险。进度的延误将直接导致成本风险的增加，因此，进度风险是否发生决定了成本风险的大小。造成进度风险的因素有很多，如：由于客户和IT项目开发人员的沟通不到位，开发人员对需求的理解错误造成IT项目的开发目标错误，从而导致项目返工而引起的进度风险；项目管理人员水平不足或者项目经理的经验不够而造成的项目开发延误；核心人员不稳定或者流动性大造成人员培训时间延长而引起的进度风险；IT产品开发技术的难点解决不及时造成的进度延误；IT 产品的质量不达标造成的返工而导致的进度风险等。

（6）管理风险。管理风险的发生一般是由风险管理人员的经验水平不足或者缺乏足够的管理知识造成的。风险管理人员对 IT 项目开发的总体计划、各阶段计划认识不足，对工作范围的划分认识不清，对 IT 项目风险的估计不准确，将导致风险管理计划和控制脱节，从而无法有效地进行项目管理。

（7）商业风险。商业风险作为 IT 项目开发过程的外部环境，对最终所开发出的 IT 产品是否能满足市场需求起着至关重要的作用。商业风险主要由预算风险以及市场风险构成。大部分的商业风险都是由 IT 产品开发的外部环境和 IT 产品相关负责人的相关决策造成的。造成商业风险的原因多种多样，如：当 IT 项目开发的外部环境发生改变时，可能造成项目成本的相关预算出现偏差而形成预算风险；由客户方的需求不明确，开发方对客户的需求变更获取不及时造成的所开发出的 IT 产品不满足市场需求，从而形成市场风险。

3.2.4 IT 项目风险管理

IT 项目的风险管理是 IT 项目管理的重要内容。在进行 IT 项目的风险管理时，首先是对 IT 项目开发过程中可能存在的风险进行辨识，评估它们出现的概率及影响，然后建立一个规划来管理风险。由此可见，对 IT 项目进行风险管理的主要目的是预防风险。Boehm[1]认为，IT 项目风险管理是指“试图以一种可行的原则和实践，规范化地控制影响项目成功的风险，其目的是辨识、描述和消除风险因素，以防它们威胁 IT 产品的成功运作”。IT 项目的风险管理主要体现在其过程中，IT 项目的风险管理过程主要包括风险管理计划的指定、风险因素的辨识、定性的风险分析、定量的风险分析、制订相应的风险应对计划以及风险的跟踪和控制。其过程具体如下：

（1）风险管理计划的制订。风险管理计划的制订是针对如何进行 IT 项目的风险管理活动的详细描述。风险管理计划的制订在风险管理的最初始阶段对风险管理过程起着决定性的作用，因为它确保了风险管理的类型和级别，明确了 IT 项目风险管理的重要程度，计划的制订使得开发商可以根据风险的重要程度合理安排时间和资源来实施相关的风险管理活动。

（2）风险因素的辨识。对 IT 产品开发过程中各个阶段的风险因素进行识别是为了评估哪一种风险因素会对 IT 项目开发造成负面影响，然后采取相应的风险应对措施。对风险因素进行辨识可以通过列举风险清单的方法对项目开发过程中的风险进行归纳总结，并在开发过程中不断地对清单中的风险进行分析更新，及时发现有可能产生的新风险。

（3）定性风险分析。风险的定性分析主要是对所识别出的风险进行优先级的排序，一般是先对每个风险的发生概率以及发生时的影响程度做一个综合评价，然后对这个综合结果进行优先级排序。通过对风险的定性分析，可以对风险高的因素有重点地采取预防措施，为接下来的定量分析以及风险应对计划的制订打下好的基础。

（4）定量风险分析。风险的定量分析就是在定性分析的基础上对已识别的风险进行量化分析，使得相关的风险分析人员能做出更恰当的决策。

（5）制订风险应对计划。风险应对计划的制订其实就是有针对性地按照优先次序对可能发生的每一个风险因素制定一个备用的有效的应对方法，通过采取一系列应对措施来降低风险发生概率，从而达到提高 IT 项目成功率的目的。

（6）风险的跟踪和控制。风险的跟踪和控制就是对 IT 项目的开发过程进行跟踪和监督，检查残余风险，以便在第一时间发现有变化的风险和有可能产生的新的风险，对变化的风险和新产生的风险及时地进行有效的控制措施，从而保证风险应对计划的有效顺利执行。风险的跟踪和控制是对整个 IT 项目开发生命周期的一个连续的不间断的执行过程。

3.3 IT 治理

3.3.1 IT 治理的定义

就国内外 IT 治理的发展现状来看，目前还没有人能够明确地定义 IT 治理，当前国内外一些主流观点将 IT 治理表述如下（见表 3－1）：

表 3-1 IT 治理的定义

研究机构	IT 治理定义
信息系统审计和控制协会 (Information Systems Audit and Control Association，ISACA)	IT 治理的实质内容主要涉及两个方面。一是怎样准确规避信息技术风险，二是怎样利用信息技术来提升业务价值的贡献率
麻省理工学院	在 IT 的使用过程中，为了对期望行为形成鼓励而对决策权归属以及责任担当进行明确的规定就称为 IT 治理
ITSS 中 GB/T 29264—2012《信息技术服务分类与代码》	IT 治理是由领导关系、组织结构和过程组成的一组治理规划，专注于信息技术体系及其绩效和风险管理，确保组织的战略目标能够被信息技术支撑
中国 IT 治理研究中心（ITGov）	在规划和开展信息化建设的过程中，通过制度设计确保各方利益最大化的行为就称为 IT 治理
涂伟、张金隆[2]	IT 治理是以股东为中心的组织利益相关者设计的有关 IT 的决策、激励和约束机制，其是为了解决 IT 决策中的信息不对称问题，以实现 IT 收益最大化

由此可见，以上 IT 治理的定义具有以下几个共同点：(1) IT 治理是用来形成 IT 管理运行的框架和机制，主要提供一种思路来解决 IT 管理中存在的问题；(2) IT 治理的核心问题是决策问题，不仅包括决策主体和决策流程，还包括决策内容以及决策沟通过程；(3) IT 治理的主要目的就是在 IT 价值实现的过程中对风险进行有效管控以及提升资源利用效率；(4) IT 战略是企业战略规划的组成部分，是企业竞争力的支撑，对于企业是非常关键的，所以，IT 治理目标一定要和企业战略目标保持一致；(5) 和其他治理主体一样，管理执行人员以及利益相关者是 IT 治理的主体。

3.3.2 IT 风险治理的定义

为了更好地理解 IT 治理，我们把 IT 治理的目标归结为两大类。一是 IT 支撑绩效目标，即保证 IT 战略与企业战略的一致性，为绩效提升提供 IT 支撑。二是 IT 风险规避目标，即最大限度地规避 IT 项目风险。本书把 IT 治理中风险规避部分称为 IT 风险治理。IT 风险治理是为规避信息技术风险而形成的由领导关系、组织结构和过程组成的一组治理规划，是 IT 治理的一个重要组成部分。当然，IT风险治理与IT支撑绩效不是孤立的，两者相辅相成。如果IT风险治理失败，势必带来损失，从而阻碍绩效提升，而如果IT战略与企业战略不一致，各方利益主体势必对IT项目的实施造成阻碍，从而带来风险，影响IT风险治理效果。

本书聚焦IT项目实施过程中利益相关者行为决策带来的相关风险，讨论如何建立相应的治理规划来规避这些风险，因此本书主要讨论IT风险治理。当然正如前面所说，由于IT治理两个部分密不可分，在讨论IT风险治理问题时，也会联系到IT绩效支撑问题。

3.3.3 IT治理模型和标准

国内外很多专家都从多个层面对IT治理结构进行了详细的研究和分析，重点对经过检验的实践模型进行深入探讨[3]，其中，比较成熟的IT治理框架有：

（1）能力成熟度模型（Capability Maturity Model，CMM）

能力成熟度模型主要是用来描述IT产品企业在其IT产品实施过程中的各个发展阶段的定义、实施、度量、控制和改善。CMM是一种侧重于管理IT产品开发的过程及提高与评估IT产品工程的能力的方法。该方法主要是对IT产品承包能力进行评价进而不断提升IT产品质量。CMM可以划分为五个等级，一是初始级，二是可重复级，三是已定义级，四是已管理级，五是优化级。

（2）信息技术基础设施库（Information Technology Infrastructure Library，ITIL）

在企业IT服务管理实践过程中，ITIL提供了一系列的标准以及规范，是IT服务管理国际标准，具有客观性、严谨性以及可量化特征。现如今，ITIL已经被广泛地推广和应用。在IT管理过程中，ITIL实际上构成了一个十分完整的指数框架体系，被广泛地应用到IT服务维护以及运营环节。ITIL是IT服务管理的最佳实践，它是以流程为导向的，以客户满意和服务品质为核心的。

（3）开放组体系结构框架（The Open Group Architecture Framework，TOGAF）

TOGAF是一个为组织设计、评价和建立正确架构服务的结构框架，是一个包括一个工具箱的开放的标准化的结构框架。TOGAF是用来支持信息技术

(IT) 体系结构开发的。TOGAF 也支持一部分商业体系结构，当然，这部分体系结构应该是对 IT 体系结构开发有影响的。TOGAF 主要关注于有意支持核心配置和任务关键性应用的 IT 产品基础结构。架构开发方法 (Architecture Development Method，ADM)、基础架构和资源库是 TOGAF 包含的内容。

(4) 信息及相关技术控制目标 (Control Objectives for Information and Related Technology，COBIT)

COBIT 模型由 ISACA 制定，主要是针对信息系统审计和评价而制定的标准。COBIT 形成了一个三维的体系结构，将 IT 过程、IT 资源与企业的策略目标联系在一起。COBIT 把 IT 细分为 4 个域及 34 个流程，使其与计划、建设、运营和监控领域的职责相一致。COBIT 使得 IT 管理目标以及业务目标相结合。在该模型中，为了对两个目标的一致程度进行测量而提供了相关的度量模型。测量的过程对业务以及 IT 流程所有者的相关职责进行了明确。从本质上来看，在业务目标以及 IT 治理目标之间，COBIT 框架搭建了一座有效的交互桥梁。

(5) 信息系统研究中心 (Center for Information Systems Research in MIT Sloan School of Management，CISR)

CISR 主要提出了五个关键方面的 IT 决策：一是 IT 原则，二是 IT 架构，三是 IT 基础设施，四是业务应用需求，五是 IT 投资；又针对这五个决策提出了 6 种 IT 治理原型，不仅包括业务君主制、封建制以及双寡头制，还包括 IT 君主制、联邦制以及无政府制，并在此基础上提出了 IT 治理绩效的评价方法。

(6) 受控环境下的项目 (Projects In Controlled Environments 2，PRINCE2)

PRINCE2 是适合于所有类型项目的，不局限于 IT 项目，是对过程进行完善和优化的项目管理方式。PRINCE2 操作起来更加灵活，也十分容易剪裁。PRINCE2 在每一个过程中对以下三个方面的内容进行了定义：一是关键输入，二是需要执行的关键活动，三是特殊的输出目标。PRINCE2 覆盖整个项目周期以及全过程，可以对项目全过程进行优化，共包括八个过程。在每个过程中，PRINCE2 都对项目的重要性进行了描述 (Why)，明确项目的预期目标 (What)、明确项目活动的主要负责人 (Who) 和项目具体被执行的时间 (When)。

有代表性的 IT 治理标准如表 3 - 2 所示。

表 3-2 IT 治理的标准

IT 治理的标准	具体内容
服务管理（ISO 20000）	ISO 20000 是由 BS 15000 转变而来的信息业的信息服务标准
质量管理（ISO 9000）	ISO 9000 是一种标准的统称，主要指质量管理体系标准
安全管理（ISO/IEC 17799，International Electrotechnical Commission 17799，信息安全管理的国际标准）	ISO/IEC 17799 涉及多个方面的管理要项，不仅包括安全方针、资产分类、人员安全以及安全环境，还包括安全组织、控制以及物理。ISO/IEC 17799 是一个通用的信息安全管理指南，可以确保信息的完整性和安全性，保证业务持续下去，尽最大努力去维护投资者利益，促进自身的健康发展
信息技术标准（ISO 38500）	ISO 38500 标志着 IT 治理从概念模糊的探讨阶段迈入了一个正确认识的发展阶段。它是第一个 IT 治理国际标准，它的出台也标志着信息化正式进入 IT 治理时代。这一标准将统一国内外一直争论不休的 IT 治理理论，也会发挥出我国在引导信息化科学方面重要作用

3.3.4 IT 治理实施流程

IT 治理实施导入过程和企业管理咨询导入过程比较类似。IT 治理实施导入过程的核心主要是对企业信息化建设过程中所涉及的权责、角色以及流程进行明确，构建一种信息化顶层设计，使其符合信息化建设的一般规律，确保生产力和生产关系相适应，进而确保企业 IT 价值最大化[4]。

IT 治理通常会遵循以下几个步骤：

（1）明确 IT 治理的需求。企业 IT 治理的能力需求是项目的出发点，所以 IT 治理中参与主体首先要明确企业的战略目标，然后识别出会对战略目标实现产生影响的关键成功因素，并在此基础上对企业 IT 治理的能力需求进行明确。

（2）定义 IT 治理的目标。在对能力需求进行明确的基础上，需要把能力需求和行业内优秀企业的成功实践相结合，根据企业基本状况来明确 IT 治理的具体目标，利用成熟度模型来评估 IT 流程，把评估结果和 IT 治理目标相比较，明确差距，最终找到改进点。

（3）IT 治理规划与设计。利用 COBIT5 等最佳实践模型，根据企业实际情况，依托制定目标，在现有流程成熟的基础上规划和设计 IT 治理框架，对 IT 治理内容、角色以及流程进行明确，对管理流程进行重新完善以及梳理，这样就能把每一个环节中各个角色的权责进行明确，形成固定的流程和制度文件，在此基础上把规划细化为具体的改进任务。

（4）IT 治理实施与运行。企业通过广泛宣传和培训来确保 IT 治理体系可以更加顺利地进行导入，同时结合试运行期间反馈来的意见对治理体系进行完善和调整。

持续评估，不断改进。建立 IT 治理绩效评估制度，设计出 IT 流程成熟度评估指标，发现 IT 治理实施的改进目标，实现 IT 治理实施流程的不断完善。

3.4 IT 治理相关概念辨析

3.4.1 IT 治理和公司治理

“Corporate Governance” 是公司治理的英文表达，其也被翻译成“公司治理结构”或者“公司治理机制”。公司治理是一系列法律、机构、文化和制度安排，主要用于解决企业在经营管理过程中存在的一系列问题，不仅包括组织方式以及利益分配，同时还包括控制机制[5]。公司治理主要是界定企业和利益相关者之间的关系。公司治理的目的是提供战略方向，保证企业目标能够实现。包括董事会在内的公司高管层以及执行管理层通过相关责任以及条例的实施来确保治理目的的实现[6]。

企业充分利用信息资源的投入，使企业的利润最大化是 IT 治理的目的。IT 治理能够实现战略目标和信息资源相结合，为企业的规划、监控、分析以及支持等活动的开展提供强大的信息支持[7]。IT 治理主要突出在信息技术方面的行为逻辑。

因此，IT 治理是公司治理整体框架下的一个有机组成。从整体上看，IT 治理的基础是公司治理。IT 治理所需要的文化、法律以及制度框架主要由公司治理来提供。公司治理侧重于企业整体规划；作为公司治理的重要组成部分，IT 治理可以确保企业战略和 IT 治理目标相统一。IT 治理可以为公司治理提供信息化支持，IT 治理侧重于信息资源的有效利用和管理[8]。

3.4.2 IT 治理和 IT 管理

包括董事会在内的企业高管层通过 IT 治理来对管理层 IT 战略决策的执行过程进行监督，确保企业按照既定战略部署来发展。IT 管理的实质就是基于既定 IT 治理模式，围绕着企业经营目标而采取的一系列经营管理活动的行为。IT 治理确定了企业 IT 运作的基本框架，而在这个既定的框架下，驱动企业奔向目标的则是 IT 管理的责任。IT 治理的主要关注点不仅包括 IT 战略以及应用系统，还包括框架以及运营过程中的决策、激励以及控制机制。企业通过 IT 治理可以实现 IT 资源和服务的科学有效配置，确保企业在经营管理过程中可以获得有效信息的支持。IT 管理的直接目标就是基于相关规范和框架，围绕着 IT 目标而采取相关措施，确保 IT 战略目标最终实现。二者的主要区别如表 3－3 所示。

表 3－3 IT 治理和 IT 管理的区别

内容	IT 治理	IT 管理
目标	确保董事会和股东等利益相关者实现利益平衡，激励和控制企业管理层	通过 IT 管理实现效益最大化
执行主体	利益相关者（如股东和董事会）	IT 管理人员（如企业管理层）
侧重点	侧重于制度建设（如制定 IT 信息化框架、IT 战略目标等）	侧重 IT 技术应用（如项目管理工具、开发平台等），强调 IT 资源的有效利用
	侧重于决策制定，如 IT 实施与运营决策、激励、控制、监督措施	侧重执行决策，IT 实施与运营的落地与执行（如数据收集、处理和分析）
	侧重公平，实现利益相关者的一种公平机制	侧重效率，为实现机制采取的措施或行动

IT 治理与 IT 管理既相互区别又相互联系：IT 治理对 IT 管理起到促进作用，能够为 IT 管理创造良好的管理环境，是 IT 管理的基础；IT 管理体现了 IT 治理的具体结果；IT 治理和 IT 管理都是由高层推动的；IT 治理是战略导向的，而 IT 管理却是任务导向的[9]。

由上述分析结果可以看出，IT 治理并不能替代 IT 管理的工作，IT 治理的最终目的是保证企业目标的完成，而在实现最终目的的过程中是需要通过企业架构和制度安排来制衡IT部门的，以此来促进IT部门更好地完成工作。

因此对IT项目来说，要在风险治理的基础上，进行有效的风险管理，确保项目目标达成。

本章小结

本章将对书中涉及的IT项目、风险、风险管理、风险治理等基本概念及相关理论体系进行阐释，并对概念之间的关系进行辨析，从学理角度对风险管理以及风险治理的产生、发展及对风险的作用机理加以解释，为后续章节研究思路的展开提供理论支撑。

参考文献

[1] BOEHM B. Software Risk Management: Principles and Practices [J]. IEEE Software, 1991, 8 (1): 32-41.

[2] 涂伟，张金隆. 企业IT治理中的风险识别与规避 [J]. 统计与决策，2008 (4): 175-177.

[3] 计春阳，唐志豪，胡克瑾. 企业IT治理实施框架模型研究 [J]. 情报杂志，2008 (5): 60-63.

[4] 吴梅磊，于菲菲. 基于IT治理的企业信息化建设之道 [J]. 河南科技，2014 (18): 215-216.

[5] 饶艳超. 公司治理的研视角：IT治理——建立企业目标和信息技术之间的联系 [J]. 会计研究，2003 (8): 23-26.

[6] 李维安，王德禄. 融合互动殊途同归——谈IT治理与公司治理 [J]. 中国计算机用户，2005 (6): 36.

[7] 张运生，曾德明，张利飞. 从公司治理本质透视IT治理本质 [J]. 科技进步与对策，2007 (2): 157-160.

[8] 唐志豪，胡克瑾，计春阳. IT治理与公司治理的互动性研究 [J]. 企业管理，2008 (1): 113-116.

[9] 王庆磊，张国波. IT治理相关治念辨析 [J]. 信息技术与标准化，2014 (7): 31-34.

4 知识管理浸入的 IT 项目风险管理

在信息产业转型升级过程中，信息技术产品的提供方具有举足轻重的地位。因此如何提高 IT 产品集成供应商的风险管理水平是值得我们深入研究的问题。IT 产品集成作为一种特殊的复杂 IT 产品，从立项、开发到产品交付、实施、运行的整个过程的周期长，风险因素多，比一般的 IT 产品更具风险性，因此 IT 产品组织风险预判和管控能力的提升对其他 IT 产品集成供应商具有示范作用。IT 项目风险管理或者 IT 产品项目风险管理一直是理论界研究的热点，其理论研究体系相对成熟，近年来研究集中于风险管理过程中的支撑技术研究。而“大智移云”的深入推广，为 IT 项目风险管理提出了新的要求，需要在现有研究理论基础上进行更深入的探讨。因此，本章重点研究 IT 产品组织在知识经济时代的风险管理创新。

4.1 问题提出

信息化项目风险管理水平在很大程度取决于项目开发方和使用方对风险的认知能力及对风险知识的应用能力。毋庸置疑，IT 项目风险管理知识大部分是以隐性知识的形式出现的。随着信息技术的发展，特别是 Web 2.0 的广泛应用，IT 产品组织乃至各行各业微观组织的工作模式都发生了巨大的变化。论坛交流、协同工作平台、版本控制系统、缺陷跟踪系统等工具记录了海量的数据，记录了开发者行为，构成了主体行为大数据，而这些行为或经验数据蕴含着丰富的风险知识集。本书结合数据挖掘、人工智能、风险管理等技术方法，以 IT 项目主体行为大数据为出发点，以 IT 项目风险决策问题为应用背景，针对不确定环境下的知识获取、知识表达、知识推理及知识存储问题，构建知识浸入式 IT 项目风险管理模型。

4.1.1 项目知识管理核心领域研究现状

1. 知识表示

知识表示是指把知识客体中的知识因子与知识关联起来，便于人们识别和理解知识，它使知识符号化、形式化或模型化。对于知识表示的研究既要考虑知识的表示与存储，也要考虑知识的使用。通过讨论知识表示的执行层、逻辑层、表示应用层三个层面，构建比较和评估各种知识表示方法在智能系统中的指标框架，指导我们选择合适的知识表示方法以解决实际问题。Weichao 等人运用模糊 Petri 网为工业过程中知识自动化的表示和推理提供了解决方案[1]。Pengfei 等人提出了一种新颖的文档表示方案，从外部知识库自动获取有用的概念知识，然后以概率方式将文档中的单词和短语概念化为高级语义（即概念），并最终将知识表示为学习的概念空间中的分布式矢量[2]。Xiaoli 等人利用数据挖掘和人工智能技术以及数学原理进行理论研究，建立了规范化的治疗体系知识表示模型[3]。Miguel 等人提出一种基于超图描述语言的特定领域的推理引擎和知识表示机制，建立智能教学系统，解决文字问题翻译成符号标志这一问题流程[4]。Paulo J. S. 等人将知识表示方法和生物领域的本体概念模型结合有效利用在机器人整形手术上[5]。Senthil K. 等人通过获取产品设计系统的知识以分析该领域知识表示的演变、挑战和未来发展方向[6]。对知识表示的方法和应用的研究为学者探索相关领域的知识提供了依据，同时也为知识组织的研究打下了坚实的基础。

2. 知识组织

知识组织是揭示知识单元，挖掘知识关联的过程或行为，能最为快捷地为用户提供有效知识或信息。近几年，学术界对知识组织的研究主要有三大方面：知识组织基础理论研究[7]、知识组织技术研究[8]、知识组织应用研究[9]。这些研究包括：探讨了 21 世纪知识组织研究中的基本问题；总结了知识组织系统的功能；提出知识组织可为一个领域内语义结构建模，嵌入网络中还能作为语义路线图帮助用户发现和检索知识；提出一些知识组织方法，如分类法、主题法、本体论的系统论基础。国外知识组织技术研究的热点问题有：突出以语义网为代表的相关技术研究；以知识组织系统推动知识组织发展；以搜索引擎为代表的知识组织方式研究。

知识组织的最终目的旨在应用。知识组织起源于文献组织，与图书馆有着不可分割的关系，因此，关于知识组织应用的研究也集中在图书馆和数字图书馆领域。在该领域的研究中发现，主题词表和分类法是用于数字图书馆界面支持用户查询信息的最主要工具；其次是具体领域叙词表，有 113 个数字图书馆利用本馆自编的知识分类表；有的图书馆利用 DDC 分类法组织资源；此外，从图书馆的服务性角度提出开发知识组织；吉林大学的毕强等人组织专题研究讨论语义 Web 在数字图书馆知识组织中的应用，包括理论、方法与过程的研究，模型的构建和语义互联的探讨。对知识组织的研究为其未来的网络化、可视化、集成化的发展趋势指引方向。

3. 知识推理

以表示为基础，知识推理是按照某种策略或规则，根据知识库中已有的知识推断出新知识的思维过程。对于知识推理的研究主要在其推理方法的应用。陈光等人提到基于规则进行推理是知识图谱知识补全的重要方式，结合一个具体的知识补全需求建模了包含自定义知识推理插件的 SWRL 推理规则[10]。Mengdi 等人使用本体来建立知识库，然后使用生产规则和推理机来推导新知识[11]。E. Grabska 等人连接基于图形的知识表示，采用一阶逻辑公式的设计推理方法将设计图中的视觉语言元素自动转换成分层超图形成设计知识，用于解决设计任务的概念设计阶段[12]。Patrick 等人针对问答系统提出一个专注于知识获取和推理的研究路径[13]。

综上所述，现有研究中对项目知识概念体系描述体现了项目知识的特点，而其他部分特别是知识表示、知识组织、知识推理都没有打上项目知识的印记，似乎这些更适应于一般意义上的知识管理，而未体现出项目知识的特征，因此，探讨针对项目知识特别是 IT 项目风险知识的管理方法具有较深远的现实意义。

4.1.2 IT 项目风险知识管理研究现状

上文已经对 IT 项目风险及知识管理的国内外相关研究现状进行了综述，在 IT 项目风险中知识管理的研究也有所进展。Ricardo Colomo-Palacios 等人提到知识管理是 IT 产品开发与其运营部署之间持续集成的基石，必须使用合理的方法和可靠的工具来实施，并分析了 IT 产品公司采用此类实践的案例研究，结果表明，除了工具之外，知识管理实践是持续 IT 产品工程采用和成功的主要推动因素[14]。Arash Khosravi 等人对客户知识管理进行了研究，并给出客户知识管理（CKM）在高质量 IT 产品的生产中发挥着重要作用。由于企业 IT 产品开发中的客户知识管理尚不成熟，因此提出了如何使用客户知识管理促成因素来帮助企业 IT 产品开发公司提高 IT 产品质量的问题，其中提出的模型可以作为客户知识管理在企业 IT 产品开发公司中成功应用，旨在提高 IT 产品质量的指南[15]。Paula Savolainen 等人对 IT 产品开发项目的销售阶段获得的知识进行归纳总结，有助于项目管理研究，研究项目业务环境中的项目管理，并揭示供应商公司中的知识管理挑战[16]。Foote 等人提出项目知识管理（PKM）模型有助于确定 IT 项目中的知识共享，并分析揭示了在需求过程、代码开发过程、测试过程和帮助台过程中管理知识的四个主题，以确保 IT 项目的成功[17]。国内外对 IT 项目知识管理的研究体现在 IT 项目过程的方方面面，可见 IT 项目存在风险的各个阶段也存在知识的漏洞及不足，需要更加详尽和具有逻辑性的深入研究。

4.1.3 IT 项目风险知识管理前沿发展分析

1. 风险识别过程缺乏有效方法指导

风险识别是风险评价的前提，目前对风险识别方法的研究较少，风险识别思路不清晰，主观性较强。对于风险因素的识别，有的是以功能展开为主，有的则侧重于个别 IT 产品开发过程，导致识别结果缺乏条理性，不够完备，不能为风险知识管理实践提供有效指导。

2. 风险分析是静态的

IT 项目其明显的阶段性、产品过程的隐秘性及智力密集性等特点未能得到体现。目前的风险分析侧重于方法的使用，似乎这里的方法也可以应用于其他一般项目的评估。分析对象往往是针对生命周期的某个阶段，没有体现项目的全过程，分析结果的有效性及可用性值得商榷。

3. 风险管理实践缺乏风险知识指导

企业风险管理者由于对风险认识程度不够，风险意识淡薄，缺乏对风险数据的积累，很少通过风险知识发现问题，因此没有构建起面向风险管理的知识管理体系，无法实现知识重用，因而风险决策表现出浓厚的主观色彩。

4. 风险知识获取途径单一

无论风险因素的获得，还是风险影响程度的分析，大多数来源于专家经验，针对风险数据的分析较少，因此知识积累方式单一，从而导致风险知识积累速度较慢，而且知识更新难度较大。

5. 风险知识表示、存储、推理等缺少适应性方法和技术

风险知识区别于一般的项目知识，带有极大的不确定性，现有的研究更侧重于一般意义上的知识管理，对于项目知识管理与一般意义的知识管理很少区分；对于风险知识管理的研究则更是少之又少。如何表征风险知识的这种不确定性？如何对不确定性知识进行推理？如何把项目管理、风险管理及知识管理有机结合？值得我们更加深入探讨。

4.1.4 知识浸入的风险管理

1. 基于文本数据的 IT 项目风险因素提取研究

依据爬虫的手段，从不同途径的网络中，按照特定的数据项将以 IT 项目风险因素为主题的相关信息爬取出来。因此 IT 项目风险因素提取的研究重点为：查阅各共享数据平台，寻找更加学术化、准确化、客观化、全面化的平台作为数据源，通过查阅这些平台，找出数据源相应的数据项，例如 CSDN 中需要获取的数据项为题目及文章内容的各个段落；最后确定爬虫的方式，本研究采用 Python3 版本，以“IT 项目风险因素”为主题，依据上述确定数据项爬虫相关内容，并存储于 Excel 中，完成 IT 项目风险因素有关数据的提取。

2. IT 项目风险知识获取研究

对获取的文本数据进行处理，分析文本中的关系，确定 IT 项目风险因素之间的关系；分析生命周期各阶段，确定生命周期各阶段存在的风险因素及相关推导关系，最终形成知识，为知识体系构建奠定基础。因此 IT 项目风险知识获取研究的主要内容为：从获取到的数据中进行分词处理并进行语义相似度的计算，找到相关关系及生命周期阶段关键字；运用关键字检索出数据所在段落及上一段，再进行分词，提取因素间关系的知识，存入数据项为因果关系、继承关系、包含关系、生命周期各阶段等的表格中，完成知识的获取。

3. IT 项目风险知识体系研究

根据已有的知识进行分类，按照“描述型”知识和“流程型”知识进行

描述，不同类型的知识有不同的表示方法，从而构成不同的知识体系。因此IT项目风险知识体系的构建的主要内容为：对已经存放在表格中的知识进行分类，将存在关系的数据项里的知识划分为“描述型”知识；将生命周期各阶段存在的风险知识划分为“流程型”知识。“描述型”知识采用本体模型的构建方法，清晰地描述IT项目风险各层次关系的模型；“流程型”知识采用Petri网模型，根据IT项目的各个环节建模，找到关键环节。两个模型建立的首要目的是为知识库的建立提供有效的思路。

4. IT项目风险知识存储研究

通过IT项目风险知识与知识体系，确定知识存储模式，建立知识前提表、规则表、结论表及事实表对不同属性的风险知识进行存储与调用，建立推理机制，使项目人员在风险查询过程中能够实现风险推倒过程，为IT项目风险的科学合理规避提供更有价值的依据。

本书按照“知识获取—知识表示—知识存储”的研究路线，对IT项目风险知识管理进行深入系统的研究，研究思路如图4－1所示。

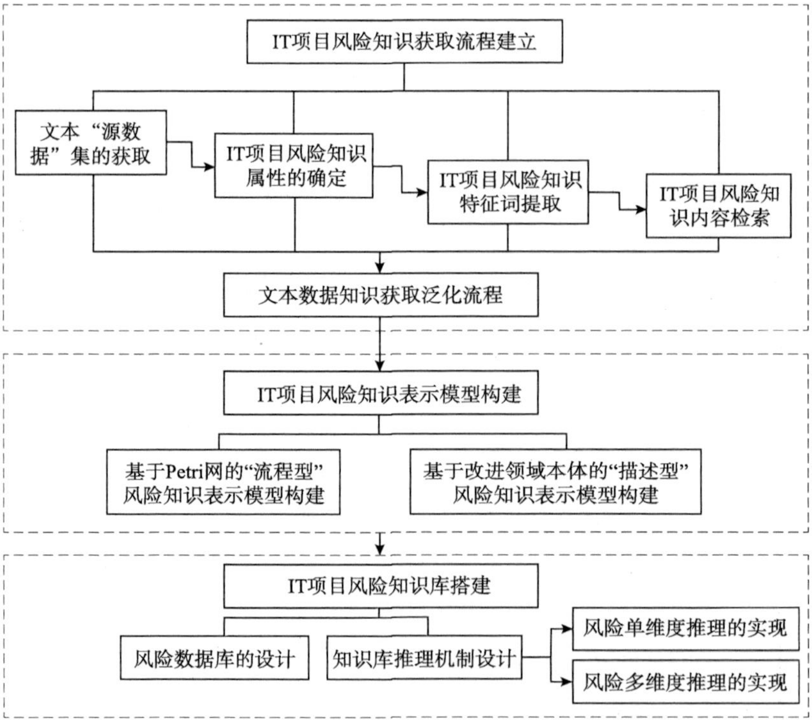

图4－1　研究思路

4.2　IT 项目风险知识获取流程的建立

文本挖掘技术作为一种有效提取文本知识的途径，为隐性知识的自动化获取流程提供了思路，保障了知识获取的整体性及知识创新。本节主要从文本数据来源、知识特征词抽取、获取隐性知识内容三个方面对 IT 项目风险知识进行获取。根据风险知识获取过程推广泛化文本数据隐性知识获取流程，为其他领域的文本数据知识获取提供参考，同时保障知识获取的客观性、科学性、完整性。

4.2.1　以“IT 产品项目风险”为主题的文本数据集的获取

在 CSDN 技术论坛中搜索权威人员所提供的主题为“IT 产品项目风险”的相关文章，汇总输出主题相关性较大的 446 篇。首先对文章的结构、内容等方面进行初步分析，确定知识获取所需数据项，为了保证知识获取的完整性，这里在爬取的过程中选用“文章题目”及“文章正文内容”两个数据项；其次运用 Python“爬虫”技术，确定数据所在网络的资源定位符（URL）及数据项所在网页的 HTML 标识符号，通过 Python 技术，调用 requests 包中 get 函数 requests. get（URL）打开需要的网址及 Beautiful Soup 包定位爬取数据在网页中的位置，根据确定的 URL 及数据项的统一标识爬取文章内容存于 Ecxel 中，从而得到以 CSDN 技术论坛文章为例的数据风险“源数据”集（“源数据”集获取说明见表 4－1）。

表 4－1　“源数据”集获取说明

CSDN 技术论坛“IT 产品项目风险”主题相关性较强文章			
网页 HTML 标识		文章题目	文章正文内容
		<h1 class = “title – article” >	<div class = “htmledit_views” >
Python 获取语句		soup. find_all（HTML 标识）	
“源数据”集	实例 1	IT 产品开发项目的风险	参加过项目制作的人都知道一个项目开发……
	实例 2	IT 产品项目管理——风险分类与计算	风险曝光度（risk exposure）的计算公式……
	实例 n	—	—

4.2.2 IT 项目风险知识特征词的提取

通过对文本的分析及 IT 项目风险特征的提出得到风险知识，主要包括动、静态两个属性，其中静态知识是从风险因素之间的关系中体现的，因此静态知识获取首先需要从“源数据”集中提炼完整的关系关联词；动态知识的获取是从 IT 项目生命周期过程中获取每个阶段的风险，因此动态知识首先需要在“源数据”集中找到代表生命周期阶段的关键词。

Python 的 jieba 包中的分词、词频及词性分析技术为风险知识关联词的提取提供了筛选依据，Python 中 jieba. analyse. extract_tags（）是为中文文本进行分词，jieba. posseg. cut（）是为分词词语进行词性的判定，for 循环语句统计了分词词汇的数量。语义相似度计算运用上义词或关系高频词，进行语义相似度比对，旨在替换知识关联词，降低异型同义词的存在，保证下一步知识内容的提取准确性。

4.2.2.1 “流程型”风险知识特征词提取

动态知识特征词的确定由生命周期专业术语与技术论坛中对生命周期阶段的描述进行相似度分析。生命周期专业术语包括：问题的定义及规划，此阶段是 IT 产品开发方与需求方共同讨论，主要确定 IT 产品的开发目标及其可行性；需求分析，对 IT 产品需要实现的各个功能进行详细分析，制订需求变更计划来应对 IT 产品开发过程中的变化，以保证整个项目的顺利进行；IT 产品设计，IT 产品设计的核心在于把握好决定“服务质量”的因素，比如 IT 产品的性能、可扩展性、安全性，怎样划分模块的组成，怎样组织和封装 IT 产品的组件，以及其他一些虽然不作为 IT 产品主要应用的方面但会对其支持方面有所影响的工作内容；程序编码，在程序编码中必须制定统一、符合标准的编写规范，以保证程序的可读性、易维护性，提高程序的运行效率；IT 产品测试，在测试过程中需要制订详细的测试计划并严格按照测试计划进行测试，以减少测试的随意性；运行维护，包括纠错性维护和改进性维护两个方面。

在技术论坛中以“阶段”为关键词，确定对生命周期阶段具体的描述，其中运用语义相似度计算汇总成生命周期阶段名称。例如“第一阶段”和“初始阶段”中的“第一”和“初始”两词的相似度是0.03，因此，将文章中“第一阶段”替换为“初始阶段”。生命周期阶段的说法分为两大类，一个是较为粗糙的时间阶段，另一个是各时间阶段的工作内容顺序。综上，分为初始阶段（问题的定义级规划、需求分析）、实施阶段（IT 产品设计、程序编码、IT 产品测试）和收尾阶段（运行维护），最终得到如表 4－2 所示的动态风险知识关联词集。

表 4－2 动态风险知识关联词集

总体阶段	详细阶段
初始阶段	问题的定义及规划阶段
	需求分析阶段
实施阶段	IT 产品设计阶段
	程序编码阶段
	IT 产品测试阶段
收尾阶段	运行维护阶段

4.2.2.2 “描述型”风险知识特征词提取

在 IT 项目风险中，风险因素间存在静态的关系，例如因果关系、包含关系等，因此异型同义关系词的汇总对于静态知识获取的完整性尤为重要。

对 CSDN 文章分词并进行词性的分析后，提炼出相似关系词的词汇，表达式为相似关系词（词性，词频），如（介词，64）。为了不遗漏一项知识，所以本书将不进行词频控制，词性采用介词、动词、动词短语、连词等进行筛选，进而手动归纳为三大类：因果关系、包含关系及相关关系；对各类关系关键词进行高词频及上义词的筛选，并结合常用关系词找到可以进行语义相似度计算的标准词汇（即在一定程度上能够普遍反映某种关系的词汇）。具体静态知识关键词界定流程如图 4－2 所示。

因果关系即 IT 项目风险因素 A（A_1，A_2，…，A_n）会导致因素 B（B_1，B_2，…，B_n），用符号“→”表示，即因素 A（A_1，A_2，…，A_n）→因素 B（B_1，B_2，…，B_n）。根据“因果关系词”词频的数量筛选出主要关系词，词频选择大于65 的为高频词，大于65 的关系词首先能够表示大多数作者常用并

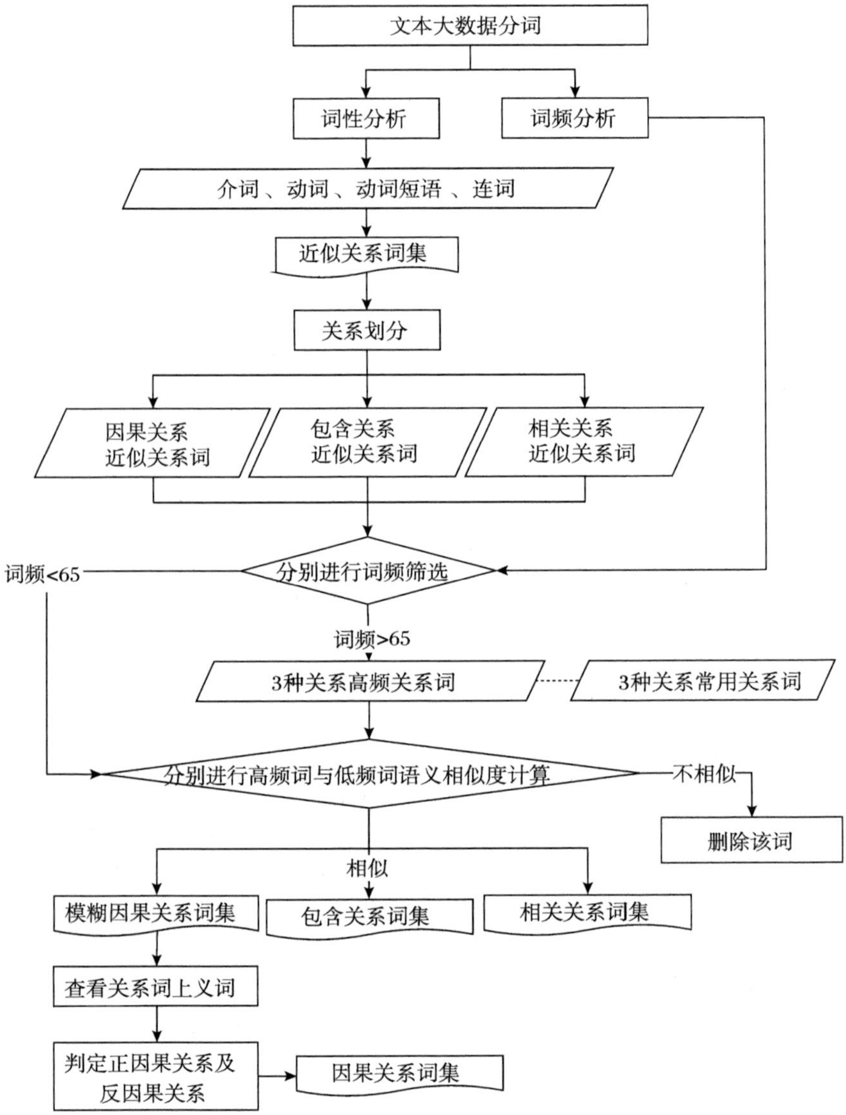

图 4－2　静态知识关键词界定流程

认可度高，其次，大于65的高频词能够代表三种关系具有概括作用且多为上义词；使用上述语义相似度计算公式，判定词语间是否相似（相似度大于等于0.01即为相似），防止因词性不同而相似度低的同义词遗漏，计算出与主要关系词相似的词语获得因果关系词集。

其他关系词集的语义相似计算流程类同，包含关系即IT项目风险因素A

包含因素 B、因素 C、因素 D……，用符号“{}”表示，因素 A{因素 B，因素 C……}。相关关系即 IT 项目风险因素 A 与因素 B 相互影响，用符号“?”表示，因素 A? 因素 B。需要关注的问题是，因果关系中有部分文本表达方式存在“所以”这样反因果的关系，所以需查看“义原”树中其上义词即该词的父节点，例如“所以”的上义词为“结果”而“因为”的上义词为“原因”，所以因素间的关系一个是“导致”另一个是“被导致”的关系。结合上述得到关系关联词如表 4 - 3 所示。

表 4 - 3 静态知识关联词集（部分）

因果关系			包含关系			相关关系		
关系词	上义词	词频	关系词	上义词	词频	关系词	上义词	词频
造成	导致 cause	132	包括	包含	214	相关	有关	225
导致	导致 cause	148	构成	包含	24	有关	有关	40
为了	目的/结果	111	涵盖	包含	45	涉及	有关	84
依据	原因 cause	85	分为	分离	61	并发	发生/同步	64
因为	原因 cause	68	分别	离别	28	相互	相互	22
所以	结果	41	分类	分类	54	同样	似	23
因此	结果	40	属于	隶属	18	类似	似	62
……	……	……	……	……	……	……	……	……
上义词相似度			上义词相似度			上义词相似度		
导致 ≈ 原因		0.02	包含 ≈ 分类		0.01	有关 ≈ 似		0.02
目的 ≈ 结果		0.02	包含 ≈ 隶属		0.12	有关 ≈ 相互		0.02
—		—	包含 ≈ 分为、分别		0.01	有关 ≈ 同步		0.03

从表 4 - 3 中得到，因果关系词的替换中正因果关系词由“导致”一词体现，反因果关系由“为了”一词体现。包含关系词由“包含”一词做替换词语。相关关系词由“有关”一词做替换词。因此因果关系关键词的标准词汇为“导致”“为了”；代表相关关系的标准词汇为“有关”；代表包含关系的标准词汇为“包含”。

4.2.3 IT 项目风险隐性知识的形成

4.2.3.1 风险隐性知识内容检索

隐性知识内容的检索主要包含知识中隐含的文本元素及文本元素间所属关系及阶段，本书在知识内容检索部分主要应用导出的“源数据”集。

首先，对上文确定的风险知识关联词进行检索，检索出动静态关联词左右两侧的字符内容。其次，定位关联词左右两侧字符内容中风险因素相关文本中存在的关键词“风险”或“因素”，检索出“风险”“因素”关键字前 10 个字符，筛选各关系及生命周期阶段中可能存在的风险因素，如检索有包含关系的关联词“包含”的文章，将“包含”关联词左右两边各 80 个字符截取出来，原则上使用前后 80 个字符是没有必要的，因为隐含的文本元素距离关键词不会超过 30 字符甚至更近，考虑到所需文本本身长度，同时确保元素获取的完整性，这里选用 80 个字符，并删除无效字符；删除依据使用“风险”或“因素”关键词检索前 10 个字符，找到包含关系可能出现的风险因素，检索 10 个字符是因为以大于 10 个字符检索 IT 项目风险因素涵盖内容繁杂，通过观察发现“无切实可行的测试计划风险”仅有 10 个字符，其他风险因素并未超过该长度。最后，运用语义相似度的计算，将发现的 IT 项目风险因素进行排序，旨在更易找到词义相似的词语，去除意思相近的风险因素，如排序后“需求了解不够风险”与“需求理解错误风险”，“了解”与“理解”的相似度计算结果为 0.95，“错误”与“不够”的相似度为 0.02，因此这两个风险因素为相似风险，可以合并。指定关键词检索其附近文本内容见式 4 - 1。最后得到 IT 项目风险隐性知识内容的具体流程如图 4 - 3 所示。

$$\begin{cases} n\ characters + Keywords = MID[I_j, FIND(\text{“}Keywords\text{”}, I_j) - n, n] \\ Keywords + n\ characters = MID[I_j, FIND(\text{“}Keywords\text{”}, I_j) + LEN(\text{“}Keywords\text{”}), n] \end{cases} \tag{4-1}$$

Excel 中，*MID* 函数是从一个文本字符串的指定位置开始，截取指定数目的字符，*FIND* 函数对要查找的文本进行定位以确定其位置，*LEN* 函数表示返回文本串的字符数，I_j 为第 I 行 J 列单元格中的文本内容，n 为截取的字符个数。

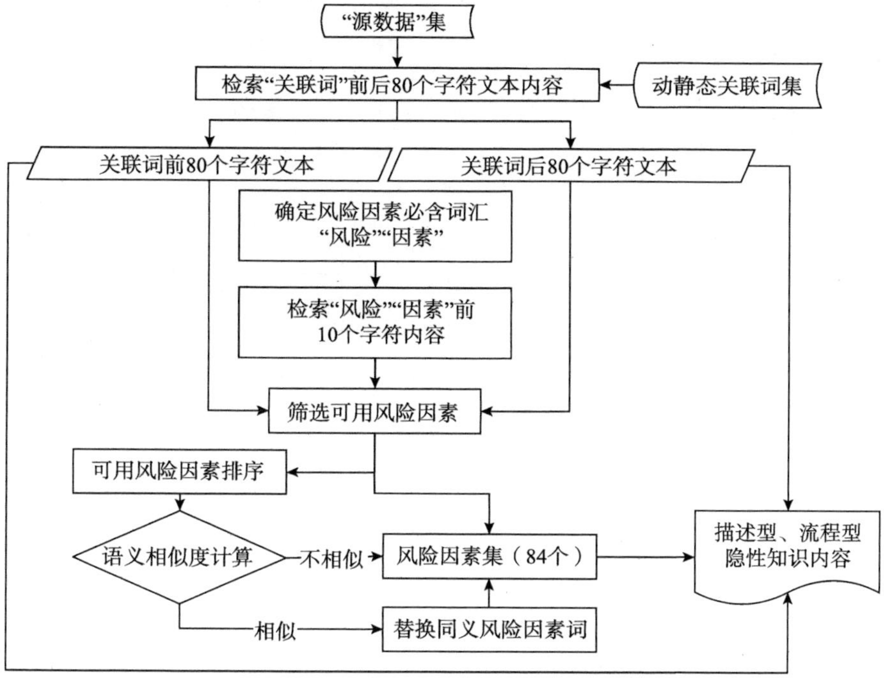

图 4－3 隐性知识内容获取流程

4.2.3.2 知识获取可视化结果

上文中得到“描述型”及“流程型”隐性知识内容，但是由生命周期阶段构成的“流程型”知识必然与“描述型”知识中因果关系风险知识有关联，以此“流程型”知识汇总（部分）如图 4－4 所示。某些风险存在于生命周期的各个阶段，例如，管理风险及人员风险等，但不能判断其属于某个具体阶段，因此只能用因果、包含及相关关系来表示静态知识，如图 4－5 所示。其中管理风险包括不能与员工充分沟通风险、不切实际承诺风险、对实际项目状态不了解风险等，人员风险包括成员缺乏积极性风险、成员之间发生冲突风险、对业务不理解风险、沟通不良风险等；管理风险及人员风险会导致的风险有：管理风险→工作失误风险；管理风险→打乱项目计划风险；管理风险→生产率降低风险；管理风险→计划进度缓慢风险；管理风险→重复工作风险；管理风险→计划时间延长风险；人员风险→接口出现错误风险；人员风险→设计欠佳风险；人员风险→额外重复工作风险；人员风险→客户沟通不畅风险；人员风险→决策缓慢风险等。可视化结果能够简单地表示知识获取结果，但是存在着风险因素不完整、可视化结果模糊、知识共享性差等问题。

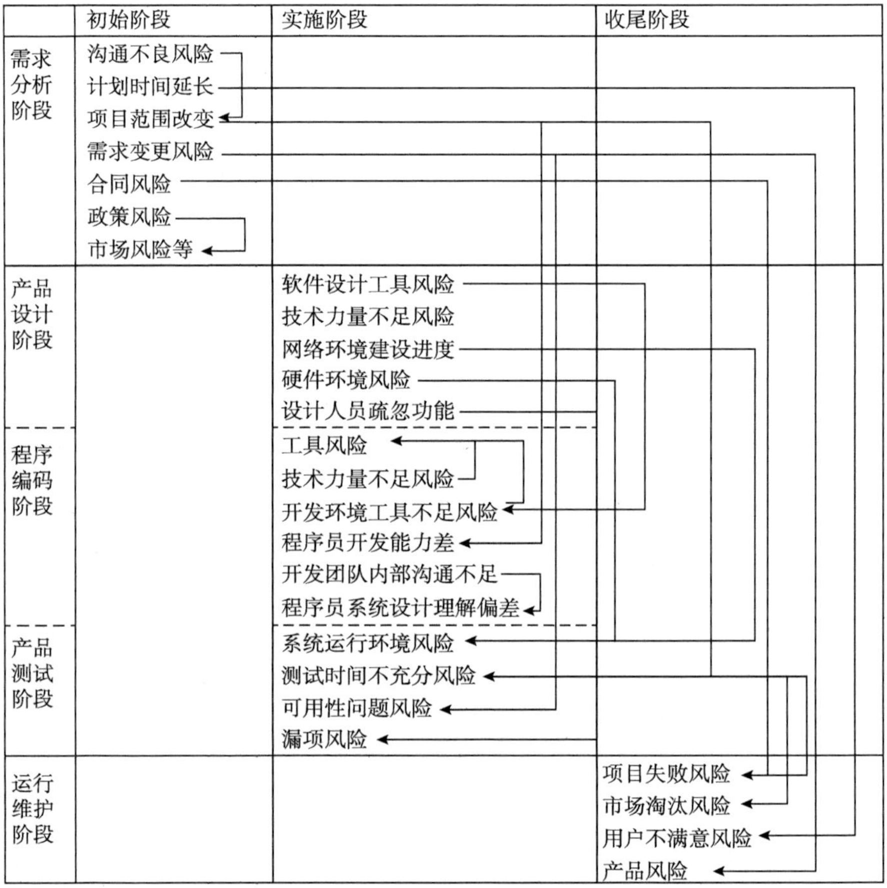

图4－4 “流程型”知识汇总（部分）

知识获取为IT项目管理提供了有效应对措施：对于“流程型”知识而言，在生命周期阶段中，会存在初始阶段风险因素影响后置阶段风险因素的现象，但是从知识中可以发现，后置阶段风险同样会反作用于前置阶段风险因素，例如，收尾阶段中市场淘汰的风险会影响测试阶段时间不充分的风险，因此在风险知识管理控制过程中需要通观大局；对于“描述型”知识而言，存在因果

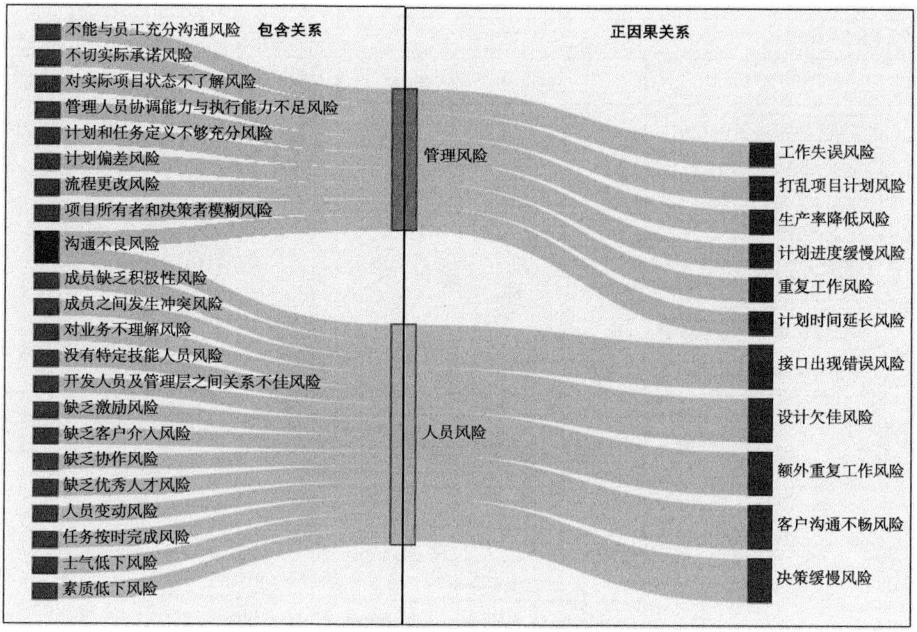

图 4－5 “描述型”风险知识可视化（部分）

关系、包含关系、相关关系的风险因素，由于连带关系，应需要特别注意，例如，人员发生风险，则与它有关的决策缓慢、沟通不畅等风险发生的概率会直线上升，因此为了有效规避风险，在人员调动之前，应尝试解决连带风险，将损失降到更低；因果关系的“描述型”风险大多融合在“流程型”风险之中，因此 IT 项目中各部分的协同工作就显得尤为重要，可避免项目进度孤岛，发生不可逆的结果。

4.2.4 文本数据知识获取泛化流程

IT 项目风险隐性知识获取流程包括三部分内容：风险“源数据”集获取、风险因素间“关联词”提取及 IT 项目风险知识内容获取，针对“IT 项目风险”的相关隐性知识的获取方式与步骤在前文已详细阐明。从 IT 项目风险隐性知识获取的角度出发，总结推广其他领域基于文本数据的隐性知识获取思路及其关键问题，主要涉及文本数据信息提取、文本知识关联词提取及隐性知识获取整合三个部分，如图 4－6 所示。

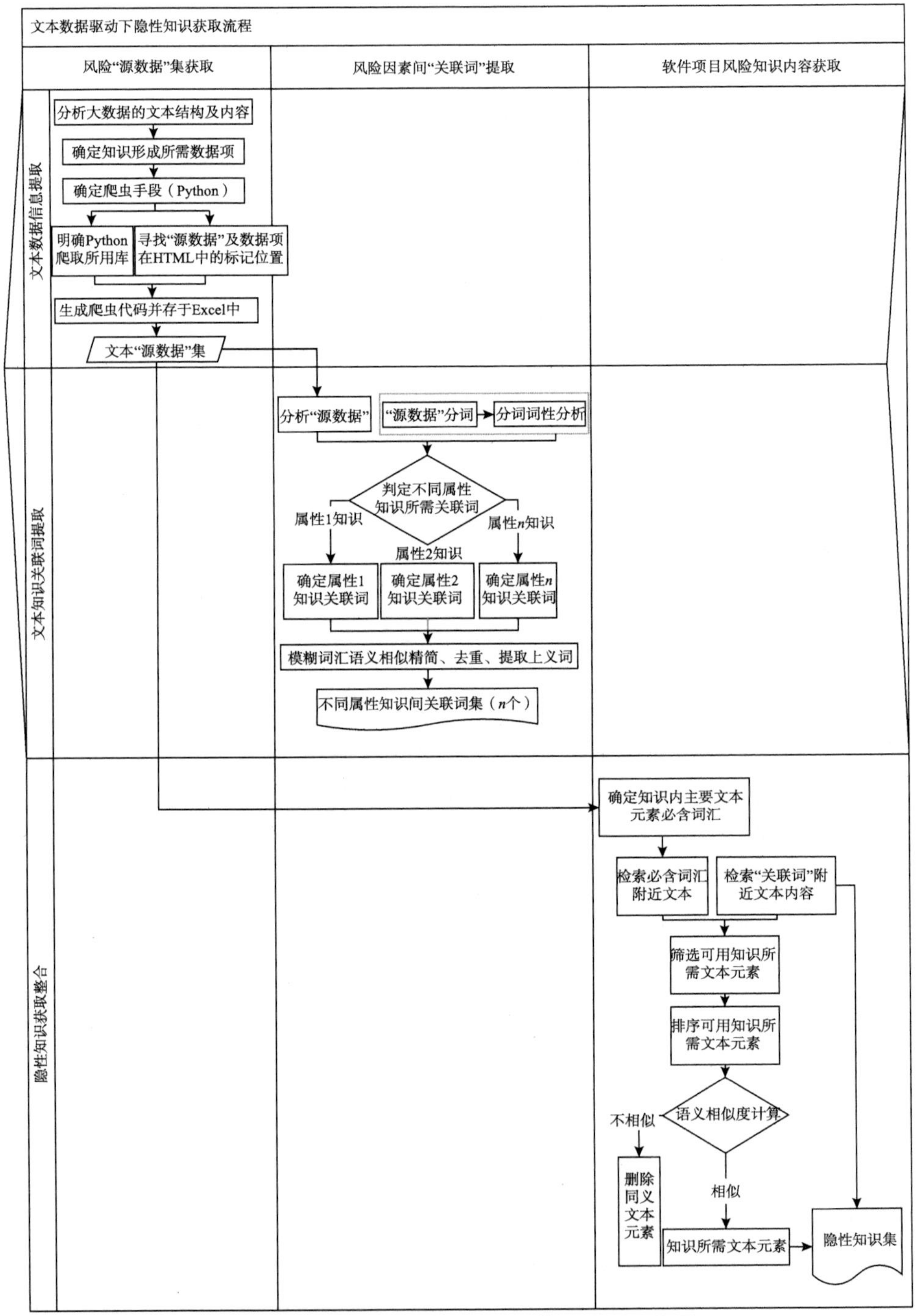

图4－6　IT项目风险隐性知识获取流程泛化图

大数据背景下，文本信息的完整、准确获取是进行隐性知识获取的前提和基础。随着爬虫技术的不断成熟，爬取各个不同网站不同位置的文本成为可能，因此，如何找到正确、专业、权威的“源数据”平台至关重要；分析平台中的文本信息，确定所需的数据项是获取数据、文本挖掘的关键，数据项模糊或欠缺都会导致获取的数据可用性小、文本挖掘失败率高的问题。

信息形成知识所需的“关联词”的寻找为隐性知识的获取提供了媒介。隐性知识的不易发掘性为知识获取带来了难题，因此找到能够将数据转化为知识的“关联词”便于发现隐性知识。在文本数据分词技术中，词频、词性分析使“关联词”能够完整获取，针对其他文本数据应分析其知识种类，保证知识获取的完整性。另外，由于文本自身的主观性，所以采用语义相似度计算来去除异型同义词，也为文本挖掘提供了方便。

基于关联词定位的知识形成过程。其关键首先在于寻找与动态、静态关联词相近的关联词，需要通过语义相似度的计算而获得；其次就是关联词的前件和后件的获取，需要借助文本检索技术来完成文本中“关联词”与主题相关知识的获取。其中对“关联词”附近文本检索可以采用多种技术实现，这里引入了简单易行的函数来实现。用 Excel 中 *MID*、*FIND*、*LEN* 函数来截取部分所需文本内容，目的是提炼出与“关联词”相关的知识文本要素。例如，风险知识获取中关联词“为了”旨在找出风险因素间因果关系的知识，所以截取“为了”一词前后有关风险因素的文本内容，再将风险因素文本内容根据风险因素关键词“风险”“因素”截取相关风险因素词汇，前后文本风险因素就形成了一条有因果关系的描述型知识。

4.3　IT 项目风险知识表示模型的构建

在第 3 章中已经获取到 IT 项目风险知识，在风险知识特征词的提取过程中发现知识特征词包含两种形式（即存在两种属性特点的风险知识），一是描述风险动态特性的“流程型”风险知识，该类风险知识存在于 IT 项目生命周期中，能够体现风险因素的流动性；二是体现风险静态特性的“描述型”风险知识，该类风险主要存在形式为风险因素与因素间的包含关系及因果关系，能够明确风险的上下级关系及推导过程。两类风险知识都以不同的角度对风险规避提供了思路，本章以获取的风险知识为依据，对两类知识分别进行知识表示，目的在于能够直观可视化地表示风险间的传递及知识框架，运用Petri网表示“流程型”风险知识，领域本体模型表示“描述型”风险知识。

4.3.1 基于Petri网的“流程型”风险知识表示模型构建

Petri网是一种网状信息流模型，包括条件和事件两类节点，在条件和事件为节点的有向二分图基础上添加表示状态信息的托肯（token）分布，并按引发规则使得事件驱动状态演变，从而反映系统动态运行过程。Petri网的构建原则为，变迁T结点之间、位置P结点之间不能存在有向弧，变迁T结点与位置P结点之间连接有向弧，由此构成的有向二分图称作Petri网。

在IT项目“流程型”风险知识的建模中，位置P结点为生命周期阶段中的各个风险因素，变迁T连接因素与因素推导过程；流程关系的确定首先取决于生命周期各阶段的具体工作流程，其次确定每项工作所产生的风险及推导关系，最终形成Petri网。

4.3.1.1 IT项目生命周期运作流程

在“流程型”风险知识获取的过程中所得到的仅仅是各生命周期阶段中所包含的风险，周期内部及周期与周期之间风险的传递在知识获取中不得而知。本书依据生命周期过程，查询相关书籍文献，得到如图4－7所示的IT项目生命周期工作流程（以初始阶段及设计阶段为例），其中主要涵盖的工作内容包括：可行性分析、编写可行性报告、详细调查、系统化分析、总体设计、代码设计、物理配置方案设计、数据存储设计、输出输入设计、物理系统实施、程序设计、IT产品开发工具选择、IT项目调试、运行管理、维护管理、集中评价等，其中详细工作流中均包含着潜在的风险，与知识获取中周期风险相对应，可就此找到风险发生规律。

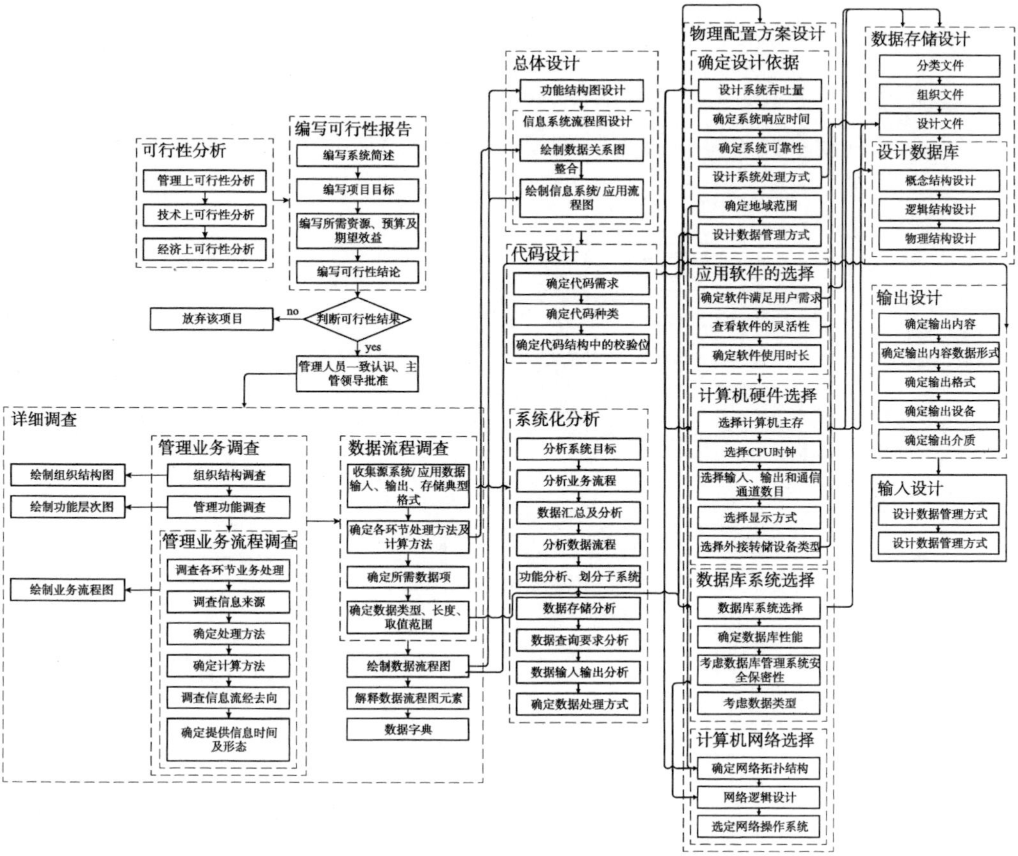

图 4－7　IT 项目生命周期工作流程（部分）

以详细调查中的数据流程调查工作流为例，首先，数据流的调查依据项目人员对管理业务的调查结果；其次，数据流调查的工作流程为：收集数据格式→确定数据处理方法及计算方法→确定项目所需数据项→确定数据属性；最后，通过对数据流的确定绘制数据流程图。在此项工作中，数据处理方法、数据属性及数据流程图的确定均是 IT 项目设计阶段的重要依据，其中总体设计阶段中功能结构图的设计主要依据数据流程图，通过数据的处理方式、计算防范来绘制数据关系图，数据的类型、长度、取值范围等属性能够帮助物理配置方案中数据库系统的选择，等等。因此在一个繁杂的 IT 项目生命周期中，运用工作流的形式能够巧妙地反映阶段内部与外部工作间先后关系，为风险的推导奠定了基础。

4.3.1.2 基于“流程型”知识的风险推导模型构建

通过对生命周期工作过程的梳理并结合已经提取的各阶段风险，得到如图4－8所示的动态风险推导模型，该模型的建立过程仍然以详细调查阶段中数

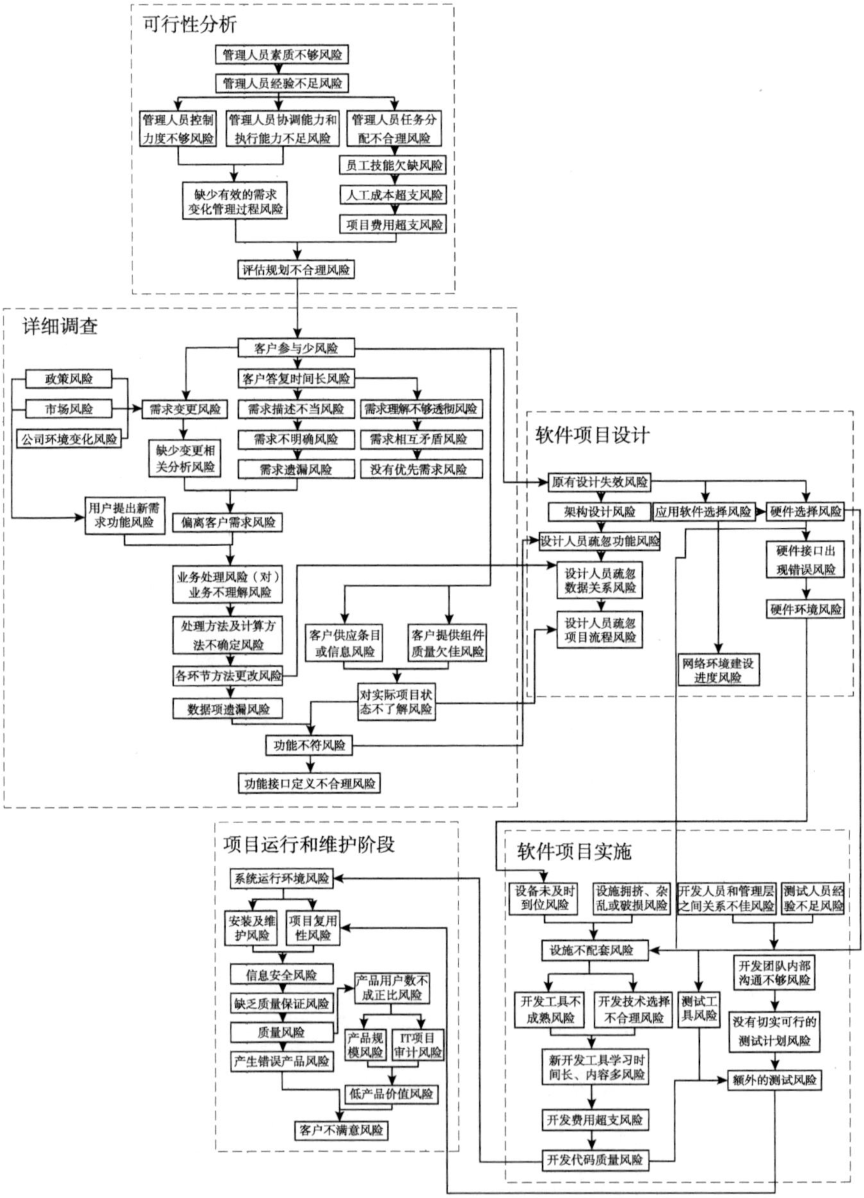

图4－8　生命周期风险推导模型构建

据流程调查为例，将知识获取中的风险因素与工作内容相结合，其中，数据处理方法及计算方法的确定可能会产生数据处理方法及计算方法不确定风险，数据项确定过程中出现数据项遗漏风险及客户提供条目或信息缺失风险，等等，通过工作及风险的对应关系，确定风险流走向。

由此确定在详细调查过程中由于对项目规划不合理风险及费用问题会导致客户的参与度降低进而影响需求相关的风险，影响详细调查阶段数据处理相关方法易更改的风险，该风险的产生导致 IT 项目设计阶段疏忽数据关系的风险等。在风险推导模型中，可以清晰地看出风险推导关系及所在阶段，由此对风险预防及规避起到高效的作用。从图 4 - 8 中可以看到，影响项目产生风险的关键参与者为项目管理人员及客户，管理人员对项目的错误评估及客户的理性参与成为 IT 项目风险的根源，客户的参与度影响了整个项目周期，包括需求、设计、实施、运行和维护的各个阶段，影响程度高低不等，但是可以看出任何一项风险的产生，带来的都是连锁的风险。因此，及时发现风险，预防下一步风险的产生尤为重要。

4.3.1.3 “流程型”风险知识 Petri 网表示模型

根据图 4 - 9 中的风险流，将各个风险因素作为位置 P 结点，变迁 T 结点代表着风险的转移，得到“流程型”风险知识 Petri 网表示模型。该模型能够体现风险动态形式，并显像展示 IT 项目风险规避路径，该模型主要分为五大部分，这五大部分之间相互联系又相互影响。

在可行性分析的风险流中，主要存在的风险源于管理人员对项目整体的判断。首先，管理人员的整体素质决定着对整个 IT 项目全局的掌控，管理人员自身素质影响对以往经验总结的能力，因此素质不够将大概率导致经验缺失。其次，由于经验缺失所造成的风险并不是单方面的，管理人员的控制力度、协调能力、执行能力、任务分配等工作的完成度均由管理人员经验决定。其中管理人员控制力度、协调能力及执行能力的缺失，直接影响项目开端需求变化中的管理决策方针；而任务分配的不合理会影响人力、财力等方面的风险。综合上述，管理人员对需求变化的消极应对及人力、财力错误评估都会最终导致可行性分析阶段对项目的错误评估判断。因此，在此阶段，提升管理人员整体水平是对可行性分析的基本保证。管理人员能力的培养从经验及能力入手，管理

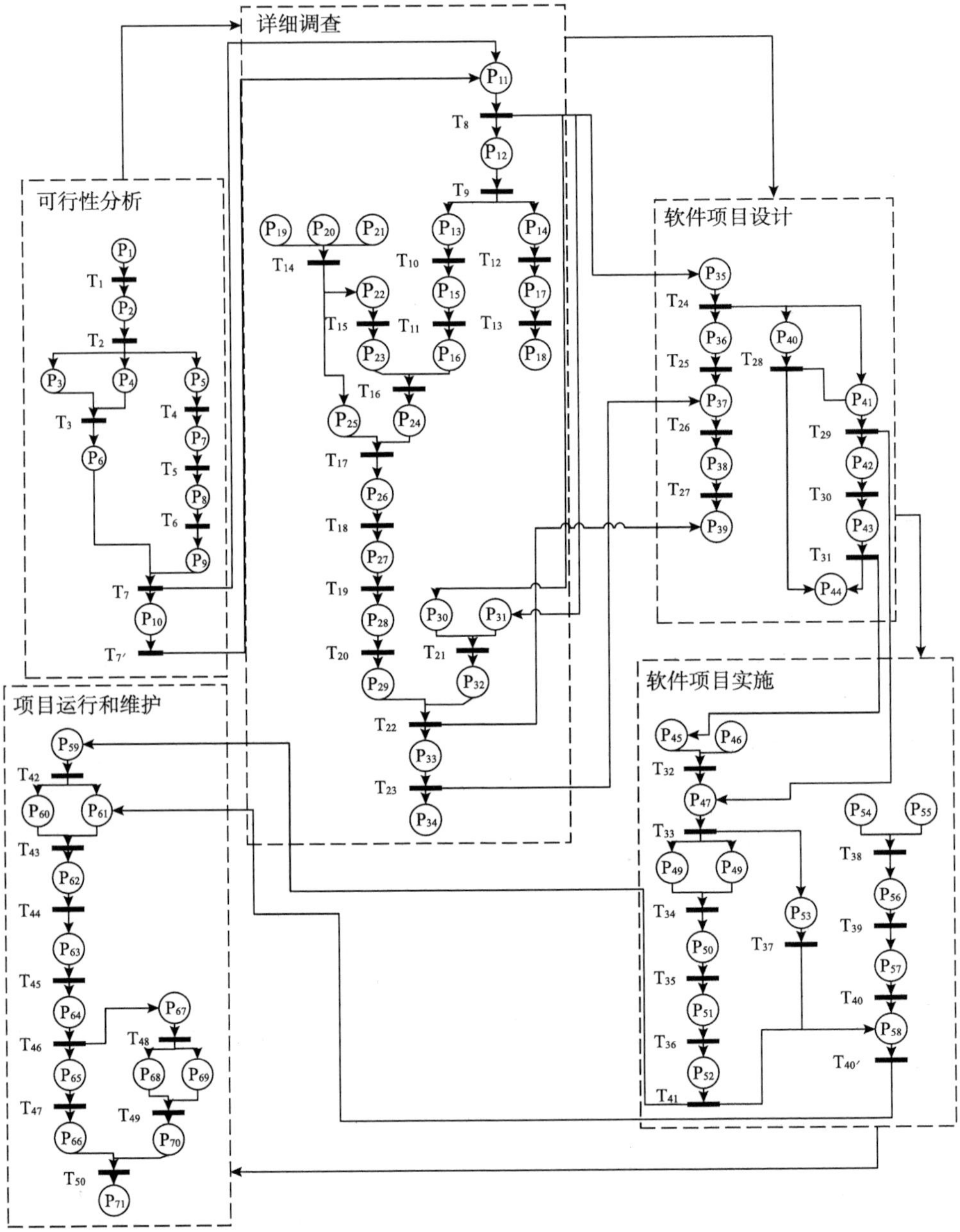

图 4-9 “流程型”风险知识 Petri 网表示模型

人员应掌握对以往项目经验的总结能力，把握提升经验的机会，在能力上着重培养其应变能力及控制力，在此基础上实现任务的高效分配，有效调动员工的积极性，及时发现项目中问题所在，使可行性分析合理、准确。

在详细调查阶段的风险流中，需求的准确性、完整性贯穿始终。该阶段风险的起因是可行性分析中的费用超支问题及对项目评估规划不合理造成与客户的沟通不畅，使客户存在消极心理而导致客户参与少的风险，客户参与是项目顺利进行的纽带，有效地参与沟通能够缩短问题答复及解决时间，能使需求更加准确与完善，所以在此阶段，客户的参与影响了需求确定的时间与贴合度。当客户对需求描述不准确时会直接导致项目团队对需求认知的不准确，在梳理需求报告时也会造成需求遗漏的风险。除了客户对需求的影响，项目其他外部因素，如市场政策及公司大环境的变动也会影响需求的变更。至此客户及外部因素的风险最终导致偏离客户需求，一旦需求出现偏差，接下来对业务、数据、功能等在内的设计均会出现不同层次的影响。首先是对管理业务处理情况的理解产生偏差，管理业务了解不到位导致数据的处理形式及方法带来错误的预估，最终遗漏相关数据项。与此同时，客户参与少不仅会带来需求问题，还会因为其消极应对态度而提供错误信息和硬件环境，最终使详细调查结果的项目功能不符。因此，详细调查阶段要处理好项目与客户之间的关系，不能忽略客户的存在，同时，多方面考虑需求变化，掌握市场变化及公司硬件条件。

在 IT 项目设计阶段风险流中，总体设计的风险问题均由详细调查中的风险导致。由于详细调查中客户的参与度低，使客户单位原有的设计失效；由于功能调查与客户要求不相符，导致设计人员忽略部分功能；由于项目各个环节方法变更调查模糊，导致设计人员对数据关系的定义紊乱；由于设计人员对实际项目不了解，而导致设计人员对项目流程理解错误。同时在设计阶段内部，因为原有设计不能使用，需要设计新的项目框架，设计新框架的过程中功能、数据关系、项目流程及软硬件的选择都有直接联系，因此框架的每一环节设计都应按部就班，否则会影响下一步设计工作。设计阶段最终产生的风险主要体现在项目进度中，软硬件的选择及各项事物的设计均会影响实施的快慢，所以项目设计的优劣很大程度取决于调查的详尽程度，同时提升设计人员能力也是有必要的。

在项目实施阶段的风险流中，主要针对设计中存在的风险进行防控。对硬件的设计风险会导致实施过程中出现设备是否按时到位、设施是否配套的问题；IT 产品的设计会导致开发工具、开发技术选择风险。在实施阶段内，开发工具及开发技术选择不合理会导致浪费大量时间进行新工具，新技术的培训，接着引起开发费用、代码质量的风险。测试过程需要测试人员与开发团队进行良性沟通，制订测试计划，如两部门之间存在问题会导致测试计划脱节，产生额外测试时间与成本。因此，实施过程的风险知识管理控制主要涉及两大部门：开发与测试，在开发中应注意软硬件使用的问题，提前规划时间与成本；测试中应增加沟通成本，降低时间成本和人力成本。

在项目运行和维护阶段的风险流中，导致项目最终失败的风险为客户不满意，客户不满意主要由产品错误及产品价值未达到预期所造成。首先，在实施阶段的代码质量低的风险会造成运行环境质量问题，从而导致项目安装维护及项目重复使用的风险，同时，实施测试过程产生的风险也是产生项目复用性差的导火索；其次，安装维护及复用性会严重影响 IT 产品质量、产品规模及相关审计风险；最后，这些风险产生错误产品及产价值低问题。由此可见，IT 项目风险知识在生命周期最后阶段产生的风险是由前置阶段所慢慢积累而成的，在 IT 项目中每一环节的设置都需要谨慎，以防日积月累形成不可逆风险。

Petri 网形成的知识表示模型体现了风险的传递性，并明确指出具体风险传递形式及阶段，在一定程度上缓解了 IT 项目风险不具共享性的问题，以此模型为基础，为“流程型”风险的规避提供可视化依据。

4.3.2 基于改进领域本体的“描述型”风险知识表示模型构建

“描述型”风险知识的获取结果仍需要以一定形式来展示，本体作为知识表示的一员，具有精准表示隐含信息的特点，并且可以被计算机 IT 产品系统识别和共享，与 IT 项目风险知识的表示有着很好的契合性。本体的建模方式包含了用于描述和获取企业本体的 IDEF－5 方法、专门创建企业本体建模过程的 Skeletal Methodology 骨架法、建立指定知识的逻辑模型 TOVE 企业建模法及研究特定领域的概念定义及概念之间的关系，并提供特定领域理论与原理，用于复用的领域本体等。本书研究 IT 项目领域风险种类及关系，为 IT 项目风险知识管理提供可借鉴的知识模型，因此采用领域本体建模方式。

4.3.2.1 IT 项目风险领域本体建模改进流程

本体建模方法种类繁多且没有统一标准，而斯坦福大学总结出的七步法较为成熟，它的提出基于 Protégé 本体建模工具，适用于自然语言处理、信息处理、信息检索、知识工程等，对于 IT 项目风险知识本体建模具有指导意义。

七步法领域本体建模包括了确定 IT 项目风险知识本体的专业领域范围、考虑已有本体的复用、枚举 IT 项目风险领域本体中的重要术语及概念、类及类等级体系的定义、定义类的属性及属性约束、定义属性分面、创建实例。在基于文本数据的 IT 项目风险领域构建本体模型，七步法中的部分步骤已经不能充分将知识进行归纳汇总，因此本书将七步法进行改进，使其更加适合数据驱动的知识表示过程，具体改进流程如图 4－10 所示。

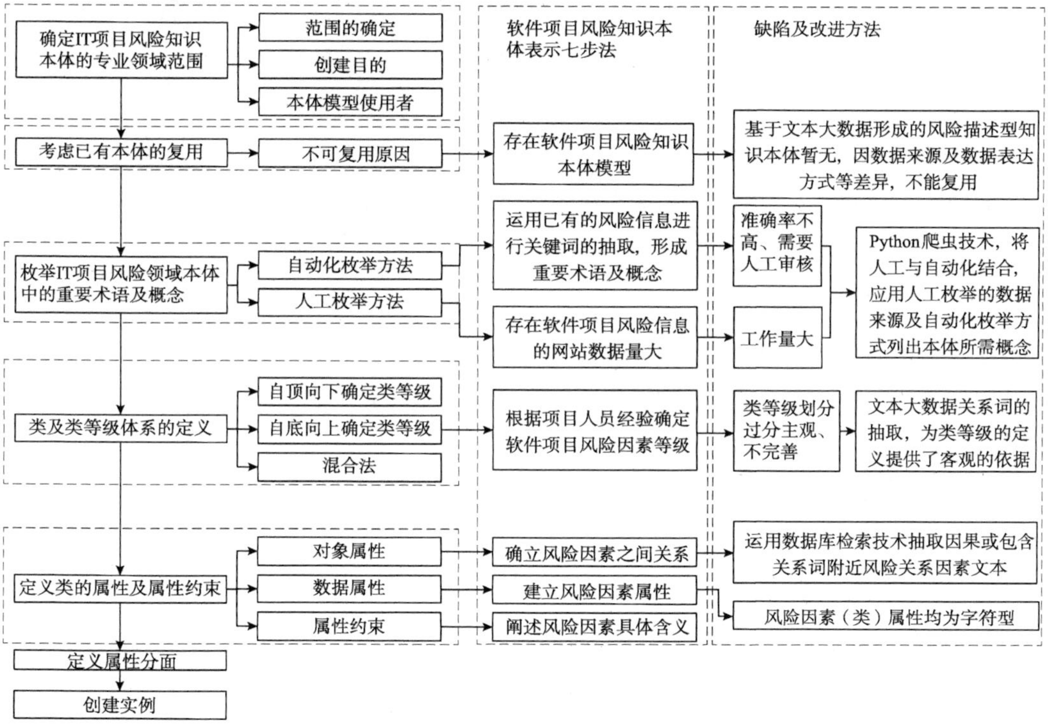

图 4－10　面向 IT 项目风险领域本体七步法改进流程图

1. 确定 IT 项目风险知识本体的专业领域范围

IT 项目风险数据主要来自线上权威学术平台，进行数据项为文章标题、文章正文内容的数据提取，形成以IT项目风险为主题的文本大数据；通过分词、词性分析技术，发现IT项目风险存在因果关系、相关关系、包含关系在内的描述型知识。通过对该领域本体的构建，使知识获取的资源充分利用，使术语统一、规范融合且语义整合，表达的合理性及正确性为知识库的构建提供了支持。本体使用者为IT项目的参与人员。

2. 考虑已有本体的复用

如图4－10所示，IT项目风险知识本体存在，但是由于知识获取方式的差异导致原有本体不可复用。现以文本大数据挖掘技术为驱动，重新归纳本体模型，使其适用于文本数据背景下的知识表达。

3. 枚举IT项目风险领域本体中的重要术语及概念

重要术语及概念的列举，采用了自动化枚举方法和人工枚举方法相结合的方式，采用爬虫技术，克服人工枚举网页信息工作量大及自动化过程准确率低的弊端，成功解决了在大数据量的权威网页中全自动化枚举问题。

4. 类及类等级体系的定义

IT项目风险领域本体中的类是风险因素，类体系的构造方式依据关系词抽取模型，确定知识中含有的关系词，通过数据库检索技术，抽取关系词左右两侧的风险因素类，确定存在“包含关系”的知识，形成类的分层形式。

5. 定义类的属性及属性约束

类的属性在知识获取的过程中已经提炼出类与类之间的关系，因此类属性的定义可以省略；属性约束在IT项目风险知识中主要的工作是对各个风险因素（类）的定义与描述，文本性的知识存在多义性，因此需要对类属性进行进一步意译。

4.3.2.2 改进七步法的本体表示过程

“描述型”风险知识领域本体的建模采用Protégé IT产品进行实现，运用网络本体语言（OWL）进行描述。

1. 创建基本类层级结构，包含关系的建立

在基本层级的建立是指本体中类的设置，同时将存在包含关系的类进行设置，例如在类中输入“管理风险”后可继续添加它的包含类：“流程更改风险”“管理人员素质不够风险”“计划偏差风险”“计划和任务定义不够风

险”；同时“管理人员素质不够风险”还包括“信息安全风险”“管理能力风险”。

2. 设置事物关联层级结构并设置关联属性

知识获取过程中已经发现因果关系存在“正因果关系”及“反因果关系”，因此要设立事物关联层级及相应属性。事物关联层级包括“is_reason_of”“is_reasoned_of”，属性均有 Transitive 传递属性，同时两者互逆（Inverse of）。

3. 建立因果关系中缺少的类，并新建类属性

基本类层级结构是按照“包含关系”建立的，一些风险因素（类）是不具有包含关系但存在因果关系，因此在基本类中，需要添加忽略的“因果关系”知识中存在的类。类的属性包括：包含关系（子类 Subclass of 父类）、正因果关系（类1 is_reason_of 类2）、反因果关系（类1 is_reasoned_of 类2）、多类包含一类（子类 Subclass of 父类，父类……）的情况。本书以 IT 项目风险中的“管理风险”为例，具体定义过程如表 4－4 所示。

表 4－4 “管理风险”为例的类与属性的定义

<table>
<tr><th>管理风险因果关系</th><th>包含关系</th><th>二级包含关系</th><th>二级类因果关系</th></tr>
<tr><td rowspan="5">is_reason_of some 生产率降低风险、预算削减风险、重复工作风险、计划进度缓慢风险；
is_reasoned_of some 管理人员控制力度不够风险、管理人员经验不足风险、管理人员任务分配不合理风险、管理人员素质不够风险、管理人员沟通不畅风险</td><td>流程更改风险
（Subclass of 管理风险）</td><td>无其他包含关系</td><td>无二级类因果关系</td></tr>
<tr><td>计划偏差风险
（Subclass of 管理风险）</td><td>无其他包含关系</td><td>无二级类因果关系</td></tr>
<tr><td>计划和任务定义不够风险
（Subclass of 管理风险）</td><td>无其他包含关系</td><td>无二级类因果关系</td></tr>
<tr><td rowspan="2">管理人员素质不够风险
（Subclass of 管理风险）</td><td>信息安全风险、（Subclass of 管理人员素质不够风险）</td><td>is_reasoned_of some 沟通不畅风险、管理人员经验不足风险、任务分配不合理风险、管理人员素质不够风险</td></tr>
<tr><td>管理能力风险、（Subclass of 管理人员素质不够风险）</td><td>无二级类因果关系</td></tr>
</table>

4.3.2.3 “描述型”风险知识本体表示模型

根据 Protégé IT 产品建立本体模型（见图 4－11）。由于整体的 IT 项目“描述型”风险知识本体模型较为繁杂，因此本小节仍以“管理风险”为例。在知识表达的可视化结果中，管理风险的包含关系表现形式为实线箭头，“管理风险”包含流程更改风险（见图 4－12）；反因果关系用虚线箭头表示，例如“管理人员任务分配不合理风险”影响“管理风险”（见图 4－13）；正因果关系的表示为虚线箭头，例如“管理风险”导致“预算削减风险”（见图 4－14）。

通过图 4－12 可以发现，管理风险中包含 4 种风险，其中“管理人员素质不够风险”下级同样有 2 种风险，因此“管理风险”大类下，共有 6 种风险依托。在 IT 项目风险中存在“包含关系”即大类风险中有细化的风险，是一种层次结构，因此在风险规避的过程中，IT 项目工作人员需要具有辨别大类风险的能力，一旦出现相关大类风险，可通过本体模型，找到可能发生的子类风险，及时找到问题根源，是解决大类风险的一个有效途径。例如，IT 项目人员发现在管理方面存在风险，进行其子类的筛查判断是由管理人员能力导致还是计划进度的问题，从而更好地进行决策。

图 4－13 及图 4－14 的正反因果关系，可以看作流程型的风险，即管理风险能够导致什么风险，或者什么风险影响了管理风险。在 IT 项目中，因果关系的本体模型能够帮助工作人员进行风险预测及未知风险的预防，当一个风险发生时，根据知识表示模型，可推断出下一步可能出现的风险，及时防控，避免风险的发生。

因此 IT 项目风险知识领域本体模型的表示，主要贡献在于以下两点：

（1）存在“包含关系”的风险知识模型主要是处理已经发生的风险，使工作人员及时地找到风险源头，进行准确决策。

（2）存在“因果关系”的风险知识模型主要应用于预测没有发生但发生概率极大的风险，使工作人员通过发生的风险，客观地防控未知风险，降低风险发生概率。

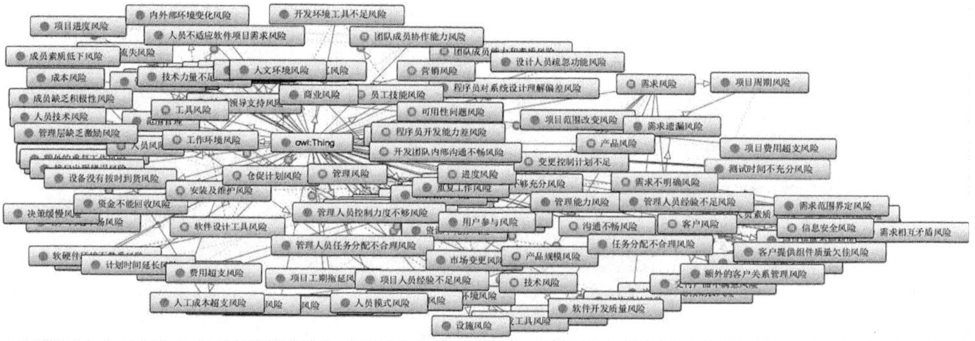

图 4-11 “描述型”风险知识表示本体模型

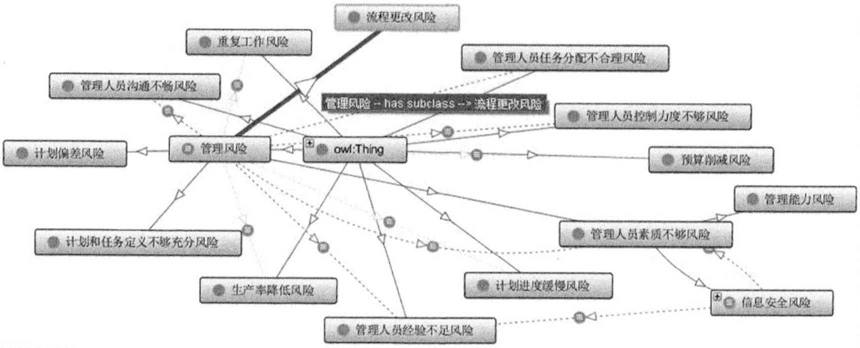

图 4-12 “描述型”知识包含关系可视化

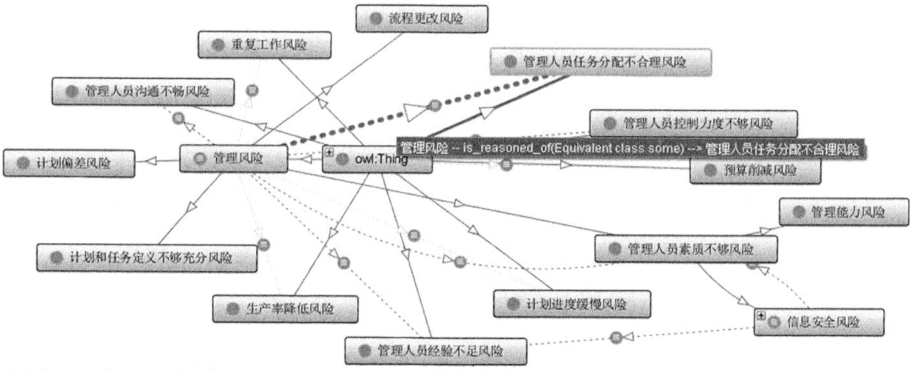

图 4-13 “描述型”知识反因果关系可视化

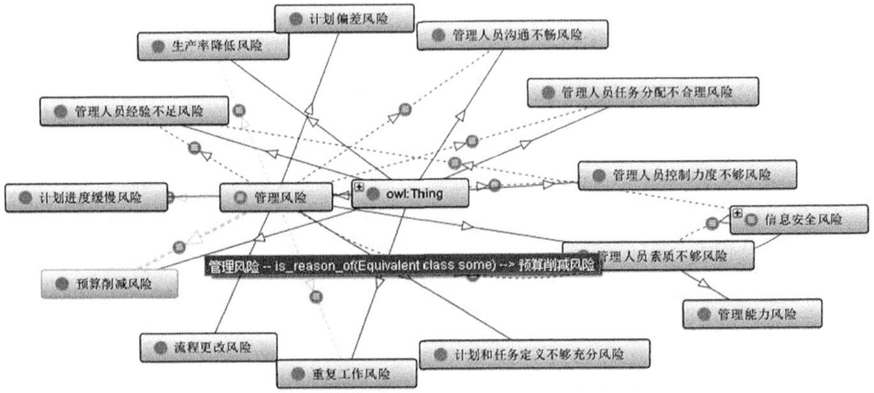

图 4－14 “描述型”知识正因果关系可视化

4.4 IT 项目风险知识库的搭建

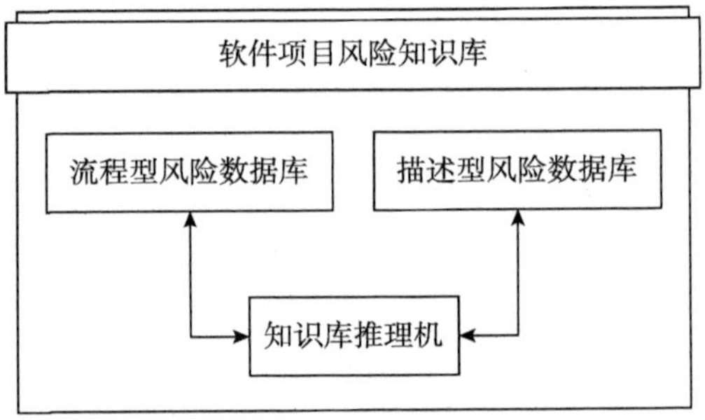

图 4－15 IT 项目风险知识库构成要素

本书定义 IT 项目风险知识管理的最后环节为知识的存储，存储介质为知识库，存储内容为上文中获取的各属性风险知识，创建知识库的目的是能够更新、查询、共享风险知识内容，使 IT 项目人员有效规避风险。本书中知识库的建立参照数据库建立方式，其中风险知识库包括流程型风险数据库、描述型风险数据库及知识库推理机，如图 4－15 所示。流程型风险数据库包括流程型风险知识前提与结论、包含的流程属性类别等；描述型风险数据库包括描述型风险知识前提与结论、描述型知识属性类别等；推理机的应用是为了实现知识的推理，即从单维度知识向多维度知识的递推关系，提升知识数量与质量。本节从数据库及推理机设计角度入手对知识库的建立进行阐述。

根据知识库建立的物理配置方案，硬件平台的选择：处理器：Intel （R） Core （TM） i5－3230M CPU@ 2. 60GHz；安装内存（RAM）：4. 00GB （3. 85GB

可用)；系统类型：64 位操作系统，基于 ×64 的处理器。IT 产品平台包括：window 8.1 操作系统；SQL SERVER 2014 数据库系统。

4.4.1　IT 项目风险数据库设计

对流程型风险及描述型风险数据库的建立采用传统的数据库建立流程，首先通过对 E-R 图绘制建立数据库的概念模型；其次根据 E-R 图建立关系模型完成数据库逻辑模型的设计；最后根据风险知识文本特点设计数据类型，存储长度等建立物理模型。

4.4.1.1　数据库概念模型设计

IT 项目风险数据库的概念模型设计能够真实、充分地反映风险因素和因素之间的联系；能够使 IT 项目参与人员更简便地理解风险知识之间存在的逻辑；更易于对不同 IT 项目之间的交流与共享；也有利于向逻辑模型、物理模型转换。

流程型风险知识数据库模型设计依据是：流程型知识获取过程中以生命周期为规则种类，并通过 Petri 网建立流程型风险的推导传递过程。其中 E-R 图中的实体有：流程型知识前提、流程型知识规则、流程型知识结论及流程型知识事实，如图 4－16 所示。其中，流程型知识前提存放内容包括知识前件风险因素；流程型知识规则存放动态属性包含的生命周期各阶段名称；流程型知识结论存放知识后置风险因素；流程型知识事实主要包含流程型知识整体内容。一条知识规则对应多个知识前提和知识结果，一条知识前提（即一个风险因素）会导致多个知识结论，同时，一个知识结论可能由多个知识前提引发。

描述型风险知识数据库概念模型 E-R 图中的实体有：描述型知识前提、描述型知识规则、描述型知识结论、因果知识事实及包含知识事实，如图 4－17 所示。其中，描述型知识前提存放内容包括知识前件风险因素；描述型知识规则存放知识静态属性：正反因果关系、包含关系；描述型知识结论存放知识后置风险因素；因果知识事实主要存放因果关系属性风险知识的完整内容；包含知识事实主要存放包含关系属性风险知识的完整内容。对于存在包含关系及因果关系的风险知识而言，无论哪种关系，都存在一个知识前件可能对应多个规则，同时一个规则包含多个知识前件的情况，同理，存在一个知识结论可能对应多个规则，同时一个规则包含多个知识结论的情况；描述型风险知识存在一个风险导致/包含多个风险，或多个风险导致/包含多个风险，或多个风险导致/包含一个风险。

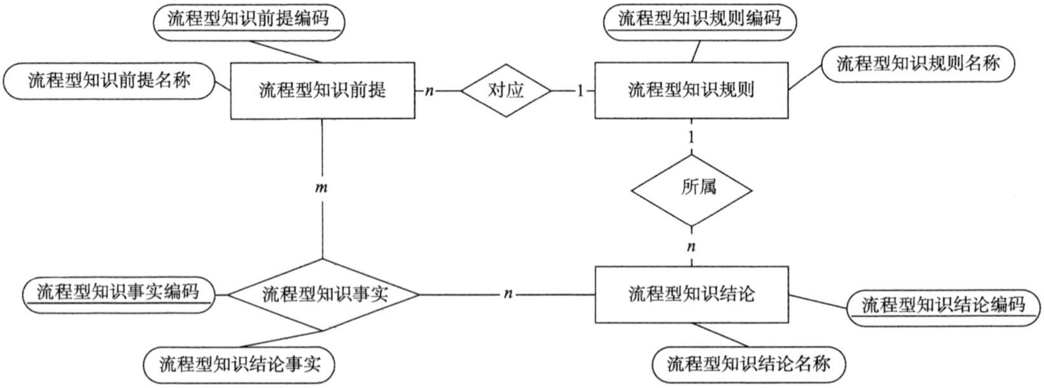

图 4－16　流程型风险知识 E-R 图

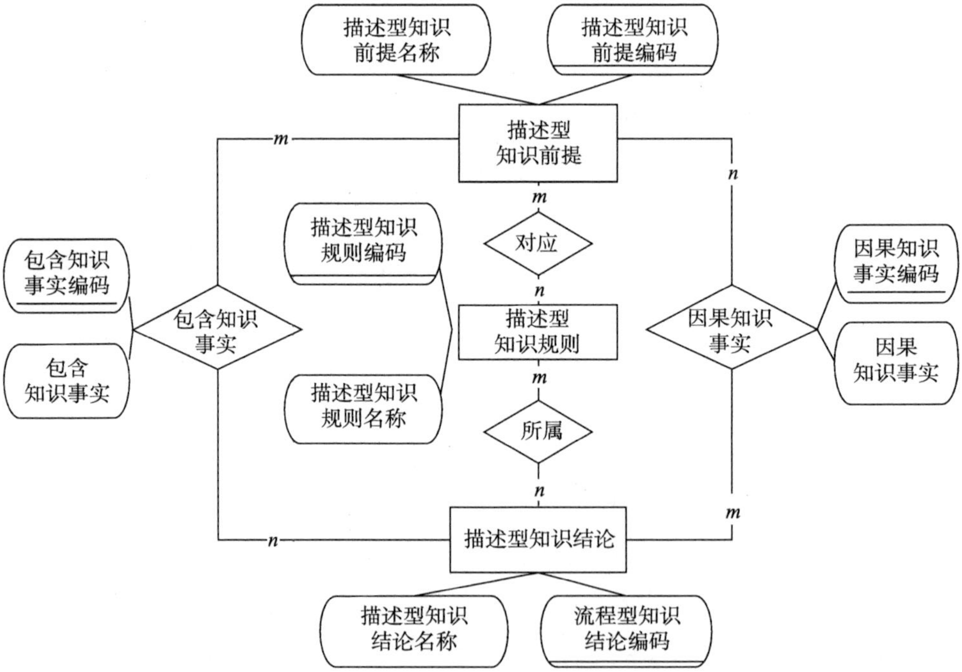

图 4－17　描述型风险知识 E-R 图

4.4.1.2 数据库逻辑模型设计

通过 E-R 图转换关系模型的规则，得到如下逻辑模型：

流程型知识前提表（包括流程型知识前提编码、流程型知识前提内容、流程型知识规则编码、流程型知识前提因素规避方式），主键为流程型知识前提编码。

流程型知识规则表（包括流程型知识规则编码、流程型知识规则内容），主键为流程型知识规则编码。

流程型知识结论表（包括流程型知识结论编码、流程型知识结论内容、流程型知识规则编码、流程型知识结论因素规避方式），主键为流程型知识结论编码。

流程型知识事实表（包括流程型知识事实编码、流程型知识事实、流程型知识前提编码、流程型知识结论编码），主键为流程型知识事实编码。

描述型知识前提表（包括描述型知识前提编码、描述型知识前提内容、描述型知识规则编码、描述型知识前提因素规避方式），主键为描述型知识前提编码。

描述型知识规则表（包括描述型知识规则编码、描述型知识规则内容），主键为描述型知识规则编码。

描述型知识结论表（包括描述型知识结论编码、描述型知识结论内容、描述型知识前提编码、描述型知识结论因素规避方式），主键为描述型知识结论编码。

因果知识事实表（包括因果知识事实编码、因果知识事实、描述型知识前提编码、描述型知识结论编码），主键为因果知识事实编码。

关系知识事实表（包括关系知识事实编码、关系知识事实、流程型知识前提编码、描述型知识结论编码），主键为关系知识事实编码。

转换关系模式后，为了简便操作，设置存储过程实现相关知识的查询，其中包含关系风险知识的查询，通过存储过程输入风险因素名称，判定是否存在下级风险，下级风险名称是什么等信息，对包含关系风险的数据库进行提炼与升华；动态风险知识的存储过程设计主要包含因果关系风险知识和“流程型”风险知识，某一风险导致的风险可在此存储过程中探索。

4.4.1.3 数据库物理模型设计

数据库物理模型设计首先考虑的是关系模型中存取方法的选择，具体设计如下：

流程型知识前提表物理模型（见表4－5）。

表4－5 流程型知识前提表物理模型

列名	数据类型	最大长度	是否主键	允许为空
流程型知识前提编码	nchar	10	是	否
流程型知识前提内容	nchar	100	否	否
流程型知识规则编码	nchar	10	否	否
流程型知识前提因素规避方式	nchar	500	否	是

流程型知识规则表物理模型（见表4－6）。

表4－6 流程型知识规则表物理模型

列名	数据类型	最大长度	是否主键	允许为空
流程型知识规则编码	nchar	10	是	否
流程型知识规则内容	nchar	100	否	否

流程型知识结论表物理模型（见表4－7）。

表4－7 流程型知识结论表物理模型

列名	数据类型	最大长度	是否主键	允许为空
流程型知识结论编码	nchar	10	是	否
流程型知识结论内容	nchar	100	否	否
流程型知识规则编码	nchar	10	否	否
流程型知识结论因素规避方式	nchar	500	否	是

流程型知识事实表物理模型（见表4－8）。

表4－8 流程型知识事实表物理模型

列名	数据类型	最大长度	是否主键	允许为空
流程型知识事实编码	nchar	10	是	否
流程型知识事实	nchar	200	否	否
流程型知识前提编码	nchar	10	否	否
流程型知识结论编码	nchar	10	否	否

描述型知识规则表物理模型（见表 4 –9）。

表 4 –9　描述型知识规则表物理模型

列名	数据类型	最大长度	是否主键	允许为空
描述型知识规则编码	nchar	10	是	否
描述型知识规则内容	nchar	100	否	否

描述型知识前提表物理模型（见表 4 –10）。

表 4 –10　描述型知识前提表物理模型

列名	数据类型	最大长度	是否主键	允许为空
描述型知识前提编码	nchar	10	是	否
描述型知识前提内容	nchar	100	否	否
描述型知识规则编码	nchar	10	否	否
描述型知识前提因素规避方式	nchar	500	否	是

描述型知识结论表物理模型（见表 4 –11）。

表 4 –11　描述型知识结论表物理模型

列名	数据类型	最大长度	是否主键	允许为空
描述型知识结论编码	nchar	10	是	否
描述型知识结论内容	nchar	100	否	否
描述型知识前提编码	nchar	10	否	否
描述型知识结论因素规避方式	nchar	500	否	是

因果知识事实表物理模型（见表 4 –12）。

表 4 –12　因果知识事实表物理模型

列名	数据类型	最大长度	是否主键	允许为空
因果知识事实编码	nchar	10	是	否
因果知识事实	nchar	200	否	否
描述型知识前提编码	nchar	10	否	否
描述型知识结论编码	nchar	10	否	否

关系知识事实表物理模型（见表4－13）。

表4－13　关系知识事实表物理模型

列名	数据类型	最大长度	是否主键	允许为空
关系知识事实编码	nchar	10	是	否
关系知识事实	nchar	200	否	否
流程型知识前提编码	nchar	10	否	否
描述型知识结论编码	nchar	10	否	否

4.4.2　知识库推理机设计

4.4.2.1　推理机理论依据

推理机是一组程序，用来控制、协调整个系统。在一定的控制策略下，专家系统根据问题信息（用户与专家系统交流的信息）及知识库中的知识执行对问题的求解。以数据库为基础建立知识库，知识推理的过程是数据库及知识库之间的桥梁，用于爬虫及文本挖掘的 Python 技术及本体建模的 Protégé 工具都可以实现推理机的设计，但在数据库设计的前提下，为了满足知识的推理，本书运用数据库关系表的自连接实现多维度的知识推理。

在数据库中设计的推理机也可以成为控制执行机构，它是一个程序模块，负责风险知识的前提条件测试匹配、知识规则的调度选取及解释执行。推理机是实现风险因素间的推理过程，并对推理进行控制，同时，推理机也是对风险知识的解释程序。

推理机主要运用于体现因果关系及流程型风险知识的过程中，在上文数据库逻辑设计模型中已经提到动态风险知识的提炼查询，但是简单的存储过程只能够实现一个维度的风险推理过程，要想实现推理某一风险因素所影响的多个风险因素，需要运用推理机，因此本书中知识库推理机设计的目的是对风险的推导过程进行呈现，实现知识的运用。

4.4.2.2　风险单维度推理的实现

运用数据库的存储过程实现动态风险知识演化路径，通过“流程型知识前提表”“流程型知识结论表”“流程型知识事实表”“流程型知识规则表”四表的连接，并以风险知识前提内容为参数，简单实现某一风险因素所导致的直接风险，算法如下：

```
CREATE proc [dbo]. [动态风险知识查询]@流程型知识前提内容 nchar (100)
as
select  流程型知识前提表．流程型知识前提内容，‘→’ as 导致，流程型知识结论表. 流程型知识结论内容，流程型知识规则表. 流程型知识规则内容，流程型知识结论表. 流程型知识结论因素规避方式
from  流程型知识前提表，流程型知识结论表，流程型知识事实表，流程型知识规则表
where  流程型知识规则表. 流程型知识规则编码 = 流程型知识结论表. 流程型知识规则编码 and
       流程型知识事实表. 流程型知识前提编码 = 流程型知识前提表. 流程型知识前提编码 and
       流程型知识事实表. 流程型知识结论编码 = 流程型知识结论表. 流程型知识结论编码 and
       流程型知识前提表. 流程型知识前提内容 = @流程型知识前提内容
```

通过上述算法最终得到的是所查询风险的后置风险、后置风险所在生命周期阶段及风险规避方式（见图 4－18）。需要注意的是前提风险及结论风险均有规则编码，在表连接中是将“流程型知识规则表”与“流程型知识结论表”的主键和外键进行相连，保证得到的是结论风险因素所在阶段。目的是根据此存储过程，使项目人员能够了解到一项风险发生后直接导致的风险是什么、存在于哪个阶段、解决方法是什么，以便更好地规避风险。但是往往风险的推导不是只有一个因素，结论风险依旧会导致另外风险的生成，因此存储过程的应

结果　消息

	流程型知识前提内容	导致	流程型知识结论内容	流程型知识规则内容	流程型知识结论因素规避方式
1	需求遗漏风险	→	偏离客户需求风险	详细调查	与客户达成需求计划，确定会议时…

图 4－18　数据库存储过程实现风险单一推导结果

用就过于片面，缺乏全局性。

4.4.2.3　风险多维度推理的实现

本书采用推理机实现风险推理过程完整化，采用自连接的方法，实现从单维度到多维度的变化，也为通过旧知识形成新知识提供了技术方法。自连接就是 SQL 中二维表的自身连接，它解决了列于列之间的逻辑关系问题，准确来说是列于列之间的层次关系。如果不使用自连接，而纯粹对单表本身进行操作，那将非常困难。本书先以因果关系风险知识为例，提炼出所需数据项的虚拟表（即视图），运用该虚拟表进行自连接。首先虚拟表中包含从“描述型知识前提表”及“描述型知识结论表”中提取的规则为“因果关系”的风险内容，其中包括“因果关系前提编号”“因果关系前提名称”“因果关系结论编号”“因果关系结论名称”，并将其命名为“因果关系推理机测试表”。

连接一次的 SQL 代码如下：

```
select  A. 因果关系前提名称 as 风险因素，‘→’ as 导致，A. 因果关系结论名称，‘→’ as 导致，B. 因果关系结论名称 as 风险因素
from  因果关系推理机测试表 A，因果关系推理机测试表 B
where  A. 因果关系结论编号 = B. 因果关系前提编号
```

在该算法中只涉及了一个“因果关系推理机测试表”，from 子句中，为该表起两个不一样的别名，用于区分表的前后关系，查询的 where 条件语句，规定 A 表的结论与 B 表的前提相连接，保证 A 表的结论与 B 表的前提相同，查询所需要的结果是 A 表的“因果关系前提名称”及相应的“因果关系结论名称”，及与 A 表结论名称所对应的 B 表的结论名称。自连接一次得到了二维度的风险传递过程。（见图 4－19）

结果　消息

	风险因素	导致	因果关系结论名称	导致	风险因素
1	人员风险	→	架构设计风险	→	产品风险
2	架构设计风险	→	产品风险	→	计划时间延长风险
3	项目费用超支风险	→	产品风险	→	计划时间延长风险
4	测试时间不充分风险	→	产品风险	→	计划时间延长风险
5	人员风险	→	架构设计风险	→	项目费用超支风险
6	人员风险	→	架构设计风险	→	测试时间不充分风险
7	架构设计风险	→	项目费用超支风险	→	产品风险
8	架构设计风险	→	测试时间不充分风险	→	产品风险

图 4－19　二维度风险传递过程

自连接两次的 SQL 代码如下：

```
select  A. 因果关系前提名称 as 风险因素，'→' as 导致，
        A. 因果关系结论名称，'→' as 导致，
        B. 因果关系结论名称 as 风险因素，'→' as 导致，
        C. 因果关系结论名称 as 风险因素
from    因果关系推理机测试表 A，因果关系推理机测试表 B，因果关系推
        理机测试表 C
where   A. 因果关系结论编号 = B. 因果关系前提编号 and
        B. 因果关系结论编号 = C. 因果关系前提编号
```

其原理与一次自连接相同，通过两次自连接，得到了三维度的风险推导过程（见图 4-20）。采用该机制，加入循环算法，能够推理出完整的风险递推过程，完成了 IT 项目风险的无限次推理过程，为风险规避提供了较为全面的参考。

结果　消息

	风险因素	导致	因果关系结论名称	导致	风险因素	导致	风险因素
1	人员风险	→	架构设计风险	→	产品风险	→	计划时间延长风险
2	人员风险	→	架构设计风险	→	项目费用超支风险	→	产品风险
3	人员风险	→	架构设计风险	→	测试时间不充分风险	→	产品风险
4	架构设计风险	→	项目费用超支风险	→	产品风险	→	计划时间延长风险
5	架构设计风险	→	测试时间不充分风险	→	产品风险	→	计划时间延长风险

图 4-20　三维度风险传递过程

4.5　运用关联规则挖掘隐性风险知识

IT 项目风险管理中涉及的风险因子关系复杂，很难凭借直观的感性分析发现其内在关联以及对 IT 项目成败的影响，各风险因子间的内部关联更是难以判断，必须经过理性定量的分析计算，辅以必要的分析工具，对上述得到的风险数据进行挖掘分析。

运用关联规则对风险数据进行挖掘分析，就是从大量的风险数据中发现有价值的关联规则，并通过对直接挖掘得到的关联规则进行解释，确定关联规则

描述框架，用于指导 IT 项目风险管理，提出 IT 项目风险管理的合理化建议，从而达到通过对风险因子的管理降低 IT 项目风险的目的，进而提高成功率。

通过上述 IT 项目风险建模，我们以需求分析阶段为例进行进一步的挖掘研究，利用由贝叶斯网络推理计算得到的风险数据进行关联规则挖掘，以得到风险知识。

4.5.1 数据的准备和预处理

4.5.1.1 数据准备

通过上述贝叶斯网络建模和推理计算，得到大量风险数据，故以此为数据源，客观理性地避免由人为原因造成的偏差。所得到的事务数据库部分如表 4－14 所示。

表 4－14 事务数据库（部分数据）

TID	KT	KF	HD	DQ	DC	CS	RQ	WS	DE	SP	ER	SD
1	R	L	M	—	—	—	H	—	—	—	—	—
2	R	L	M	H	L	H	H	—	—	L	M	—
3	P	M	P	H	M	H	L	Me	M	M	—	S
4	M	M	P	H	M	H	M	Me	M	M	—	S
5	M	L	P	M	H	L	—	Li	L	L	L	L
6	M	H	P	M	H	L	—	Li	L	L	L	L
7	M	H	H	M	H	L	L	Mu	L	H	L	S
8	P	H	H	M	H	L	L	Mu	L	H	L	S
9	—	—	—	M	H	L	M	Me	L	M	M	S
10	—	H	—	—	L	M	L	Me	L	M	L	S
…	…	…	…	…	…	…	…	…	…	…	…	…
i	R	L	M	—	M	M	H	Me	M	M	M	—
…	…	…	…	…	…	…	…	…	…	…	…	…
n	R	L	—	L	L	H	H	Li	H	L	H	L

4.5.1.2 数据预处理

由于风险数据是由贝叶斯网络推理计算得到的，故这里我们的数据预处理主要是数据变换，将事务数据库中的数据转换成数据挖掘环境下的风险数据。

由于造成 IT 项目风险的因子有 12 个，每个风险因子有三种状态，故属于第 2 章中所讲的多维关联规则挖掘。根据决定 IT 项目风险的 12 个风险因子，确定了 12 个属性，36 个变量，如表 4 – 15 所示。

表 4 – 15 属性变量表

属性	取值	变量	整数
关键技术（KT）	Rich	A_1	1
	Medium	A_2	2
	Poor	A_3	3
依赖关键人物（KF）	High dependency	A_4	1
	Medium dependency	A_5	2
	Low dependency	A_6	3
历史资料（HD）	Rich	A_7	1
	Medium	A_8	2
	Poor	A_9	3
文档质量（DQ）	High	A_{10}	1
	Medium	A_{11}	2
	Low	A_{12}	3
开发者交流（DC）	High frequency	A_{13}	1
	Medium frequency	A_{14}	2
	Low frequency	A_{15}	3
客户支持（CS）	High	A_{16}	1
	Medium	A_{17}	2
	Low	A_{18}	3
需求说明质量（RQ）	High	A_{19}	1
	Medium	A_{20}	2
	Low	A_{21}	3
工作量估计（WS）	Much	A_{22}	1
	Medium	A_{23}	2
	Little	A_{24}	3

续表

属性	取值	变量	整数
开发效率（DE）	High	A_{25}	1
	Medium	A_{26}	2
	Low	A_{27}	3
进度压力（SP）	Low	A_{28}	1
	Medium	A_{29}	2
	High	A_{30}	3
错误产生率（ER）	Low	A_{31}	1
	Medium	A_{32}	2
	High	A_{33}	3
进度延迟（SD）	Light	A_{34}	1
	Medium	A_{35}	2
	Severe	A_{36}	3

根据属性变量表，将事务数据库转换为布尔矩阵，如表4－16所示。

表4－16　布尔矩阵

TID	1	2	3	4	5	6	7	8	9	10	…	i	…	n
A_1	1	1	0	0	0	0	0	0	0	0	…	1	…	1
A_2	0	0	0	1	1	1	1	0	0	0	…	0	…	0
A_3	0	0	1	0	0	0	0	1	0	0	…	0	…	0
A_4	0	0	0	0	0	1	1	1	0	1	…	0	…	0
A_5	0	0	1	1	0	0	0	0	0	0	…	0	…	0
A_6	1	1	0	0	1	0	0	0	0	0	…	1	…	1
A_7	0	0	0	0	0	0	1	1	0	0	…	0	…	0
A_8	1	1	0	0	0	0	0	0	0	0	…	1	…	0
A_9	0	0	1	1	1	1	0	0	0	0	…	0	…	0
A_{10}	0	1	1	1	0	0	0	0	0	0	…	0	…	0
A_{11}	0	0	0	0	1	1	1	1	1	0	…	0	…	0
A_{12}	0	0	0	0	0	0	0	0	0	0	…	0	…	1
A_{13}	0	0	0	0	1	1	1	1	1	0	…	0	…	0

续表

TID	1	2	3	4	5	6	7	8	9	10	…	i	…	n
A_{14}	0	0	1	1	0	0	0	0	0	0	…	1	…	0
A_{15}	0	1	0	0	0	0	0	0	0	1	…	0	…	1
A_{16}	0	1	1	1	0	0	0	0	0	0	…	0	…	1
A_{17}	0	0	0	0	0	0	0	0	0	1	…	1	…	0
A_{18}	0	0	0	0	1	1	1	1	1	0	…	0	…	0
A_{19}	1	1	0	0	0	0	0	0	0	0	…	1	…	1
A_{20}	0	0	0	1	0	0	0	0	1	0	…	0	…	0
A_{21}	0	0	1	0	0	0	1	1	0	1	…	0	…	0
A_{22}	0	0	0	0	0	0	1	1	0	0	…	0	…	0
A_{23}	0	0	1	1	0	0	0	0	1	1	…	1	…	0
A_{24}	0	0	0	0	1	1	0	0	0	0	…	0	…	1
A_{25}	0	0	0	0	0	0	0	0	0	0	…	0	…	1
A_{26}	0	0	1	1	0	0	0	0	0	0	…	1	…	0
A_{27}	0	0	0	0	1	1	1	1	1	1	…	0	…	0
A_{28}	0	0	0	0	0	0	1	1	0	0	…	0	…	0
A_{29}	0	0	1	1	0	0	0	0	1	1	…	1	…	0
A_{30}	0	0	0	0	1	1	0	0	0	0	…	0	…	1
A_{31}	0	0	0	0	0	0	0	0	0	0	…	0	…	1
A_{32}	0	1	0	0	0	0	0	0	1	0	…	1	…	0
A_{33}	0	0	0	0	1	1	1	1	0	1	…	0	…	0
A_{34}	0	0	1	1	0	0	1	1	1	1	…	0	…	0
A_{35}	0	0	0	0	0	0	0	0	0	0	…	0	…	0
A_{36}	0	0	0	0	1	1	0	0	0	0	…	0	…	0

4.5.2 建立数据库

在 SQL Server Management Studio 数据库中建立“fengxianshuju”表，其结

构如图4－21所示。

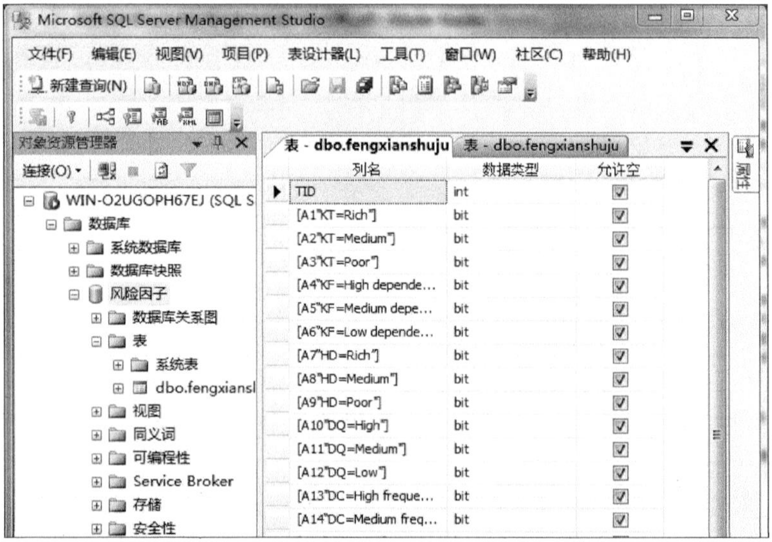

图4－21 “fengxianshuju”表结构图

将由GeNIe 2.0计算得到的风险数据输入该表中，作为关联规则挖掘的数据源。这里，由于此项工作量过大，我们以200条风险数据为例进行说明。

4.5.3 关联规则挖掘的实现

数据库建立后，连接数据源，建立挖掘结构。我们直接使用SSAS数据挖掘向导生成挖掘结构和挖掘模型，实现对风险数据的挖掘。

4.5.3.1 以错误产生率（ER）和进度延迟（SD）为结果因子进行挖掘

我们以错误产生率（ER）和进度延迟（SD）两个结果因子作为关联规则来挖掘模型的可预测项，即挖掘规则的后项，其他风险因子作为生成规则的前项，利用向导对风险数据进行关联规则挖掘的结果，如图4－22、图4－23所示。

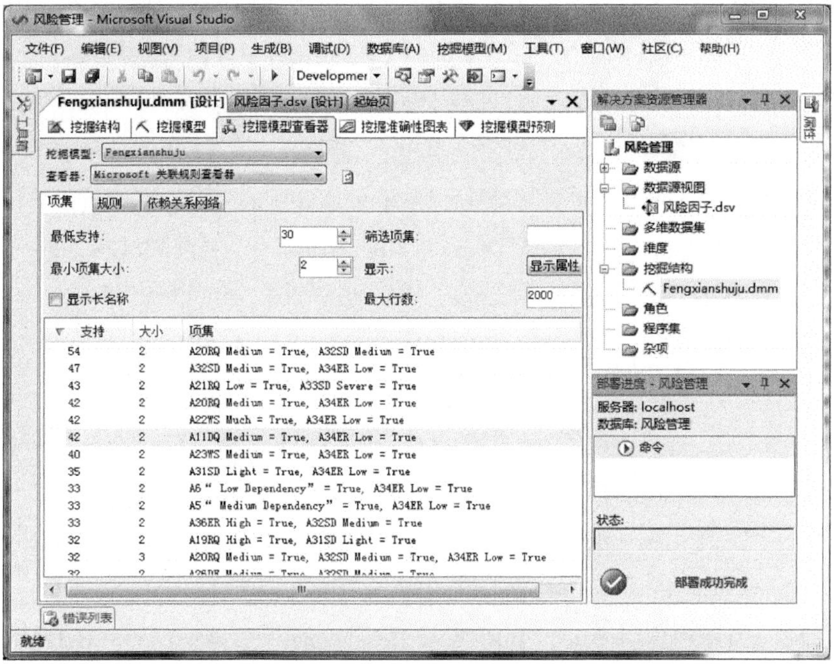

图 4-22 ER、SD 关联规则挖掘结果（a）——项集

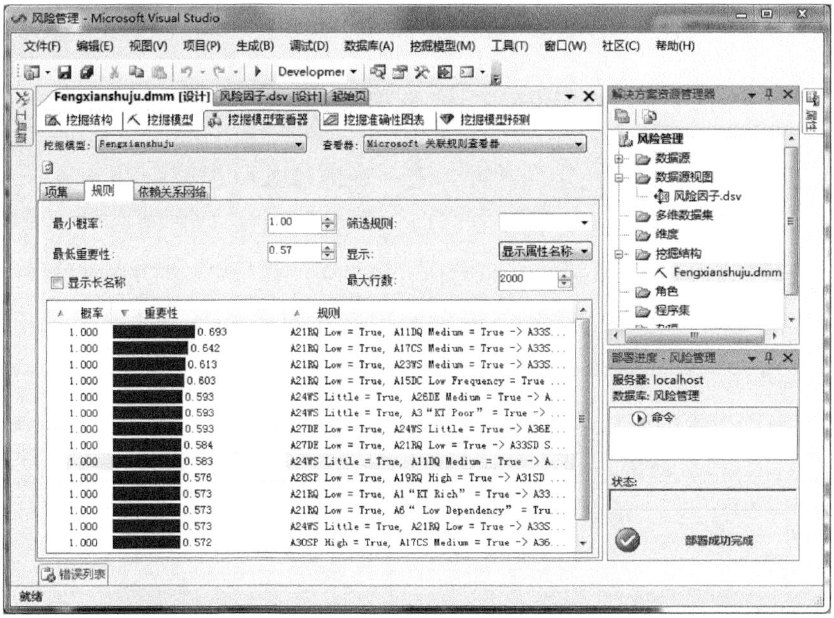

图 4-23 ER、SD 关联规则挖掘结果（b）——规则

我们设定"项集"选项卡中"最低支持"为30，"规则"选项卡中"最小概率"为1.0，"最低重要性"为0.57，得到如下15条关联规则。

（1） A21RQ Low = True，A11DQ Medium = True -> A33ER High = True

（2） A21RQ Low = True，A17CS Medium = True -> A33ER High = True

（3） A21RQ Low = True，A23WS Medium = True -> A33ER High = True

（4） A21RQ Low = True，A15DC Low Frequency = True -> A33ER High = True

（5） A24WS Little = True，A26DE Medium = True -> A36SD Severe = True

（6） A24WS Little = True，A3 KT Poor = True -> A36SD Severe = True

（7） A27DE Low = True，A24WS Little = True -> A36SD Severe = True

（8） A27DE Low = True，A21RQ Low = True -> A33 ER High = True

（9） A24WS Little = True，A11DQ Medium = True -> A36SD Severe = True

（10） A28SP Low = True，A19RQ High = True -> A31ER Low = True

（11） A21RQ Low = True，A1KT Rich = True -> A33ER High = True

（12） A21RQ Low = True，A6KF Low Dependency = True -> A33ER High = True

（13） A24WS Little = True，A21RQ Low = True -> A33ER High = True

（14） A30SP High = True，A17CS Medium = True -> A36SD Severe = True

（15） A30SP High = True，A27DE Low = True -> A36SD Severe = True

4.5.3.2 以进度压力（SP）为结果因子进行挖掘

我们仿照"鱼刺图"分析原理，进一步进行关联规则挖掘分析，以得到更根本的原因和更根本的关联规则，以便于我们从根本上规避IT项目风险。由以上关联规则挖掘结果可知，风险因子进度压力（SP）对IT项目风险影响较大，且进度压力（SP）风险因子层次较高，影响该因子的风险因子较多，故以进度压力（SP）为例对其进一步进行关联规则挖掘。我们设定进度压力（SP）作为挖掘模型的可预测项，除错误产生率（ER）和进度延迟（SD）两个因子外，其他风险因子作为生成规则的前项，做进一步挖掘，以发现更深层次的规则，来指导IT项目风险管理实践，挖掘结果如图4－24所示。

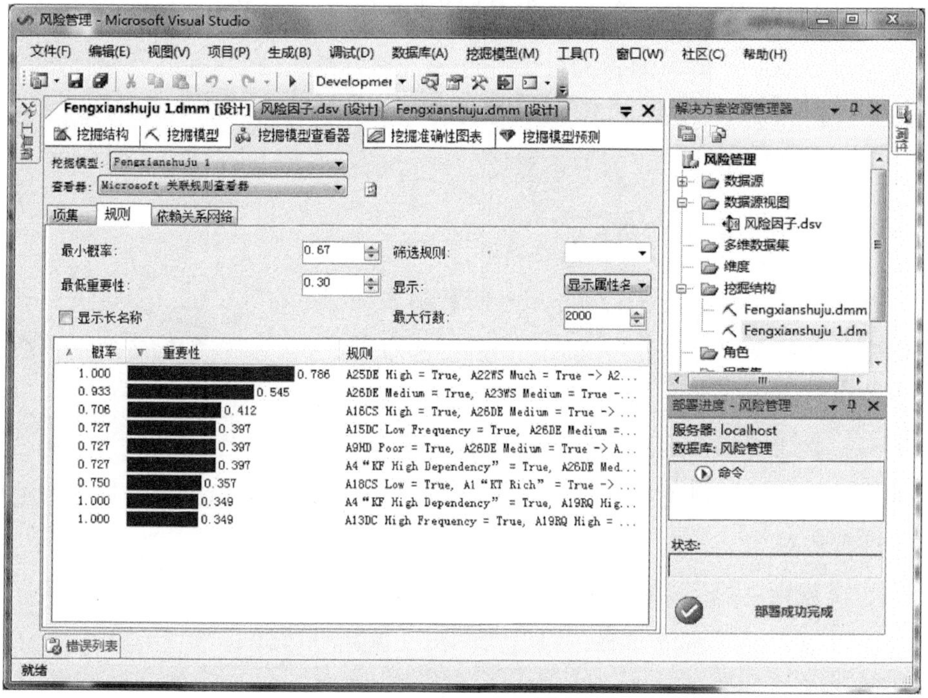

图 4-24　SP 关联规则挖掘结果

我们设定“规则”选项卡中“最小概率”为 0.67，“最低重要性”为 0.30，得到如下 10 条关联规则。

（1） A25DE High = True， A22WS Much = True -> A28SP Low = True

（2） A26DE Medium = True， A23WS Medium = True -> A29SP Medium = True

（3） A16CS High = True， A26DE Medium = True -> A29SP Medium = True

（4） A15DC Low Frequency = True， A26DE Medium = True -> A29SP Medium = True

（5） A9HD Poor = True， A26DE Medium = True -> A29SP Medium = True

（6） A4KF High Dependency = True， A26DE Medium = True -> A29SP Medium = True

（7） A18CS Low = True， A1 “KT Rich” = True -> A29SP Medium = True

（8） A4KF High Dependency = True， A19RQ High = True -> A29SP Medium = True

（9） A13DC High Frequency = True， A19RQ High = True -> A29SP Medium = True

（10） A24WS Little = True，A16CS High = True -> A30SP High = True

4.5.4 规则语义分析及其指导意义

4.5.4.1 规则语义分析

通过挖掘我们能够发现，并不是所有的规则都是有意义的。衡量关联规则挖掘结果是否有指导意义应该从多种角度来考虑。我们要得到的是规则存在且支持度和概率高，且有实际指导意义的关联规则。

（1）在4.5.3.1中，以错误产生率（ER）和进度延迟（SD）为结果因子进行挖掘，针对得到的关联规则进行筛选、分类、总结分析，对有价值的关联规则进行解释：

a. 由规则（1）（2）（3）（4）（8）（11）（12）可知：当A21需求说明质量（RQ）处于“Low”状态，即需求说明质量低时，

① A11 文档质量（DQ）中等；

② CS 客户支持中等；

③ A23 工作量估计（WS）准确度中等；

④ A15 开发者交流（DC）很不频繁；

⑤ A27 开发效率（DE）低；

⑥ A1 关键技术（KT）丰富；

⑦ A6 依赖关键人物（KF）程度低。

任一条件或比上述条件更差的情况与之同时发生时，都会导致A33错误产生率（ER）处于“High”状态，即错误产生率高。

b. 由规则（5）（6）（9）可知：当A24工作量估计（WS）处于“Little”，即工作量估计准确度低时，

① A26 开发效率（DE）中等；

② A3 关键技术（KT）短缺；

③ A11 文档质量（DQ）中等。

任一条件或比上述条件更差的情况与之同时发生时，都会导致A36进度延迟（SD）处于“Severe”状态，即进度延迟严重。

c. 由规则（14）（15）可知：当 A30 进度压力（SP）处于“High”状态，即进度压力大时，

① A17 客户支持（CS）中等；

② A27 开发效率（DE）低。

任一条件发生或比之更差的情况发生时，都会导致 A36 进度延迟（SD）处于“Severe”状态，即进度延迟严重。

（2）在 4.5.3.2 中，以进度压力（SP）为结果因子进行挖掘，针对得到的关联规则进行筛选、分类、总结分析，对有价值的关联规则进行解释。

a. 由规则（2）（3）（4）（5）（6）可知：当开发效率（DE）处于“Medium”状态，即开发效率中等时，

① A23 工作量估计（WS）准确度中等；

② A16 客户支持（CS）高；

③ A15 开发者交流（DC）不频繁；

④ A9 历史资料（HD）缺乏；

⑤ A4 依赖关键人物（KF）程度高。

任一条件或比之更差的情况发生时，都会导致结果 A29 进度压力（SP）处于“Medium”状态，即进度压力适中。

b. 由规则（10）可知：当 A24 工作量估计（WS）准确度低时，即使 A16 客户支持（CS）高，A30 进度压力（SP）也很大。

4.5.4.2　规则的指导意义

经过关联规则挖掘的运用，我们得到了风险因子间的关联规则，并对其进行了语义分析，联系 IT 项目风险管理的实际，将得到的关联规则应用于实践，发现其真正的指导意义。通过关联规则挖掘，我们得出了更加有意义的知识，得到了最初我们只掌握的风险因子局部概率中不能分析出来的、更加丰富有意义的风险知识，这对我们进行 IT 项目风险管理有非常重要的意义。

在研究的最初，我们知道的只是风险因子及其局部概率分布，经过贝叶斯网络建模我们可以直观地看到风险因子之间的影响关系，但经过关联规则的进一步挖掘，我们发现在贝叶斯网络模型中，相距较远、联系较少的风险因子间也存在着关联，从而能够根据需要挖掘出最彻底的大量风险数据中隐藏的知

识，将其显性化，指导 IT 项目风险管理实践活动。

结合发现的关联规则与最初贝叶斯网络模块中风险因子的局部概率分布，我们经过分析可知：

（1）在 IT 产品开发项目需求分析阶段，两个结果指标错误产生率（ER）和进度延迟（SD）所受影响的风险因子中，需求说明质量（RQ）、工作量估计（WS）和进度压力（SP）这三个风险因子对 IT 项目风险的影响较大。当这三个条件处于较差的状态时，其他因素错误产生率（ER）和进度延迟（SD）处于风险状态的概率较大。因此，在对 IT 项目需求阶段进行风险管理时，应重点关注需求说明质量（RQ）、工作量估计（WS）和进度压力（SP）这三个风险因子的状态，着重解决与其相关的实际问题。提供充足的资源，通过充分掌握关键技术（KT）等提高需求说明质量（RQ）；通过利用丰富的历史资料（HD），尽可能详细地记录文档资料，以准确地做出工作量估计（WS）；通过充分与开发者交流（DC），获得客户较大支持等途径以提高 IT 产品开发效率，降低进度压力（SP）。

（2）以进度压力（SP）为例，进一步进行挖掘分析，发现开发效率（DE）和工作量估计（WS）风险因子对其影响较大，应在 IT 项目风险管理实践过程中，加强对该风险因子的管理和控制，通过提高开发效率，对工作量进行准确的度量，减小进度压力，从而尽可能避免进度延迟，降低由于进度延迟带来的 IT 项目风险的发生率，降低由于进度压力过大，开发人员出现应付、时间紧张、准备不充分造成的错误产生率，从而促进 IT 项目顺利完成。

（3）由以上挖掘可以看出，我们可以对风险数据进行多次挖掘，仿照“鱼刺图”分析原理，建立多个挖掘模型，以发现我们需要的更深层次的关联规则，从最根本的风险因子出发，从根本上降低风险发生的可能性，指导 IT 项目风险管理实践活动。

（4）对于挖掘得到的关联规则，我们还可以分条进行分析，将风险知识更加彻底地挖掘出来。如以进度压力（SP）为结果因子进行挖掘得到的关联规则，在贝叶斯网络中由于依赖关键人物和需求说明质量，风险因子并不与进度压力因子直接联系，故我们很难发现它们间的相互影响关系。但由得到的关联规则，我们可以发现，当对关键人物依赖的程度高时，即使需求说明质量也很高，也会对进度压力造成影响。以此为例，对得到的关联规则进行更加细致的分析，就能够发现我们要得到的更加隐蔽的风险知识。

对于挖掘出来的关联规则，大致可分为以下几类：

（1）规则存在并且支持度、概率和重要性高，实际指导意义不大或者没有。

如上述中规则（13）相比于规则（3），规则（3）说明当需求说明质量（RQ）处于“Low”状态，工作量估计（WS）处于“Medium”状态时，错误产生率（ER）处于“High”状态；若规则（13）中工作量估计（WS）处于“Little”状态则是规则（3）更差的状态，其意义包含在规则（3）之中，故其实际指导意义并不大，此类规则不是我们要挖掘的有意义的规则。

（2）规则存在并且支持度、概率和重要性高，有实际指导意义。

此类规则是我们做数据挖掘工作所要实现的目标，发现有实际指导意义的关联规则，经过筛选、总结和解释之后，用以指导所研究内容，就是规避 IT 项目风险，提高成功率。

（3）规则存在并且支持度、概率和重要性不高，但有实际指导意义。

此类规则不太容易被发现，因为我们在筛选时，往往会将兴趣度（支持度、置信度、概率或者重要性等）排除在有价值的规则之外。要发现此类关联规则，还需要我们进一步付出努力，进行查找发现。

我们以 IT 项目开发过程中需求分析阶段为例进行分析，由以上关联规则挖掘可知，在 IT 项目需求分析阶段的风险管理实践过程中，我们应注重需求说明质量（RQ）的高低，其对需求分析阶段错误产生率和进度延迟有很大影响：需求说明质量低，会导致错误产生率高。对其进行进一步分析，影响需求说明质量的风险因子关键技术、关键人物和历史资料的程度都是重要管理和监督对象，对整个 IT 项目的成败有着深远影响。在对 IT 项目需求阶段进行风险管理时着重解决与其相关的实际问题。提供充足的资源，充分掌握关键技术，合理安排工作任务，避免过分依赖关键人物等方法可提高需求说明质量。通过充分与开发者交流（DC），获得客户较大支持等途径提高 IT 产品开发效率，降低进度压力（SP）。

（1）工作量估计（WS）的准确度高低对进度延迟产生重要影响，要准备丰富的历史资料，防止反复的文档工作，避免由于此类原因造成的不必要的工作量过大，造成工作量估计准确度过低。利用丰富的历史资料，尽可能详细地记录文档资料，以准确地做出工作量估计。避免对项目进度产生较大压力，进而加大 IT 项目风险。

（2）注重提高开发效率（DE），增加开发人员之间的交流，多与 IT 产品使用方即客户沟通。通过提高开发效率，对工作量进行准确的度量，减少进度压力，从而尽可能避免进度延迟，降低由于进度延迟带来的 IT 项目风险的发生率，降低由于进度压力过大，开发人员出现应付、时间紧张、准备不充分造成的错误产生率，从而促进 IT 项目顺利完成。这样可以避免各开发人员间由于信息不畅造成的无用工作量增大，可及时调整 IT 产品开发过程中的具体细节和方向，使 IT 产品更加符合 IT 产品使用者的要求，更加适合应用于实践活动中，提高 IT 项目成功率，提高 IT 产品使用方的满意度。

（3）注重降低进度压力（SP），由挖掘结果可知，影响进度压力的两个主要因子是开发效率和工作量估计，且进度压力过高会导致较高的错误产生率，造成进度延迟严重。因此，要注重工作量估计的准确性和开发效率的高低，努力减少进度压力，对降低 IT 项目风险有着重要作用。

（4）经过以上研究分析，要想做好知识发现和管理，就要在技术上有所突破，有所创新。风险数据是整个过程的基础，这就要求企业不断积累开发经验，总结失败教训，不断创新知识发现与管理方法。同时，IT 产品开发过程中需要大量的关键技术，依靠相关专家，所以企业还要注重相关人才的培养。此次研究综合运用关联规则挖掘与贝叶斯网络，开拓了 IT 项目风险管理的新思路。

IT 项目风险管理，既要客观定量分析，也离不开主观定性判断。风险管理既是科学也是艺术。我们在希望得到大批的量化答案的同时，又得以均衡地艺术性解决问题，所以不能忽视或过于强调单方面。我们既不能容忍过于追求技术，也不能容忍仅靠直觉、凭经验办事。更加合理地降低 IT 项目风险，是我们追求的目标。

本章小结

IT 产品集成商作为一个重要的 IT 项目利益相关者，在 IT 产品整个供应链条中发挥着重要的作用。本章基于 IT 产品集成商的角度，结合知识经济时代对 IT 行业的转型要求，探索新时期风险管理的创新模式，把知识管理、大数据及智能化融入风险管理过程，为 IT 项目风险管理的智能化提供支持。

参考文献

[1] YUE W, GUI W, CHEN X, et al. Knowledge Representation and Reasoning Using Self-learning Interval Type-2 Fuzzy Petri Nets and Extended Topsis [J]. International Journal of Machine Learning and Cybernetics, 2019.

[2] PENGFEI LI, KEZHI MAO, YUECONG XU, et al. Bag-of-Concepts Representation for Document Classification Based on Automatic Knowledge Acquisition from Probabilistic Knowledge Base [J]. Knowledge-Based Systems, 2020, 193.

[3] XIAOLI CHU, BINGZHEN SUN, QINGCHUN HUANG, et al. Quantitative Knowledge Presentation Models of Traditional Chinese Medicine (TCM): A review [J]. Artificial Intelligence In Medicine, 2020, 103.

[4] M. AREVALILLO-HERRÁEZ, D. ARNAU. Domain-Specific Knowledge Representation and Inference Engine for an Intelligent Tutoring System [J]. Knowledge-Based Systems. 2013, 49: 97-105.

[5] P. S. GONCALVES, P. B. TORRES. Knowledge Representation Applied to Robotic Orthopedic Surgery [J]. Robotics and Computer-Integrated Manufacturing, 2015, 33: 90-99.

[6] S. K. CHANDRASEGARAN. The Evolution, Challenges, and Future of Knowledge Representation in Product Design Systems [J]. Computer-Aided Design, 2013, 45: 204-228.

[7] M. L. ZENG. Knowledge Organization Systems [J]. Knowledge Organization, 2008, 35 (2-3): 160-182.

[8] A. SHIRI, S. CHASE-KRUSZEWSKI. Knowledge Organization Systems in North American Digital Library Collections [J]. Program: Electronic Library and Information Systems, 2009, 43 (2): 121-139.

[9] 韩毅，黄微，崔春. 语义网格环境下数字图书馆知识组织模型构建研究 [J]. 图书情报工作，2007 (08): 15-20.

[10] 陈光，蒋同海，王蒙，等. 自定义 SWRL 知识图谱推理补全插件的实现 [J/OL]. 计算机工程与应用：1-14 [2020-03-14]. http://kns.cnki.net/kcms/detail/11.2127.TP.20200226.1706.020.html.

[11] MENGDI JU, QUAN QIAN. Materials Knowledge Reasoning With Production Based System

[J]. Computational Materials Science, 2020, 173.

[12] E. GRABSKA, G. LUSARCZYK. Knowledge and Reasoning in Design Systems [J]. Automation in Construction. 2011, 20: 927 - 934.

[13] SAINT - DIZIER P, MOENS M F. Knowledge and Reasoning for Question Answering: Research Perspectives [J]. Information Processing & Management, 2011, 47 (6): 899 - 906.

[14] R. COLOMO - PALACIOS, E. FERNANDES, P. SOTO - ACOSTA, et al. A Case Analysis of Enabling Continuous Software Deployment through Knowledge Management [J]. International Journal of Information Management, 2018 (40): 186 - 189.

[15] A. KHOSRAVI, A. RAZAK CHE HUSSIN, M. NILASHI. Toward Software Quality Enhancement by Customer Knowledge Management in Software Companies [J]. Telematics and Informatics, 2018 (35): 18 - 37.

[16] P. SAVOLAINEN, J. J. AHONEN. Knowledge Lost: Challenges in Changing Project Manager between Sales and Implementation in Software Projects [J]. International Journal of Project Management, 2015 (33): 92 - 102.

[17] FOOTE A R . Exploring Knowledge Management Models on Information Technology (IT) Projects [J]. Dissertations & Theses Gradworks, 2016. 58 (1): 89 - 97.

5 IT 产品供应链中相关行为主体博弈分析

IT 项目从发起、立项、招投标、建设到使用是一个复杂的系统工程，其中涉及多方利益主体，每个利益主体的出发点不同。这里我们以 IT 项目为例，如果我们以使用方为出发点，他们希望获得相应的 IT 产品或服务来提高其生产效率及效益，则 IT 产品开发商或 IT 产品集成供应商可看作其供应商，而在开发商与使用者之间可能还存在 IT 产品代理商，而 IT 项目在实施过程中往往还存在第三方监理，这就形成了一个特殊的供应链。众所周知，在这个供应链中，由于信息不对称，各利益相关者为了追求各自利益最大化，会产生一定的冲突，因此，如何协调不同行为主体之间的关系，从而达到供应链平衡，实现各方主体的共赢，对于规避 IT 项目的风险具有非常现实的意义。本章通过各主体之间的博弈分析，识别 IT 项目供应过程中的风险点，最终为风险规避提供解决方案。

5.1 IT 项目中的信息不对称现象

随着信息产业的不断发展，社会信息化的需求日益强烈，对信息的依赖性也越来越明显。信息产业作为高智能、高技术的一类行业，关系到国家的经济命脉，人们对其重视程度不断提高，IT 项目建设的数量也逐渐增加，对 IT 产品或服务要求越来越高，要求 IT 产品的功能越来越强大，这样成本就会提高。IT 产品相对于一般产品来说，具有智能性、无形性等特点。因此，IT 项目开发的过程中面临着极大的风险，例如质量风险、市场风险等，并且这些风险是不可控的，也是难以预测的。

在 IT 项目开发的过程中，涉及的价值链主体包括政府部门、IT 产品开发商、IT 产品代理商、第三方监理及 IT 用户等。在 IT 项目销售阶段，IT 产品开发商与 IT 产品代理商实质上是一种委托代理关系，IT 产品代理商有销售权，IT 产品代理商是否努力地销售产品，IT 产品开发商并不可知，这势必产生努力程度考量缺失引起的道德风险；而 IT 产品开发商与用户在签订协议之前，要进行信息沟通交流，IT 产品开发商为了自身利益最大化而只提供对自身有利的信息，规避一些不利的信息，这就造成了双方之间的信息不对称。在 IT 行业，IT 产品开发商对 IT 产品的质量及性能掌握得很透彻，但是缺少 IT 用户的需求信息；而 IT 用户对 IT 产品的技术信息几乎完全不了解，这就有可能导致 IT 产品开发商出现道德风险问题。当前，“捆绑”是网络环境下 IT 产品市场竞争中较为常见的营销策略，这些都是信息不对称的表现。具体如图 5 –1 所示。

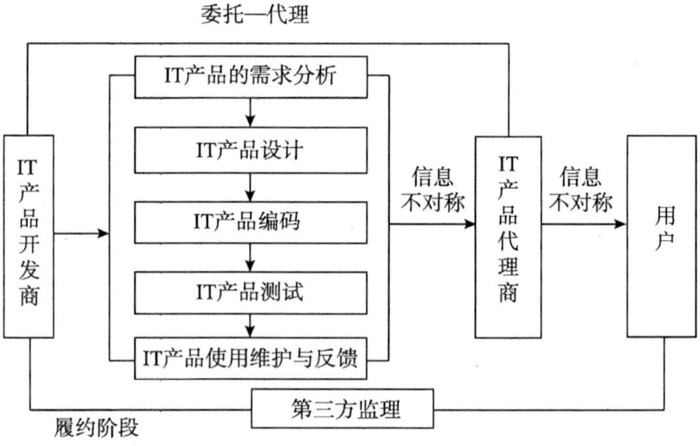

图 5 –1　IT 项目行为主体各阶段关系图

图 5 –1 清晰地展示了四方参与主体在整个 IT 项目活动中的博弈轨迹，由 IT 产品这一特殊产品联系在一起，第三方监理存在于整个 IT 项目活动中，在项目的不同阶段，由信息不对称造成的逆向选择与道德风险程度也不同，IT 产品开发的整个过程包括两个环境风险，一是内部环境风险，即 IT 产品自身所存在的风险问题；二是外部环境风险，即 IT 项目行为主体在信息交换的过程中产生的风险问题。总之，信息不对称现象普遍存在于 IT 行业中，信息不对称的存在不仅会增加市场交易的成本，还会破坏市场竞争秩序，降低市场运行效率，严重阻碍 IT 行业的发展。

5.2 IT 项目活动中的价值链主体

5.2.1 IT 产品开发商

IT 产品开发商在 IT 项目活动价值链主体中占有核心地位，IT 项目的开发过程可分为需求分析、IT 产品设计、编码实现、测试以及使用与维护等阶段，首先 IT 产品开发商会全面分析用户的需求并对市场进行预测。在与用户互动沟通的过程中，由于 IT 产品具有特殊的高科技含量的物质属性，势必造成 IT 产品开发过程具有极大的风险性和不可预知性。一个成功的 IT 项目需要有一个优秀的团队，包括分析师、数据库管理员、操作/支持工程师、程序员、需求分析师、测试人员等，各个角色拥有的专业知识不同，共同开展 IT 产品开发中的知识管理活动。

从经济学角度出发，IT 产品开发商以自身利益最大化为原则，无疑是想以最小投入成本获得最大利益，理性客观来讲，IT 产品开发商想以最小成本满足用户基本需求，抑或捆绑一些恶意插件获得隐性收入等。

5.2.2 IT 产品代理商

IT 产品代理商作为 IT 产品流通市场上连接 IT 产品开发商与用户的桥梁，也是提高 IT 产品开发商与用户信息不对称影响程度的一个重要成员。IT 产品开发商与 IT 产品代理商是一种委托代理关系，其实大多 IT 产品代理商对其销售的 IT 产品特性知之甚少。一方面，IT 产品开发商对 IT 产品代理商的能力不确定，无法确定其努力程度，存在信息不对称现象；另一方面，IT 产品代理商通过 IT 产品的实现功能来了解其属性，对 IT 产品的质量评估无从考量，只是单纯为了利益而向用户销售 IT 产品，势必将产生风险。

总之，IT 产品代理商作为 IT 项目活动中价值链的主体之一，IT 项目活动代理商在价值链中起到枢纽的作用，占有关键地位，IT 产品的特殊性质使它成为价值链的重要影响者和组成者。

5.2.3 IT 用户

在 IT 行业，IT 用户作为消费者，也是 IT 项目主体价值链中的最终端，对 IT 项目的知识储备量有限，对 IT 产品的技术信息掌握得并不充分，对 IT 项目行为主体风险意识也比较薄弱，以致频频出现 IT 产品开发商隐匿技术消息以欺诈 IT 用户，而 IT 用户的需求仅限于满足基本功能，并不要求额外附加条件，而 IT 产品开发商利用用户对 IT 产品了解甚少这一弱点，将有可能侵犯 IT 用户的利益以获得自身利益最大化。

IT 用户作为 IT 项目的最终使用者，往往也因 IT 产品特殊的物质特性而成为受害者。IT 产品市场上，用户在与 IT 产品开发商进行协商购买时，往往对 IT 产品的功能、技术水平、质量等信息掌握得不充分，面临着 IT 产品开发商的道德风险问题；IT 用户与 IT 产品开发商在签订契约前，面临着 IT 产品开发商资质的逆向选择风险；IT 用户在与 IT 产品开发商签订契约后，将面临 IT 产品开发商的道德风险，因此，IT 用户需要借助第三方监理有效监控 IT 项目开展的整个过程。

5.2.4 第三方监理

第三方监理主要是利用先进的检测设备和技术手段，有效监督 IT 产品开发商开发 IT 项目的过程。IT 项目活动分为三个阶段，即 IT 项目招标阶段、IT 项目实施阶段、IT 项目验收阶段。其中，在 IT 项目招标阶段，第三方监理主要负责了解用户设计需求，确定用户的系统需求，促使招标文件与工程项目的需求、目标和范围相符，协助用户完善 IT 项目的招标工作以选定合适的 IT 产品开发商，促使 IT 用户与 IT 产品开发商执行稳妥有序的合同签订过程，保证 IT 项目合同的合理性和有效性。在 IT 项目实施阶段，第三方监理主要负责审核 IT 产品开发商的 IT 产品需求分析文档、IT 产品设计文档，争取满足系统需求设计方案的要求。在 IT 项目验收阶段，主要协助 IT 产品开发商、IT 用户进行项目的移交工作，促使项目顺利完成。

在 IT 项目活动中引入第三方监理，可以降低 IT 项目活动中的风险，保障

IT 项目投资的有效性，可以有效降低项目实施过程中的信息不对称程度。第三方监理针对项目的特点，开展行之有效的监理工作，通过质量控制、进度控制、投资控制等不同的方式，力求工程质量达到用户需求、相关标准和规范要求，保证 IT 项目按照合理的进度实施。

5.2.5 政府

IT 项目风险问题关系着 IT 行业的命脉，不仅关系到 IT 行业的增速，还会进一步影响经济的稳定和发展。政府作为管理部门，在 IT 项目行为主体价值链中扮演着控制者和引导者的角色。随着经济水平的不断提高，物欲横流的现象也时有发生，很多 IT 产品开发商因为利欲熏心，凭借 IT 产品是一种智力产品，不同于其他工业产品的特性，提供低质量的 IT 产品，或者以各种欺诈方式侵犯消费者权益，造成 IT 产品市场混乱。信息不对称造成的 IT 产品市场失灵问题，单纯依赖市场自身调节无法解决。这时，需要政府通过对 IT 行业进行有效监管，发挥其调控功能，对各环节实施强制管控，保障 IT 行业秩序，保障消费者利益。

5.3 IT 产品供应链中各主体信息不对称的根源

信息不对称是项目主体行为风险的关键成因。在整个 IT 项目活动中，IT 产品开发商与代理商之间、IT 产品开发商与用户之间、代理商与用户之间都会存在着信息不对称现象。

1. IT 产品开发商与代理商之间的信息不对称

IT 产品开发商负责开发 IT 产品，代理商负责销售 IT 产品，但代理商不了解 IT 产品的真实核心技术信息。IT 产品开发商与 IT 产品代理商实际上是一种委托代理关系。代理商受开发商委托，对 IT 产品进行销售，IT 产品开发商是委托人，代理商是代理人。在 IT 产品开发商选择代理商时，对代理商的销售能力、努力程度等并不清楚，成为信息的劣势方。在签订委托合同之前，IT 产品开发商与 IT 产品代理商之间由于存在信息不对称而容易发生逆向选择行为。而签订委托合同之后，将面临代理商的道德风险。因为代理商的努力程度是不确定的，此时IT产品开发商处于信息劣势位置，双方均从自身效用最大化出发，如果在合同中标明任务量与对应的薪酬，代理商为了自身利益最大化，所努力的程度肯定是不同的。

2. IT产品开发商与IT用户之间的信息不对称

IT用户在选择需要付费购买的IT产品时，如果市场上同一种类的IT产品有很多，并且质量有好有坏，IT产品开发商对质量差的IT产品将会积极地以低价等手段进行销售，而IT用户却对所有IT产品的真实性能都一无所知，那他们必然会倾向于购买价格较低的IT产品，迫使成本投入较高，质量较好的IT产品退出竞争，造成市场效率下降，最终导致整个市场的萎缩。现实中这种信息不对称引发的问题还有很多：尽管有的IT用户为了保证IT产品质量而选择购买价格较高的优质IT产品，但是在使用后可能会发现该IT产品无法真正地满足自己的需求，也就是说IT产品并不能实现自己想要的某些功能，或者觉得IT产品在操作步骤上过于烦琐，难以掌握，在实际的使用过程中存在使用障碍等。这种现象在IT产品市场中很普遍，除了IT用户不了解IT产品的性能信息外，IT产品开发商对IT产品的功能描述不清楚以及IT用户自身认知水平的限制也是比较重要的因素。在那些提供免费下载的共享IT产品领域里，这种信息不对称的问题同样存在，只是给IT用户造成的损失更加隐蔽而已。这就导致产生了逆向选择现象。

IT产品开发商与用户签订协议后，仍将面临IT产品开发商的道德风险。比如，售后IT产品更新和升级付费、捆绑IT产品或插件、窃取或泄露用户数据信息等，都将侵犯到IT用户的权益。

5.4 信息不对称下IT项目行为主体产生的风险问题分析

5.4.1 逆向选择模型

在IT项目招投标阶段，由于IT产品开发商与IT用户存在着严重的信息不对称，一些IT产品开发商为了与IT用户达成协议，往往夸大项目回报的真实能力，甚至对一些存在的漏洞或市场风险进行回避，这无疑是间接损害了 IT 用户的权益。而 IT 用户在选择 IT 产品开发商的时候，出现了逆向选择现象，一些高质量的 IT 项目开发商会因为要价高而被 IT 用户所忽略，从而退出 IT 产品市场的竞争。

用一个简单的模型来说明这个问题：假设在 IT 项目产业中存在多个 IT 产品开发商 T 与 IT 用户 R，IT 产品开发商知道自己的项目质量 θ，而 IT 用户不了解，但是 IT 用户知道 θ 的分布函数 $F(\theta)$；假设 $V(\theta)$ 为 IT 用户对项目质量的评价，$U(\theta)$ 为 IT 产品开发商对项目质量的评价；IT 用户根据对市场的估计决定出资 P，如果 IT 产品开发商接受，则 IT 用户的效用为 $\prod T = V(\theta) - P$，IT 产品开发商的效用为 $\prod R = P - U(\theta)$，如果资金无法满足 IT 产品开发商的需要而使交易没有达成，则 $\prod T = \prod R = 0$。

在上述信息不对称模型中，逆向选择是怎样出现的，而逆向选择会造成怎样的后果呢？

1. 当 IT 产业中某个 IT 项目的质量只有两种类型时

这是一种最简单的情况，假设 IT 产品开发商的项目质量有两种类型：高质量项目 $\theta = 4$，低质量项目 $\theta = 2$，每种类型的概率分别为 50%。如果用户知道项目的质量，那么他愿意为高质量项目出资，则 $P = 4$，为低质量项目出资，则 $P = 2$；当用户不清楚项目的质量时，根据市场中两种不同质量的项目的概率分布情况，判断出项目的平均质量 $\theta = 3$，因此愿意投入的最高资金为 $P = 3$；但在这个资金额的情况下，高质量项目的 IT 产品开发商将无法提供项目的开发，最后只能退出市场。IT 用户知道在出资 $P = 3$ 时，会有一部分高质量项目的 IT 产品开发商退出竞争，那么市场中低质量项目的概率增加，相应地，$P = 3$ 不再是均衡的资金数量，唯一的均衡金额是 $P = 2$，因此只有低质量项目能够与 IT 用户达成协议，高质量项目却退出市场。

2. 当 IT 项目的质量连续分布时

现在讨论当出资项目的质量 θ 呈连续分布的情况。假定 θ 在区间［2，4］上是连续分布的，如果 IT 用户对项目的预期质量为 $\theta = 4$，则愿意投入资金 $P = 3$。可这时只有 $\theta \leqslant 3$ 的项目才能满足资金需求，达成交易，所有 $\theta > 4$ 的项目都将退出 IT 产品市场，结果市场上的投资项目平均质量也跟着下降，IT 用户当然清楚这种状况，他们愿意投入的金额又会进一步降低。如此类推，最后

唯一的均衡金额为 $P=2$，只有 $\theta\leq 2$ 的项目能够成交，所有 $\theta>2$ 的项目全部退出市场，也就是说只有质量最差的项目能够获得资金。又因为 θ 是连续分布的，$\theta=2$ 的概率为零，那么整个高质量项目市场将不存在。

5.4.2 道德风险问题

针对本书中行为主体1（IT产品开发商）与行为主体2（用户）双方博弈的过程，鉴于开发商在核心技术方面的优势，IT项目可能存在如下风险问题。IT项目开发的过程中，IT产品开发商掌握着IT产品的核心技术信息，而IT用户对此一无所知，IT产品开发商完全有可能根据自身掌握的信息优势而做出对IT用户不利的行为，从而使自身可以获得最大的收益。因此，IT用户面临着IT产品开发商的道德风险。该风险包括以下几种类型。

1. 售后IT产品更新和升级付费的道德风险

作为一种信息技术产品，IT产品经常进行必要的更新和升级。计算机硬件的不断更新、IT产品开发技术的创新、IT产品自身功能的完善、IT产品漏洞的修补等因素都会导致IT产品的更新换代，开发商对这些信息的掌握要比消费者更加充分和准确，更加清楚IT产品是否需要升级。因此，一些开发商为了增加收益，对IT产品的升级速度过快，消费者购买IT产品后还需要不断地付费升级才能继续正常使用，这种行为严重损害了用户的利益。

2. 捆绑IT产品或插件的道德风险

IT产品开发商通过所谓的扩展功能来实现主体IT产品以外的营销模式以达到营利目的，这给IT产品厂商带来了巨大的实惠。然而，有些IT产品捆绑的是恶意病毒，可能造成计算机死机，被默认安装进去的捆绑插件无疑对用户造成了困扰，通常，IT产品厂商拥有IT产品的全部源代码，并不会向用户透露真实捆绑插件的信息。

3. 窃取或泄露用户数据信息的道德风险

在IT行业，IT产品开发商拥有全部IT产品的核心技术信息，完全有能力让用户暴露在数据信息泄露的风险中，在与用户洽谈的时候，为达到自身利益最大化，会规避用户的需求，隐匿泄露用户数据的技术信息。另外，在IT项目立项阶段，IT产品开发商与用户前期洽谈成功，然后生产出的IT产品安全性能低，容易受黑客的攻击，从而造成用户数据泄露。

4. IT 产品的“暗箱操作”问题

IT 产品的“暗箱操作”问题是指，IT 产品开发商在研发该 IT 产品的时候，设置一道程序可以从该入口登录并操作 IT 产品平台。这一技术信息在 IT 项目立项阶段不会告知用户，这无疑侵犯了 IT 项目用户的权益，由于 IT 产品特有的物质属性，造成了 IT 项目中不透明化，用户很大程度上不了解 IT 产品真实的技术信息。

5.5　IT 项目行为主体行为博弈分析

通过对当前 IT 行业的发展现状与问题分析，可以得出，IT 行业存在着普遍的风险问题，IT 产品是一种抽象的逻辑实体，与其他物质产品不同，人们无法看到 IT 产品本身的形态，必须通过仔细分析与观察才能了解它的功能，在设计开发过程中会面临极大的困难，复杂程度也相应地增加，而 IT 项目行为主体直接主导着 IT 项目开发过程的趋势。

IT 项目主体包括 IT 产品开发商、IT 产品代理商、IT 用户、第三方监理及政府部门，各项目主体承担不同的角色，存在合作与竞争关系，因此展开了一场博弈。IT 产品开发商与 IT 用户在招投标阶段博弈时，存在逆向选择的风险，生产不同质量 IT 产品的开发商将同时进行投标，IT 用户应规避其中的风险进而选择适合自身的 IT 产品开发商；IT 产品开发商与 IT 产品代理商实质上是一种委托代理关系，两者都是为了追求更大的收益，而 IT 产品代理商的努力程度 IT 开发商知之甚少，存在道德风险问题；IT 产品开发商、IT 用户及第三方监理方三者博弈产生的风险问题关系到整个项目的成败，如何降低项目风险并最大限度去规避，是本章的主要内容。

5.5.1　IT 产品开发商与用户在招投标阶段的博弈

1. 问题的提出

作为 IT 行业的载体，IT 项目数量逐步增加，招投标是商品经济发展到一定阶段的产物，是一种特殊的商品交易形式。IT 项目招投标可以看作 IT 产品开发商与 IT 用户之间的博弈。从经济学的角度来讲，招标投标是降低用户与开发商信息不对称及其博弈的过程。投标人为了能够提高中标率，会依据他们的生产成本制定最有竞争力的竞标价，这在一定程度上发挥了招投标制度的信息提示和信息传播功能。因此减少了交易过程中信息不对称的情况，并发现局部均衡价格，使得 IT 产品开发商与用户之间达到收益均衡。与此同时，投标商在竞标时的博弈会带来激烈的竞争，由此压低标价，中标结果往往对招标人有利[1]。

IT 项目投标，是 IT 行业极其重要的一个环节，是其他各个环节中风险管理的基础。对风险的控制，要从源头开始探索分析[2]。招投标市场复杂多变，竞争对手复杂多样，这些都需要在投标时就考虑清楚。如果投标时不能正确估测项目风险，那么在项目实施中，出现预算超支、质量无法满足客户需求、进度延迟、计划修改、利润受损等问题的可能性会更大，以致整个项目工程经济效益下降甚至亏损。因此，研究 IT 产品投标项目的风险，具有很重要的现实意义。

本节在不完全信息的假设条件下，建立以 IT 产品开发商、IT 用户为 IT 项目招投标活动中的两方博弈模型，分析双方收益均衡，最后采用数值仿真的方法加以验证，力求为 IT 项目招投标活动提供一定的理论支持。

2. 问题的描述与模型假设

假设在 IT 项目招投标阶段由两方利益相关者参与，即只有 IT 产品开发商、IT 用户，没有涉及 IT 产品代理商及其他干系人。

假设 1 IT 产品招投标市场中有高质量（H）与低质量（L）两种 IT 产品开发商投标。高质量的 IT 产品开发商会提供真实的资料来证明公司的实力，投标成本为 C；低质量的 IT 产品开发商在投标时为了中标，提供虚假材料将自己伪装成高质量的开发商，假设溢出成本为 α，因此低质量投标成本为 $C+\alpha$。博弈双方开发商和用户都是理性人，都以利益最大化为他们的行为准则。

假设 2 高质量的开发商以概率 P 中标，高质量的开发商获得的净收益为 R_H-C，用户获得收益为 R。

假设 3 假如低质量开发商的伪装水平较高，用户难以分辨，对投标公司只能同等对待。低质量的开发商同样以概率 P 中标，取得净收益为 $R_L-C-\alpha$；

然而用户的收益难以保障，假设业主的收益为 $\sigma R(0<\sigma<1)$。如果低质量开发商以 $1-P$ 的概率被用户识别出自己的类型而不能中标，则其收益为 $-C-\alpha$，用户也将省去一部分损失即 R_0。政府管制与审核低质量开发商，惩罚成本为 K。

假设 4　该博弈为不完全信息博弈，用户不知道 IT 产品开发商的质量如何，因此，不知道他们的收益函数，为了便于分析，进行海萨尼转换，引入一个虚拟的参与人——自然人 N。自然人 N 首先行动，选择开发商的质量类型，IT 产品开发商知道自己的类型，而用户不清楚。

根据假设条件和行为策略，可以用以下博弈树描述整个博弈过程，如图 5-2 所示。

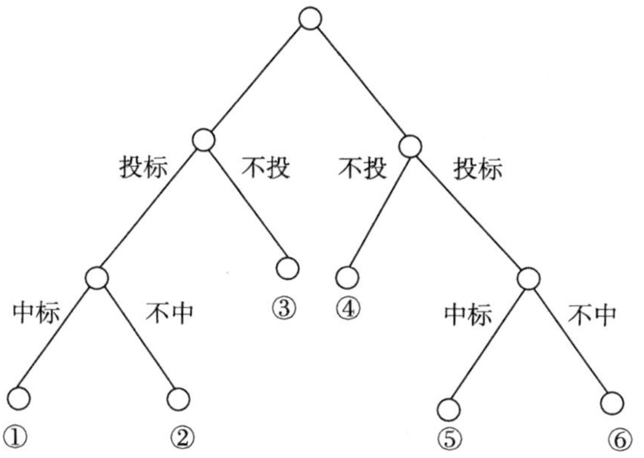

图 5-2　IT 项目投标博弈

具体每个节点的经济行为如下：

（1）表示高质量（H）的企业投标，中标后，企业所得的收益为 R_H-C；用户的净收益为 R。

（2）表示高质量（H）的企业投标，不中标，则高质量（H）的企业所得的收益为 $-C$；用户的收益为 R_0。

（3）表示高质量（H）的企业不投标，则高质量（H）的企业所得的收益为 0；用户的收益为 R_H。

（4）表示低质量（L）的企业不投标，则低质量（L）的企业所得的收益为 0；用户的收益为 R_L。

（5）表示低质量（L）的企业投标，中标后，低质量（L）的企业所得的收益为 $R_L - C - \alpha$；用户的收益为 σR。

（6）表示低质量（L）的企业投标，不中标，则低质量（L）的企业所得的收益为 $-C - \alpha$；用户的收益为 R_0。

在博弈的第一阶段，自然人 N 首先行动，选择开发商的类型分别为高质量（H）和低质量（L）类型，而用户不知道 IT 产品开发商的类型。

在博弈的第二阶段，开发商选择投标或不投标，高质量（H）的开发商投标的期望收益为：

$$E(\beta|H) = P(R_H - C) - (1 - P)C = PR_H - C \tag{5-1}$$

一般来说，$R_H \gg C$，也就是说，中标后的收益远远大于投标付出的成本，则高质量开发商投标的概率 $P(\beta|H) = 1$。

低质量（L）开发商投标的期望收益为：

$$E(\beta|L) = P(R_L - C - \alpha) + (1 - P)(-C - \alpha) = PR_L - C - \alpha \tag{5-2}$$

一般来说，$R_L \gg C + \alpha$，也就是说，中标后的收益远远大于投标付出的成本，因此低质量开发商投标的概率 $P(\beta|L) = 1$。

在博弈的第三阶段，用户的期望收益为：

$$\begin{aligned} E(A|\beta) &= P_{(H)}R + P_{(L)}\sigma R = P_{(H)}R + [1 - P_{(H)}]\sigma R \\ &= P_{(H)}(1 - \sigma)R + \sigma R \end{aligned} \tag{5-3}$$

只要当用户的期望收益不少于选择质量一般项目时的收益 R_ω，用户就会选择中标公司，即 $P_{(H)}R(1 - \sigma) + \sigma R \geqslant R_\omega$。

得出：$$P_{(H)} \geqslant (R_\omega - \sigma R)/(1 - \sigma)R = P^* \tag{5-4}$$

总之，当 $P_{(H)} \geqslant P^*$ 时，所有开发商都会投标，此时将无法剔除低质量的 IT 产品开发商，市场上将同时存在高质量与低质量的 IT 产品开发商，用户以概率 P 选择中标公司，使得用户无法达到利润最大化。

3. 结果分析与讨论

由式（5-2）可知，在不完全信息条件下低质量、低信誉的 IT 产品开发商是造成用户无法达到利润最大化的根本原因[3]。问题与惩罚成本 K 和低质量项目伪装成高质量所付出的成本 α 有关，可以通过政府管制、审核以提高用户的甄别能力，提高低质量开发商的伪装所付出的成本，加大惩罚力度：一旦提供虚假资料将给予严厉的处罚。通过以上措施，将避免用户的额外损失，减少了IT行业信息不对称现象，提高了用户的收益，最终达到利润最大化。

4. 数值仿真

为说明上述所建立逆向选择模型的内涵，直观地反映出惩罚成本 K 以及伪装成高质量开发商所付出的成本 α 是如何影响低质量的IT产品开发商收益的，从式（5－2）可知惩罚成本 K 与伪装成高质量开发商所付出的成本 α 是低质量IT产品开发商收益的减函数，利用Mathematica的数值模拟法对IT产品进行数值仿真。均假设取值区间为［0，1000］，只描述大体趋势，不仔细描述数字的单位。其结果如图5－3所示。

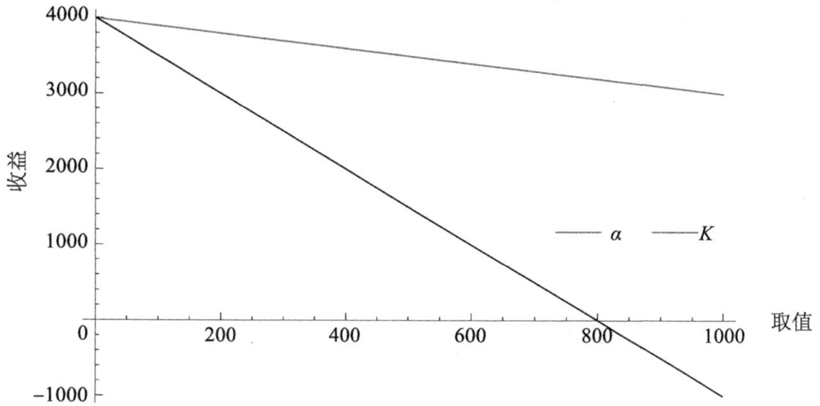

图5－3　惩罚成本 K 与伪装成本 α 影响收益关系图

5.5.2 引入第三方监理的IT产品开发商与用户在履约阶段的博弈

1. 模型假设

假设整个IT项目活动中由三方利益相关者参与，即IT产品开发商、IT用户和第三方监理，没有涉及IT产品代理商及其他干系人。

假设1　在履约阶段，IT项目参与主体IT产品开发商与IT用户达成协议后开展活动，IT产品开发商按照IT用户需求开发IT产品。博弈三方IT开发商、IT用户与第三方监理都是理性人，都以利益最大化为他们的行为准则。

假设2　引入的第三方监理由用户委派，例如高校、资质企业等，第三方监理对采取隐匿技术信息的开发商进行惩罚，惩罚函数设为 Z_1。

假设 3 经过第三方监理监管后，如果第三方监理发现隐匿行为，用户将给予第三方监理奖励 ω，用户有权选择验收 IT 产品开发商所研发的 IT 产品是否符合用户需求。

假设 4 假设参数定义为：用户接受的情况下，Q_1、Q_2、Q_3 代表 IT 产品开发商、用户、第三方监理未发生隐匿技术行为获得的收益；R_1 是 IT 产品开发商在满足用户的基本需求基础上，发生隐匿技术行为后的额外收益；C_1、C_2 表示未发生隐匿行为时开发商、用户投入的成本；用户拒绝的情况下，用户要求赔偿 q_1 表示 IT 产品开发商的收益；α_i 是第三方监管在监管过程中所消耗的精力程度，其中发生隐匿行为时，监管者所消耗的精力 i 随之增大。Z_1 为监管者对隐匿技术消息的 IT 产品开发商的惩罚值；本书假设惩罚开发商所得的收益归第三方监管所得。

参与三方概率分布如下：IT 产品开发商发生隐匿行为概率为 P_1，坦白技术信息行为概率为 $1-P_1$；用户成功接受的概率为 P_2，拒绝的概率为 $1-P_2$；第三方监理监管概率为 P_3，不监管的概率为 $1-P_3$。

2. 模型构建

根据 IT 项目履约实施阶段的实际情况，该模型中的局中人、策略集、可行局势、收益函数、稳定局势分析如下。

（1）局中人

假设有三个局中人：IT 项目开发商（D）、IT 项目用户（U）、第三方监理（A）。

（2）局中人的策略

IT 项目开发商与用户及第三方监理的策略集如表 5-1 所示。

表 5-1 博弈三方的策略集

博弈方	策略集
开发商	{隐匿技术信息} {坦白技术信息}
用户	{接受} {不接受}
第三方监理	{监管} {不监管}

其中技术信息包括植入 IT 产品“后门”、IT 产品付费升级、捆绑恶意 IT 产品插件等技术类信息。

在三方博弈的过程中，每个局中人都可以根据其他参与者选取方案后选择自己的对策。参与者都选定方案后，所得集合即为一个结局。本书中理论上冲突有 $2^4=16$ 种结局，但需排除不符合实际情况的局势。具体策略如图 5－4 所示。

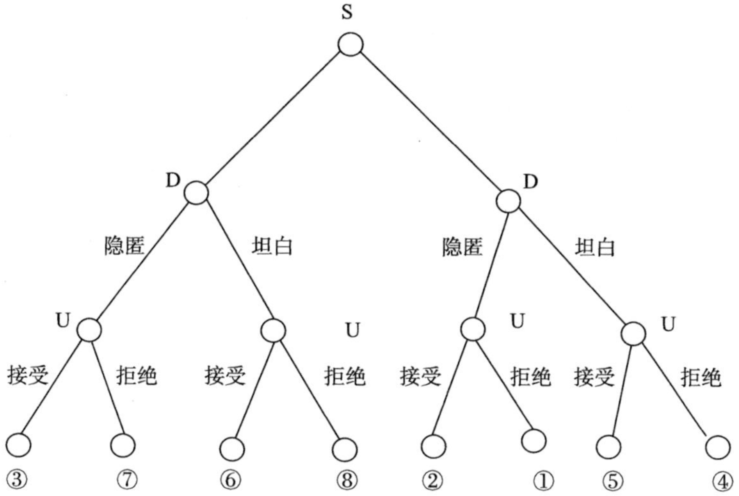

图 5－4 博弈三方决策树

（3）可行局势分析

在冲突事件的过程中，每个局中人都可以根据其他参与者选取方案后选择自己的对策[4]。冲突参与者都选定了方案后，所得集合即为一个结局。本书中理论上冲突有 $2^4=16$ 种结局，但需排除不符合实际情况的局势，最终得到本冲突的 8 个可行性局势（见表 5－2）。

表 5－2 IT 项目中冲突各参与者的可行性局势

局中人	行动方案	局势								
IT 产品开发商（D）	隐匿技术信息	0	1	1	1	0	0	0	1	0
	坦白技术信息	0	0	0	0	1	1	1	0	1
用户（U）	接受	0	0	1	1	0	1	1	0	0
第三方监理（A）	监管	0	0	0	1	0	0	1	1	1
局势向量代码		0	1	2	3	4	5	6	7	8

表5－2中“1”表示参与者选取该方案，“0”表示参与者没有选取该方案。分别给局势赋予一个代码，作为该局势的代码。

表5－2中未列出IT项目用户的方案“隐匿技术信息”和“坦白技术信息”，事实上，IT项目用户在采用“隐匿技术信息”方案后，就不能再选择“坦白技术信息”方案，因此以一种方案的组合即能表示全部方案的组合，为简洁起见，在此省略。

（4）局势偏好排序

将局势向量代码表示的局势根据冲突参与主体的利益最大化原则进行排序，IT产品开发商与用户根据收益矩阵来进行对策略的偏好排序[5]。从左到右依次从最优对策到最不优对策。

对于IT项目开发商来说，通过每个策略下收益函数的对比，可得出收益函数依次为2＞3＞5＞6，为达到自身利益最大化，尤其是针对IT产品植入“后门”问题，明显对IT产品开发商是一笔额外的收益，必然优先选择“隐匿技术信息”，并且希望IT项目用户选择“合作”。最后得出IT项目开发商的局势偏好排序如表5－3所示。

表5－3　IT产品开发商的局势偏好排序

局中人	行动方案	局势								
IT产品开发商（D）	隐匿技术信息	1	1	0	0	1	0	1	0	0
	坦白技术信息	0	0	1	1	0	1	0	1	0
用户（U）	接受	1	1	1	1	0	0	0	0	0
第三方监理（A）	监管	0	1	0	1	0	0	1	1	0
局势向量代码		2	3	5	6	1	4	7	8	0

对于IT项目用户而言，其收益在各个策略下比较可得出6＞5＞3＞2，其在IT项目实施过程中，希望开发商“坦白技术信息”，把IT项目的一些技术信息首先加以披露，以避免在使用IT产品的过程中发现上述道德风险问题而造成用户困扰，用户最终还是期望“合作”，与IT产品开发商洽谈成功，以达成协议。具体局势偏好排序如表5－4所示。

表 5－4 IT 项目用户的局势偏好排序

局中人	行动方案	局势								
IT 产品开发商（D）	隐匿技术信息	0	0	1	1	0	1	0	1	0
	坦白技术信息	1	1	0	0	1	0	1	0	0
用户（U）	接受	1	1	1	1	0	0	0	0	0
第三方监理（A）	监管	1	0	1	0	0	0	1	1	0
局势向量代码		6	5	3	2	4	1	8	7	0

结合表 5－3、表 5－4 做稳定性分析，从所有可行性局势中求得平衡局势。具体步骤如下：

① 确定单方面改进（*UI*）

假定 IT 项目用户不改变其策略，而工厂产品开发商单方面改进其策略使自己处境更好而形成单方面改进，即对于局中人工厂产品开发商（D）而言，考虑局势 q，如果改变自己的策略使 q 变为 q'，且 q'优于 q，则称对于开发商而言，q 存在单方面改进 q'，记作 *UI*[6]。

$q \rightarrow q'$，且 $q' > q$（D），则 $q' = UI$（D）。

以 IT 产品开发商的策略为例，如局势 5（0110），在用户选择了“合作”策略的情况下，从表 5－3 可看出，开发商更希望改进策略为 5（0110）。然后从表 5－3 可以看出，对于开发商而言，局势 2 排在局势 5 之前，因此局势 2 是局势 5 的单方改进局势。而局势 2 则无任何单方改进局势，是合理局势 r。以此类推可得出其他局势的单方改进局势。

② 确定冲突均衡结果

以 *UI* 为基础，可得到基本的个体稳定状态，合理性稳定局势（r）对于局中人 D 而言，考虑局势 q，如果不存在单方面改进，即无 *UI*，则称对于 D，q 是合理稳定的局势，对于局中人 D，局势 q 是最优的[7]。

IT 项目开发商的稳定局势集合是（2，3，1，0）。而 IT 项目用户的稳定局势集合是（6，5，3，1，0）。其中，本书 IT 项目参与主体的共同稳定局势集合是（0，3，1），由于局势 0（0000）表示双方没有选择任何策略，不符合实际研究情况，故应舍去，在收益矩阵中不难发现策略 1 与 0 的三方收益均为 0，应舍去。因此，局势 3（1011）便是全局的稳定局势。根据上述办法，对

表 5－3、表 5－4 中所有的局势进行稳定性分析，结果如表 5－5 所示。

表 5－5 稳定性分析

IT 产品开发商（D）	IT 产品开发商（D）的优先序								
局中人的稳定性	r	r			r				r
偏好排序	2	3	5	6	1	4	7	8	0
单方面改进			2	3		1		7	
用户（U）	IT 项目用户（U）的优先序								
局中人的稳定性	r	r	r			r			r
偏好排序	6	5	3	2	4	1	8	7	0
单方面改进				5	5		6	3	
					6				

③ 相关收益函数

IT 产品开发商发生隐匿行为概率为 P_1，坦白技术信息行为概率为 $1-P_1$；用户成功接受的概率为 P_2，不接受的概率为 $1-P_2$；第三方监理监管的概率为 P_3，不监管的概率为 $1-P_3$。表 5－6 为各个局势内博弈三方的收益矩阵。

表 5－6 博弈三方（IT 产品开发商、用户、第三方监理）的收益矩阵

博弈方	收益函数	概率
0	$(0,0,0)$	0
1	$(q_1,-q_1,0)$	$P_1(1-P_2)(1-P_3)$
2	$(Q_1+R_1-C_1,Q_2-R_1-C_2,0)$	$P_1P_2(1-P_3)$
3	$(Q_1+R_1-C_1-Z_1,Q_2-R_1-C_2,\alpha_i(Q_2-C_2)+Z_1)$	$P_1P_2P_3$
4	$(q_1,-q_1,0)$	$(1-P_1)(1-P_2)(1-P_3)$
5	$(Q_1-C_1,Q_2-C_2,0)$	$(1-P_1)P_2(1-P_3)$
6	$(Q_1-C_1,Q_2-C_2,\alpha_i(Q_2-C_2))$	$(1-P_1)P_2P_3$
7	$(q_1,-[q_1+\alpha_i(Q_2-C_2)],\alpha_i(Q_2-C_2))$	$P_1(1-P_2)P_3$
8	$(q_1,-[q_1+\alpha_i(Q_2-C_2)],\alpha_i(Q_2-C_2))$	$(1-P_1)(1-P_2)P_3$

注：收益函数中第一个矩阵代表 IT 产品开发商的收益；第二个矩阵代表用户的收益；第三个矩阵代表第三方监理的收益。

通过表 5－6，根据 IT 项目活动中三方关系人的博弈模型可知，三方关系人博弈的期望收益分别为：

① IT 产品开发商的收益均衡解

$U_1=P_1P_2(1-P_3)(Q_1+R_1-C_1)+P_1P_2P_3(Q_1+R_1-C_1-Z_1)+$

$$(1-P_1)P_2(1-P_3)(Q_1-C_1)+(1-P_1)P_2P_3(Q_1-C_1)+$$
$$P_1(1-P_2)(1-P_3)q_1+(1-P_1)(1-P_2)(1-P_3)q_1+$$
$$P_1(1-P_2)P_3q_1+(1-P_1)(1-P_2)P_3q_1$$

对上述函数进行求导，并使一阶导数等于0，也就是：

$$\begin{aligned} dU_1/dP_1 =& P_2(1-P_3)(Q_1+R_1-C_1)+P_2P_3(Q_1+R_1-C_1-Z_1)- \\ & P_2(1-P_3)(Q_1-C_1)-P_2P_3(Q_1-C_1)+(1-P_2)(1-P_3)q_1- \\ & (1-P_2)(1-P_3)q_1+(1-P_2)P_3q_1-(1-P_2)P_3q_1=0 \end{aligned}$$

可得：$P_3^*=R_1/Z_1$

② 用户的期望收益均衡解

为了简化计算，令 $q_2=\alpha_i(Q_2-C_2)$，则：

$$\begin{aligned} U_2 =& P_1P_2(1-P_3)(Q_2-R_1-C_2)+P_1P_2P_3(Q_2-R_1-C_2)+ \\ & (1-P_1)P_2(1-P_3)(Q_2-C_2)+(1-P_1)P_2P_3(Q_2-C_2)+ \\ & P_1(1-P_2)(1-P_3)(-q_1)+(1-P_1)(1-P_2)(1-P_3)(-q_1)- \\ & P_1(1-P_2)P_3(q_1+q_2)-(1-P_1)(1-P_2)P_3(q_1+q_2) \end{aligned}$$

对上述函数进行求导，并使一阶导数等于0，也就是：

$$\begin{aligned} dU_2/dP_2 =& P_1(1-P_3)(Q_2-R_1-C_2)+P_1P_3(Q_2-R_1-C_2)+ \\ & (1-P_1)(1-P_3)(Q_2-C_2)+(1-P_1)P_3(Q_2-C_2)+ \\ & P_1(1-P_3)q_1+(1-P_1)(1-P_3)q_1+P_1P_3(q_1+q_2)+ \\ & (1-P_1)P_3(q_1+q_2)=0 \end{aligned}$$

可得 $P_1^*=(Q_2-C_2+q_1+P_3q_2)/R_1$

将 $P_3^*=R_1/Z_1$ 与 $q_2=\alpha_i(Q_2-C_2)$ 代入上式解得：

$$P_1^*=[(Z_1+\alpha_iR_1)(Q_2-C_2)+q_1Z_1]/Z_1R_1$$

③ 第三方监管的期望收益均衡解

$$\begin{aligned} U_3 =& P_1P_2P_3[\alpha_i(Q_2-C_2)+Z_1]+(1-P_1)P_2P_3\alpha_i(Q_2-C_2)+ \\ & P_1(1-P_2)P_3\alpha_i(Q_2-C_2)+(1-P_1)(1-P_2)P_3\alpha_i(Q_2-C_2) \end{aligned}$$

对上述函数进行求导，并使一阶导数等于0，也就是：

$$\begin{aligned} dU_3/dP_3 =& P_1P_2[\alpha_i(Q_2-C_2)+Z_1]+(1-P_1)P_2\alpha_i(Q_2-C_2)+ \\ & P_1(1-P_2)\alpha_i(Q_2-C_2)+(1-P_1)(1-P_2)\alpha_i(Q_2-C_2)=0 \end{aligned}$$

可得 $P_2^*=\alpha_i(C_2-Q_2)/P_1Z_1$

把 P_1^* 代入上式可得：$P_2^* = \alpha_i R_1(C_2 - Q_2)/[(Z_1 + \alpha_i R_1)(Q_2 - C_2) + q_1 Z_1]$

3. 结果分析与讨论

由冲突分析模型得出均衡的稳定局势为局势 3，即 IT 项目开发商因为掌握核心技术信息而处在优势位置，而用户即使进行协商还是处于劣势位置。与现实状况完全拟合，从收益均衡解 IT 产品开发商隐匿技术信息的概率 $P_1^* = [(Z_1 + \alpha_i R_1)(Q_2 - C_2) + q_1 Z_1]/Z_1 R_1$ 可知，IT 产品开发商发生隐匿技术行为的收益越大，则用户采取“不接受”的风险越大，反而采取隐匿技术信息的概率越小；用户在接受的情况下，所获得的收益越大，IT 产品开发商发生隐匿技术行为的概率越大。

由 $P_2^* = \alpha_i R_1(C_2 - Q_2)/[(Z_1 + \alpha_i R_1)(Q_2 - C_2) + q_1 Z_1]$ 可知，软件用户是否接受软件开发商研发的软件的概率与 α_i 成一定程度正比，说明第三方监理在此活动中获得的收益越大，用户接受的概率越大，由于 R_1 与 Z_1 是同增减的，因此无法判定 $P_2{}^*$ 与它们的关系。

由 $P_3^* = R_1/Z_1$ 可知，由于 R_1/Z_1 是同时增长的，因此当 $R_1/Z_1 < 1$ 时，即 IT 产品开发商隐匿技术信息所得的收益小于第三方监理所获得的惩罚损失时，体现出引入第三方监理所达到的效果，并且有效地遏制 IT 产品开发商欺骗用户的不良行为。

4. 数值仿真

为说明所建立的博弈模型的内涵，以及进一步论证定理的科学性，我们通过 Mathematica 软件进行数值仿真。假设在某一时期内存在一项 IT 项目活动，其参与方为利益相关的三个主体，即 IT 产品开发商（主体1）、用户（主体2）和第三方监理（主体3），以下趋势图均假设取值只描述大体趋势，不仔细描述数字的单位。

（1）在完全信息下，根据均衡式子 $P_3^* = R_1/Z_1$ 可知，第三方监理监管的概率与 R_1、Z_1 有关，而 R_1、Z_1 是相互关联增长的，用户只有在预估 R_1 之后才能设定给予第三方监理的报酬，所以 Z_1 是不固定的。假设惩罚金额一定的情况下，单位为 1000 时，开发商所得隐匿收益越大，用户请到第三方监管的概率越大。如图 5－5 所示。

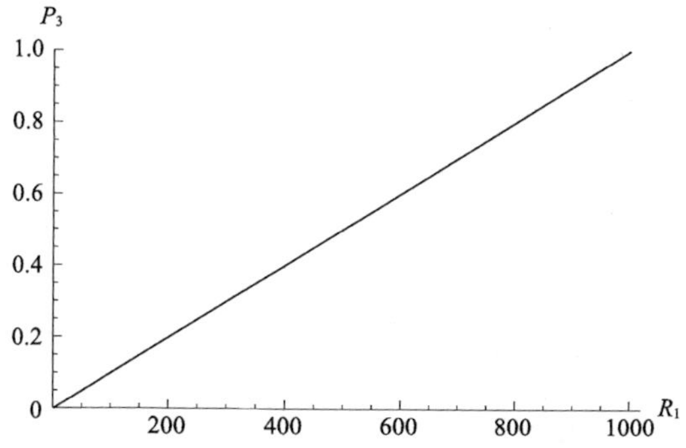

图 5-5 IT 产品开发商隐匿信息所得收益与第三方监理监管的概率关系

（2）在完全信息下，根据均衡式子 $P_1^* = [(Z_1 + \alpha_i R_1)(Q_2 - C_2) + q_1 Z_1]/Z_1 R_1$ 可知，开发商隐匿技术信息的概率与 $Q_2 - C_2$、Z_1 有关，降低用户通过项目活动所得的收益可以降低开发商隐匿技术信息的概率；提高处罚金额，可以降低开发商隐匿技术信息的概率。假设取值 $R_1 = 10$，$Q_2 - C_2 = 20$，$\alpha_i = 0.5$，$q_1 = 8$。如图 5-6 所示。

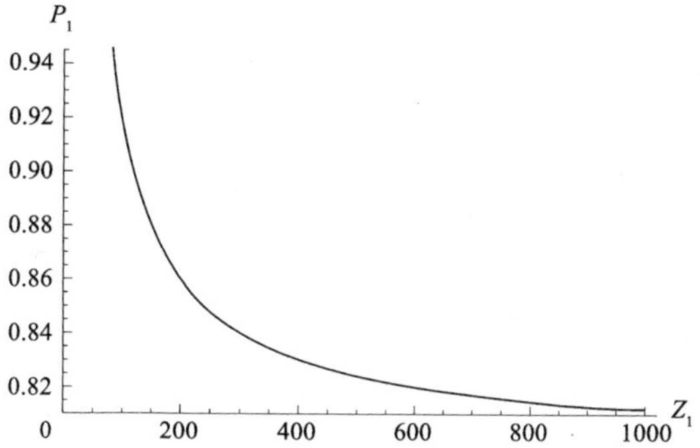

图 5-6 处罚金额与 IT 产品开发商隐匿技术信息的概率关系

5.5.3 IT 产品开发商与代理商在销售阶段的博弈分析

1. 问题的提出

IT 产品代理商在整个 IT 产品销售行为中起着至关重要的作用，本书通过建立两方博弈模型讨论 IT 产品开发商与代理商之间的博弈[8]。IT 产品开发商委托代理商对其 IT 项目进行销售，实质上是一种委托代理的博弈关系。在该委托代理关系中，IT 产品开发商在选择代理商时，只能通过代理商所提供的相关资料对其进行了解，对其销售能力、职业道德等信息都不了解。在 IT 项目活动中，由于代理商的工作成果有不确定性，因而处于信息的劣势；同样，代理商对开发商所研发的 IT 项目也是一知半解，双方在相互选择的过程中都面临一定的风险。因此，IT 产品开发商如何促使代理商的行为符合其利益，怎样提高代理商的努力程度是本小节研究的重点。

2. 问题的描述与模型假设

假设在整个 IT 产品销售过程中考虑 IT 产品开发商与代理商阶段的博弈，在 IT 产品销售过程中，三阶段博弈树中第一阶段是 IT 产品开发商的选择阶段，其有两种选择，一是选择代理商对其 IT 产品进行销售，另一种是不选择，如果 IT 产品开发商选择不委托，此时收益为 $R(0)$，若 IT 产品开发商选择委托代理商，则进入第二阶段。如果代理商选择拒绝，则收益为 0，此时 IT 产品开发商的收益为 $R(0)$，若代理商选择接受委托，则进入下一阶段。在第三阶段，若代理商选择努力，则 IT 产品开发商得到较高的产出 $R(h)$，同时要支付代理商较高的报酬 $W(h)$，此时代理商的收益函数为 $W(h)$，但有较高的成本付出，记为 $-h$。如果代理商选择偷懒，那么 IT 产品开发商得到收益为 $R(l)$，代理商相应地得到较低的报酬 $W(l)$，同时代理商成本也将降低为 $-l$，此时双方的收益函数分别为 $R(l)-W(l)$ 和 $W(l)-l$。

综上所述，得到 IT 产品开发商、代理商之间的动态博弈树，○表示博弈树的起点（起于 IT 产品开发商），●表示博弈树的终点，博弈树如图 5－7 所示。

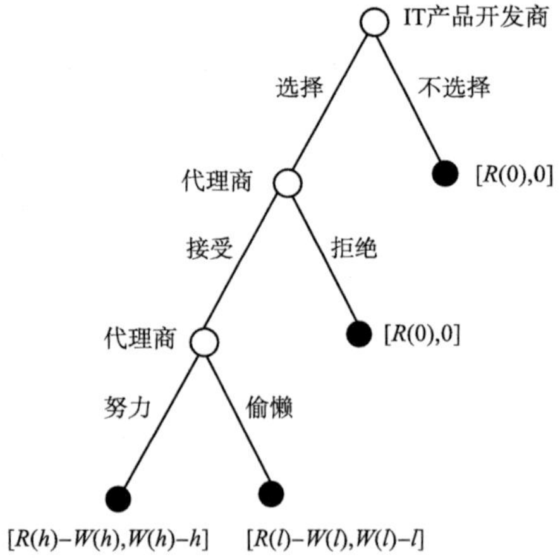

图 5－7　委托—代理三阶段动态博弈树

代理商作为博弈第三阶段的参与方，可以根据收益做决策从而使自己的利益最大化。首先讨论代理商在第三阶段选择努力还是偷懒，根据理性博弈方的决策可以得出，当 $W(h)-h>W(l)-l$ 时，代理商选择努力比选择偷懒的收益大，于是会选择努力。如果 IT 产品开发商提供的报酬 $W(h)=W(l)$，而代理商选择努力比偷懒所付出的成本大，则代理商会选择偷懒。

然后，在第二阶段，代理商所选择接受的条件是 $W(h)-h>0$ 和 $W(l)-l>0$，表明如果代理商接受，那么 IT 产品开发商需提供大于代理商的机会成本，也就是放弃其他机会的利益。

最后，在第一阶段，在努力的情况中，若 $R(h)-W(h)>R(0)$，则 IT 产品开发商将选择代理商，反之则不选择。同样在偷懒的情况下，若 $R(l)-W(l)>R(0)$，则 IT 产品开发商将选择代理商，反之则不选择。

3. 结果分析与讨论

站在 IT 产品开发商的角度考虑，一方面，IT 产品开发商要设立有效的激励机制，固定工资不可行，提高金额 $W(h)$ 或者降低金额 $W(l)$，同时需在保证代理商能接受的成本下，对于超额完成任务的代理商给予丰厚的奖励，对于没完成定额的，应扣罚薪酬。另一方面，在最初确定双方契约内容，如果代理商接受，就按契约所设定的执行，杜绝双方事后谈判，由于信息存在不可验证性，建议开发商采用相对绩效来降低风险成本。

4. 数值仿真

由上述模型中双方的收益函数分别为 $R(h)-W(h)$和 $W(h)-h$ 或者 $R(l)-W(l)$和 $W(l)-l$ 可知，IT 产品开发商支付的报酬是由 IT 产品代理商努力程度而决定的，如果代理商努力与偷懒所获得报酬相同，代理商更倾向于选择偷懒，$W(h)$ 与 $W(l)$ 通过变量 x 努力程度而变化，且成正比。根据上述模型使用 Mathematica 进行数值模拟，得出结果如图 5－8 所示。

本章分析了整个 IT 项目活动中 IT 产品开发商、代理商、用户及第三方监理各参与主体的博弈过程，根据博弈均衡结果分析 IT 项目活动中的风险影响因素并采用 Mathematica 软件对博弈关系进行数值模拟仿真，最终得出结论。

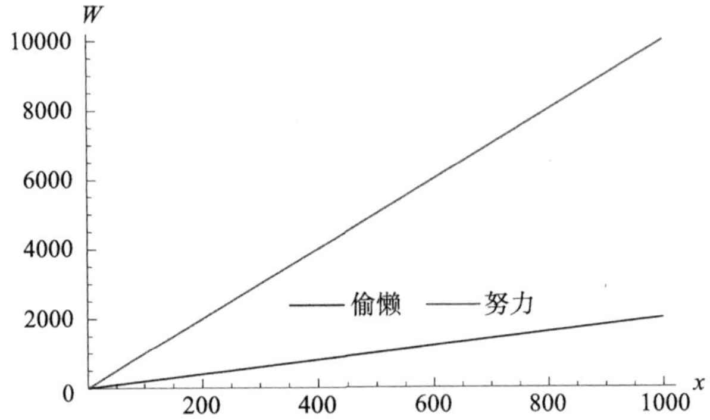

图 5－8　报酬与偷懒及努力程度关系图

5.6　信息不对称下 IT 项目行为主体的风险防范

5.6.1　问题的提出

在 IT 行业中，IT 产品本身具有高质量、高技术、高价值的特点，信息不对称就会客观存在[9]。IT 项目行为风险产生的根源是 IT 产品开发商与 IT 用户在进行信息传递的过程中发生的逆向选择与道德风险。IT 企业实施 IT 项目的过程是 IT 产品开发商与用户之间的合作博弈与动态博弈过程，前面充分说明了在信息不对称的情况下，IT 项目行为主体在博弈过程中会面临极大不可控的风险。由于信息不对称会带来风险，产生逆向选择与道德风险问题，逆向选择问题出现在签约之前，而道德风险问题出现在签约之后的履约阶段。因此，从根本上讲，IT 项目行为主体风险防范就是解决 IT 项目开发商与用户之间的逆向选择和道德风险问题的关键。这里就如何减少信息不对称带来的风险进行讨论，建立信号传递模型、信息甄别模型及信息激励模型来演示改善 IT 项目风险的程度变化轨迹，最后 IT 项目用户应积极地收集有关 IT 项目的全部信息，以规避 IT 产品开发商伪装成高质量开发商的风险。

5.6.2 解决逆向选择产生的风险问题

逆向选择问题产生的根源是缺乏信息沟通的桥梁[10]。逆向选择产生的风险问题可以通过信息传递与甄别模型和建立并完善约束机制两种方式得到解决，本章首先建立信号传递和甄别模型分析信号传递如何减少信息不对称，对模型结果加以分析来规避 IT 项目主体行为的风险。

假设一个 IT 项目活动中有三方利益相关者参与，分别是高质量的 IT 产品开发商 H、低质量的开发商 L 与用户 U。

假设 1 在 IT 产品市场中，资质证书 C 作为可以被用户考量的一个信号，不考虑其他信号，用户根据资质证书 C 来推测 IT 产品开发商的能力并提供相应的报酬 P，因此报酬 P 与资质证书 C 的函数关系为：$P=P(C)$。

假设 2 将 IT 产品开发商抽象成两类，一类是高质量开发商，另一类是低质量开发商，高质量开发商所消耗的成本 F 与产品的质量 Q 成正比。因此，C 越强，成本 F 越高。假设高质量 IT 产品开发商与低质量 IT 产品开发商开发的 IT 产品的成本分别为：$F(H)=C, F(L)=0.6C$。

假设 3 假定三者为理性经济人，追求自身利益最大化，风险中性，三方的策略都是最优的，IT 用户 U 所提供的报酬 P，依据为 IT 产品开发商发送的资质证书 C 这一信号。

假设 4 此模型假定不考虑低质量开发商伪装成本问题，只考虑信号传递所带来的影响，高质量 IT 产品开发商所得收益为 $V(H)$，低质量 IT 产品开发商所得收益为 $V(L)$。

根据假设可得高质量与低质量的 IT 产品开发商各自收益函数分别为：

$$V(H)=P-C \tag{5-5}$$

$$V(L)=P-0.6C \tag{5-6}$$

根据收益函数描绘出两类 IT 产品开发商的无差异曲线。如图 5-9 所示。

由图 5-9 可知，低质量 IT 产品开发商的无差异曲线较为陡峭，高质量 IT 产品开发商的无差异曲线较为平缓，这是因为高质量开发商比低质量开发商所获取资格证书 C 的能力所付出的要少，通过发送资格证书 C 这一信号来评定 IT 产品开发商的能力程度，从无差异曲线上来看，高、低质量的 IT 产品开发

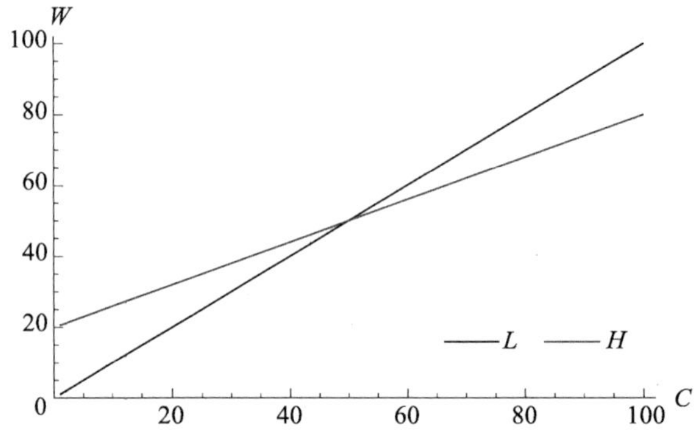

图 5－9　高、低质量 IT 产品开发商成本与收益关系图

商便会得到分离，当 IT 用户评定一定指标时，会筛选一部分低质量 IT 产品开发商，IT 用户得到的信号越多，低质量的 IT 产品开发商越不容易蒙混过关。

上述理论模型和案例充分说明了在信息不对称的情况下，IT 行业市场失灵的后果严重，IT 行业面临着巨大的风险。由于信息不对称会带来风险，各 IT 项目行为主体应积极地收集相关项目信息，以规避逆向选择风险，但由于完全了解和掌握企业之间的信息不对称是不可能的，任何 IT 项目开发的过程中都面临着信息不对称带来的风险。

1. 利用信息甄别机制

信息甄别是 IT 产品开发商选择 IT 产品代理商的过程，IT 产品代理商知道自己的类型，而 IT 产品开发商不知道。因此，IT 产品开发商提供多种形式的合同让 IT 产品代理商进行选择，IT 产品代理商根据自身情况选择签订合同，依据合同出谋划策。比如，IT 产品开发商可以预先设定项目实施原则、方法、手段等，制订包括约束和激励条款，特别是与 IT 产品代理商的收益和经营业绩挂钩等内容的合同，供代理商选择。

2. 建立信息筛选机制

根据信号传递模型可知，通过 IT 产品开发商发送的信号有助于 IT 用户了解 IT 产品开发商的技术能力及经验等信息，当多种信号发送给 IT 用户时，建立信息筛选机制便能自动进行信息的分类与汇总，也就是说将代替人工审核虚假信息，将真实有效的信息进行自动分拣，这将提高 IT 项目信息处理的效率，降低 IT 项目信息处理成本。IT 项目信息筛选机制主要对 IT 项目各行为主体的信息进行筛选与分类，可以验证 IT 产品开发商的资质真伪程度和质量能力问题，可以调节 IT 项目过程中信号传递及信息甄别所实现的功能，为 IT 项目行为主体提供参考建议。

5.6.3 解决道德风险产生的风险问题

IT 项目活动中的道德风险为订立契约之后隐藏信息或隐藏行动的问题[11]。比如，在 IT 项目履约阶段，IT 用户面临着来自 IT 产品开发商的道德风险，IT 产品开发商为获得更大的收益，可能会采取一些措施，例如，捆绑 IT 产品插件、窃取用户数据信息等侵犯用户利益的行为，IT 项目用户就会面临着 IT 产品开发商的道德风险，IT 产品开发商在销售 IT 产品阶段面临着 IT 产品代理商的努力程度与工资效益不匹配的道德风险。最优激励机制能甄别其真实能力类型，并能激励其努力工作。因此，建立激励机制可以有效解决道德风险问题。

1. 信息不对称下激励机制的作用

假设一个 IT 项目销售阶段中有两方利益相关者参与，分别是 IT 产品开发商 H 和 IT 产品代理商 A，IT 产品开发商只有一个，IT 产品代理商也只有一个，IT 产品开发商为风险中性，IT 产品代理商规避风险。

假设 1 在 IT 产品销售阶段，IT 产品代理商可以选择努力工作，也可以选择偷懒或不努力，对此 IT 产品开发商无法直接观察其努力程度，努力 $S=1$，偷懒 $S=0$，努力所消耗 IT 产品代理商的损失为 ε，偷懒的损失为 0。

假设 2 IT 产品开发商无法观察到 IT 产品代理商的努力程度，但可以直接观察到 IT 产品代理商的产出，而 IT 产品代理商的产出并不完全依赖于其努力程度，努力获得高产出水平的概率较高，其中努力程度下高产出水平的概率为P_H，偷懒程度下高产出水平的概率为 P_L，IT 产品代理商付出努力时，效用函数为 $U(W-\varepsilon)$，偷懒时，效用函数为 $U(W)$。

假设 3 假定高产出水平 π_H 下 IT 产品开发商支付的工资为W_H，低产出水平 π_L 下工资为 W_L，且 $W_H \geqslant 0$ 及 $W_L \geqslant 0$，$W_H > W_L$。

假设 4 IT 产品开发商与 IT 产品代理商的委托—代理关系为双方契约关系，也就是说 IT 产品开发商制定契约，IT 产品代理商没有修改契约的权利。

由上述可知，存在以下四种情形：

IT 产品代理商的努力程度为 $S=1$，高产出水平的概率为 P_H。

IT 产品代理商的努力程度为 $S=0$，高产出水平的概率为 P_L。

IT 产品代理商的努力程度为 $S=1$，低产出水平的概率为 $1-P_H$。

IT 产品代理商的努力程度为 $S=0$，低产出水平的概率为 $1-P_L$。

假定努力比不努力的境况要好，符合现实状况，努力所获得的收益大于不努力所获得的收益，可得：

$$[P_H\pi_H+(1-P_H)\pi_L-\varepsilon]-[P_L\pi_H+(1-P_L)\pi_L]>0 \tag{5-7}$$

即

$$(P_H-P_L)(\pi_H-\pi_L)>\varepsilon \tag{5-8}$$

接下来讨论在不对称信息下，IT 产品开发商无法观测 IT 产品代理商的努力程度，因此，IT 产品开发商需要通过特定的工资契约促使 IT 产品代理商自愿付出努力，可得：

$$P_HU(W_H-\varepsilon)+(1-P_H)U(W_L-\varepsilon)\geqslant P_LU(W_H)+(1-P_L)U(W_L) \tag{5-9}$$

还需保证 IT 产品代理商高产出水平所得的效益比低产出水平所得的效益高，即

$$P_HU(W_H-\varepsilon)+(1-P_H)U(W_L-\varepsilon)\geqslant U_0 \tag{5-10}$$

由上述可知式（5-9）为激励相容约束条件，可知在不对称信息下，IT 产品开发商必须对高产出水平的 IT 产品代理商支付高工资，即 $W_H>W_L$，给予足够的激励。

2. 信息不对称下奖赏与惩罚机制的作用

信息不对称情形下，IT 产品开发商应当在合同条款中注明激励条款，鼓励 IT 产品代理商为其努力，激励条款中应包含奖赏与惩罚条款[12]。激励相容是指 IT 产品开发商所提供的工资能够保证代理人以行动效用最大化原则选择具体的操作行动，也就是说 IT 产品代理商在获得预期效益最大化的同时，也保证 IT 产品开发商预期效益最大化。激励相容可分为以下两种类型。

（1）基于相对绩效制定最优契约

基于相对绩效就是指基于其他 IT 产品代理商的产出情况来定薪酬，相对绩效衡量 IT 产品代理商的努力程度较为公平，并且将会转移一部分 IT 产品代理商所承担的风险。根据 IT 项目开展的具体情况，按照 IT 产品代理商所提供

的资质证书、能力鉴定资料等评级，制定最优契约，分为多种、多层标准，达到不同标准给予不同薪酬，为代理商提供足够的物质与精神激励。

（2）级别奖励与惩罚制度管理

在信息共享平台中制定级别奖励与惩罚制度，在整个 IT 项目管理过程中，及时搜集有关 IT 产品代理商的各方面信息，例如 IT 产品代理商的信誉、经验、服务质量等。可以将 IT 产品代理商划分级别，对不同级别的 IT 产品代理商给予不同的报酬和奖励。评定应当随着 IT 产品代理商表现行为变化而变化，如果 IT 产品代理商的销售业绩下降、信誉低，就会被降级。

总的来说，IT 产品开发商通过观察 IT 产品代理商实际的产出水平并根据契约支付报酬，根据信息数据库的建立与共享，将有力地缓解 IT 项目开发商与 IT 项目代理商之间的信息不对称，同时也能作为一种信息资源服务于 IT 产品市场经济，有助于营造和谐、透明的经济环境，促进资源的合理分配。

3. 信息不对称下效益限额的作用

在 IT 项目活动中，通过均衡结果 $P_1^* = [(Z_1 + \alpha_i R_1)(Q_2 - C_2) + q_1 Z_1] / Z_1 R_1$ 可以看出，在 IT 项目履约阶段，如果想降低 IT 产品开发商隐匿技术信息的概率 P_1，可以通过控制 IT 项目主体的收益来实现，需要采取以下措施：

（1）降低开发商通过隐匿技术行为所获得的额外收益，降低第三方监理的收益。

（2）降低用户通过该 IT 项目所获得的纯收益，同时可使 IT 产品开发商采取隐匿行为的概率降低。

以上可以表明，P_1 与 Z_1、R_1 成反比，与 $Q_2 - C_2$ 成一定正比关系，即 IT 产品开发商发生隐匿技术行为的收益越大，则用户选择“拒绝”的风险越大，反而会降低采取隐匿技术信息的概率；用户在接受的情况下，所获得的收益越大，IT 产品开发商发生隐匿技术行为的概率越大。

本章小结

本章重点讨论了 IT 产品及服务供应链中的各利益主体面对的信息不对称现象及其产生根源，对 IT 产品开发商与用户之间在招投标阶段、履约阶段的博弈，以及IT产品开发商与代理商在销售阶段的博弈行为进行分析，并从逆向选择和道德风险的角度提出风险防范策略。

参考文献

[1] 七林卓玛．信息不对称视角下我国个人所得税征管问题研究［D］．昆明：云南财经大学，2013．

[2] 张春霞．基于参与主体博弈的企业信息化实施策略研究［D］．重庆：重庆工商大学，2013．

[3] 赵斯彤．雷曼兄弟破产问题的冲突分析［J］．经济学研究参考，2011（47）：79－82．

[4] 陈家昀，宋杰鲲．基于冲突分析的中日钓鱼岛争端评价［J］．科技信息，2013（13）：491－493．

[5] 方德英，李敏强．软件项目管理方法的比较与分析［J］．运筹与管理，2004，13（3）：81－85．

[6] 王根芳．基于主体利益博弈分析的农业保险补贴研究［D］．武汉：华中农业大学，2013．

[7] 姜茸．软件项目管理最新研究综述［J］．项目管理技术，2011，9（10）：35－39．

[8] 王高洪．软件工程监理体系的建设与应用［D］．济南：山东大学，2009．

[9] 徐冬，张庆普．软件开发过程中的知识管理研究［D］．哈尔滨：哈尔滨工业大学，2006．

[10] 张维迎．博弈论与信息经济［M］．上海：上海人民出版社，2002．

[11] 陈钊．信息与激励经济学［M］．上海：上海人民出版社，2010．

[12] 谢识予．经济博弈论［M］．上海：复旦大学出版社，2006．

6 基于参与主体博弈的IT治理

企业信息化建设的过程就是企业顺应时代发展，结合企业现状进行IT项目建设、实施与应用的过程。对于企业来说，由于IT项目需要大量投资，而且建设什么样的IT项目都是值得思考的问题。此外，在IT项目的各个环节中都需要相关主体做出恰当合理的决策，这样IT治理理论便应运而生。IT治理是确保企业总体战略目标自上而下得到贯彻和执行的重要保证。IT治理的主体为公司治理的主体，例如董事会、监事会以及股东大会等，它们能够根据企业信息化实施的具体情况来安排企业的IT治理；IT治理的客体为所要研究的IT治理中的参与主体，如高层管理团队、业务部门和IT部门。本章所研究的IT治理中参与主体的所有行为是基于IT项目建设的各个决策阶段的。

6.1 IT治理中参与主体分析

企业在IT治理的过程中，确保IT战略和企业战略保持一致是包括高层管理团队在内的最高管理层的主要职责。最高管理层负责IT战略实施的指导工作，对IT投资进行平衡，制定明确的政策和构建全面的控制框架。执行管理层（业务部门、IT部门）的职责是把相关内容从上而下落实到企业，这些内容不仅包括战略和目标，同时还包括策略，从而确保信息技术目标和企业目标保持一致；依托治理结构来确保IT战略得以实施，加快基础设施建设速度，为信息快速流通和共享创造有利条件；通过对企业业绩以及竞争优势进行衡量来对信息技术效果进行测量；利用平衡计分卡对行政管理存在的问题进行解决。IT治理的根本目的是提升企业核心竞争力，增加客户价值，通过提供差异化产品和服务来提升企业市场竞争力，对重要的增值信息技术过程进行关注。

1. 高层管理团队

高层管理团队（CEO/CFO/COO/CIO 等）主要是以企业 CIO 为主导的，加上其他高级经理层组成的团队。高层管理团队作为董事会的代理人，肩负着连接战略和期望行为以完成董事会要求的责任。高层管理团队精通 IT 治理的企业能够获得更好的企业绩效。IT 治理要求最高管理层具有较高的领导能力，要求高层管理团队能够精确地描述他们的 IT 治理，设计出科学合理的 IT 治理机制，不仅包括委员会和审核制度，同时还包括预算流程。IT 治理还要求高层管理团队能够通过治理机制的设计来鼓励开展和企业文化、价值、规范以及战略保持一致的活动，在实现业务部门目标的同时，实现企业整体目标的最优化。

2. 业务部门

业务部门主要是指除信息和 IT 资产之外的企业借以完成其战略计划并获得商业价值的其他关键资产的部门，如人力资源部门、财务部门、生产部门等。业务部门在完成自身业务目标的同时，还需要配合 IT 部门进行 IT 基础设施和业务应用需求的决策建设。但是业务部门对相关 IT 技术的了解不足，不能很好地将 IT 员工的工作与所管理的实际业务进行衔接。

3. IT 部门

IT 部门的职责不仅仅局限于有效地利用信息和信息技术的层面，更重要的是如何从 IT 中获得更多价值的企业设计层面。IT 部门主要掌管企业内部所有的信息和 IT 资源，应用现有资源结合先进技术为企业更好地实现战略目标服务。IT 部门主要根据高层管理团队战略需求，结合企业中 IT 资源现状作出企业的 IT 投资决策，并配合业务部门进行 IT 基础设施和业务应用需求的决策。IT 部门在 IT 项目建设过程中，共享 IT 资源和 IT 建设成果，及时跟进企业信息系统的使用情况，做好后期的维护工作，并不断提高 IT 部门的技术水平，确保 IT 能力适应企业信息化需求。

6.2 IT 治理中参与主体的博弈焦点分析

高层管理团队与业务部门以及 IT 部门之间两两都有博弈焦点。

1. 高层管理团队与业务部门之间

高层管理团队作为企业中的重要决策部门，起到了总揽全局的作用，要实时掌控企业的整体运行情况，结合市场环境，确定企业战略布局。业务部门能够为企业的 IT 项目建设提供相关的业务需求和人力支持，确保 IT 项目建设目标和企业战略目标保持一致。在目前的企业信息化建设过程中，由于高层管理团队缺乏 IT 治理理论的相关知识，并不能较好地掌握企业的 IT 治理情况，也不能妥善地利用 IT 治理来解决企业信息化建设中存在的问题，使得企业中业务部门参与 IT 建设的积极性不高。高层管理团队掌握着企业信息化建设的决策权，不能充分考虑业务部门的实际需求，导致业务部门并不能够从 IT 项目建设过程中受益。而且由于没有针对业务部门需求的统一的管理信息系统和开发标准，会增加企业信息化建设的成本和造成信息资源的浪费。如果高层管理团队精通 IT 治理，就会鼓励业务部门积极参与 IT 项目建设，使得业务部门既能得到相应的建设成果收益，又能承担部分建设成本。如果高层管理团队精通 IT 治理，就会意识到业务部门积极参与 IT 项目建设的重要性，就会在 IT 部门不能主动共享 IT 建设成果时，为业务部门补偿由于 IT 部门不共享所带来的损失。

2. 高层管理团队与 IT 部门之间

虽然目前大多数企业的 IT 项目建设主要由高层管理团队和 IT 部门负责，但是 IT 项目的投资、建设等方面的决策权主要还是掌握在高层管理团队手中，IT 部门只能依照高层管理团队的决策来设计开发新的系统。在高层管理团队不精通 IT 治理的情况下，只单纯地分享 IT 建设成果，却不主动承担 IT 建设成本，这样就会对 IT 部门造成损失。同时，由于缺乏其他部门的参与，往往不能达到企业进一步发展的要求。这就需要高层管理团队精通 IT 治理，为企业 IT 建设协调好权责分配问题，鼓励各个部门积极参与到 IT 项目建设中。精通 IT 治理的高层管理团队能够积极参与 IT 项目的建设，主动承担部分 IT 建设成本。当然高层管理团队也会鼓励IT部门积极共享IT建设成果，促使企业更好更快地实现企业战略目标，所以，精通IT治理的高层管理团队会在IT部门不共享IT建设成果时采取相应的惩罚措施。

3. 业务部门与IT部门之间

IT项目建设过程中，要求业务部门积极参与项目建设，主要负责提供业务需求和人力物力资源的支持，使得IT建设成果更好地满足企业的发展需要；IT部门主要负责根据业务部门的需求实现企业的信息化，主动共享信息建设资源和成果，并根据业务需求的变化不断更新信息系统。相对于业务部门，IT部门掌握较多的IT资源和技术，建设IT项目更加专业，若IT部门在企业信息化建设过程中不能共享信息资源和建设成果，业务部门又积极参与到信息建设过程中，此时业务部门会自行设计研发符合自身业务需求的信息系统，但缺乏统一的开发框架和有效的安全保障，就可能导致信息的丢失和损坏甚至被盗，这既会对业务部门造成不可挽回的损失，也会影响企业的整体绩效。若IT部门在信息系统建设完成后，不能够提供有效地后续保障，也会在业务部门需求发生变化时，因不能及时应对而造成损失。当然在IT项目建设过程中，若没有业务部门的参与，由于缺乏明确的业务需求，会使得建设成果不能完全符合企业战略要求，对IT部门造成严重的不良影响。

6.3 IT治理中参与主体的博弈风险识别

通过对IT治理中参与主体的博弈焦点进行分析，我们发现IT治理行为博弈方面的风险问题涉及诸多因素，而且问题之间彼此交错，使得IT治理中参与主体的博弈风险问题更加复杂多变且不易掌控。通过进一步调查研究发现，大多数企业的IT治理中参与主体博弈产生的风险问题主要集中于以下几个方面。

1. 决策权归属风险

在对高层管理团队与业务部门、IT部门的博弈焦点分析过程中，我们发现当前企业中IT治理的决策权主要掌握在企业的最高管理者手中，由最高管理者根据相关经验来决定选择哪个项目，不选择哪个项目。但是，企业的最高管理者并不能全面掌握有关 IT 的知识，不能充分利用 IT 知识解决问题，并且最高管理者在进行决策的时候往往会充分考虑成本效益的最佳配置，这样便会给 IT 项目决策带来风险：该做的项目不能做，不需要做的项目占用了大量的人力物力，却不能给企业带来效益。企业每年都会对 IT 系统投入大量的人力、物力、财力进行建设支持，这使得企业面临很大的负担和压力。因此，很多企业经营管理者尽管已经意识到新上线的系统能够大大提高企业效率，增加企业绩效，但是由于巨大的费用支出，多数高层领导都不会支持项目的实施。在这种做与不做的情况下，大多数企业的领导者会选择一个折中的方案，这样就使得 IT 工程变化跟不上业务流程变化。这就要求一线工人根据烦琐的人工方式对系统功能的不足加以弥补，加重了一线员工的工作任务量，会使其产生不满情绪，甚至消极怠工，为企业带来更大的风险损失。

2. 费用分摊风险

现阶段企业的 IT 项目建设中主要是由高层管理团队和 IT 部门共同来分担 IT 建设费用，而且大部分高层管理团队由于不精通 IT 治理，不能充分意识到 IT 的重要性，并不愿意承担 IT 建设成本，而业务部门，即便是使用到了部分 IT 建设成果，也并不会承担相应的建设费用。这样的现象在企业中是普遍存在的，但是费用分摊问题对 IT 系统管理平台实施统一的管理是会产生很大影响的。依照大部分企业目前的系统费用的分摊模式来看，由于考虑不够周全，多数主管部门对 IT 费用进行分散利用，这让一些部门领导因费用的支出而产生抵触心理，在某些方面对 IT 治理的效果也会产生不良影响。

3. 沟通风险

在 IT 治理中参与主体的博弈过程中，企业普遍存在着沟通风险问题。业务部门的一线员工在使用系统的过程中会产生很多反馈意见，但是由于缺乏有效的沟通渠道，这些反馈意见无法及时地传递给身为决策层的高层管理团队。相反，高层管理团队试图通过系统优化和改进来减少各个部门一线工作人员工作量的意图也无法有效传递给一线员工。所以，在使用新系统的过程中，一线员工对于新系统的学习以及新增加的工作量往往会产生不满情绪。此外，IT 部门的系统维护人员在和一线员工进行沟通的过程中，由于对业务知识不熟悉，双方之间的沟通会出现很多问题，这样就使得一些简单的问题迟迟得不到解决，甚至复杂化处理，这样就使大量的人力成本被大大耗费掉。

4. 架构风险

从企业业务角度看，不断更新换代的产品导致业务流程也频繁地发生变化，业务变化的需求总是不能被IT系统功能所满足。从开发项目组层面来分析，开发人员结构的变化会对项目开发进度产生影响，由于开发人员水平和能力都有限，使得系统整体质量很低。开发人员不足、时间长以及成本高是开发过程中普遍存在的问题。然而在对相关费用因素进行考虑之外，还需要对开发架构因素进行考虑。作为一种十分重要的系统实现工具，开发架构如果可以实现系统统一，就可以依托统一技术来调整项目组人员构成，使得开发人员不足的问题得到有效解决。此外，在统一开发架构模块化基础上，可以通过模块重复使用确保复杂业务得到有效解决。随着IT技术水平的不断提高，在编程领域，IT技术被广泛应用。统一的开发框架和建模架构，使得开发速度大大提高，开发成本大幅度降低。

5. 监管风险

不管业务部门是否积极参与IT项目建设，还是IT部门是否积极共享IT资源和建设成果，都需要高层管理团队通过构建统一的管理平台，形成标准化的流程，加强各个部门之间的有效监督。由于企业的产品类型十分丰富，系统需求更加多元化，可以通过以下两个方面来加强IT治理。首先，一些业务和生产环节没有直接联系，这些业务流程基本上十分相似，可以把这些业务集中到标准化的经营平台来进行处理。其次，有些业务会和生产环节产生直接联系。高管人员可以通过搭建一个包括基本业务流程在内的平台对这些业务进行直接规划和管理。各个业务部门可以根据自身业务需求来进行个性化业务流程设计。各个部门可以通过统一基本业务平台来获得各种信息，使得不同的需求得到有效满足。在这种情况下，企业在IT信息系统上的投入问题也得以有效解决。各业务部门共同承担基础平台建设和维护费用，申请个性化模块需求的业务部门独自承担这部分费用。在这种情况下，独立开发成本大大降低，IT信息系统的投入产出比问题也能得到有效的解决。搭建统一的管理平台，使得标准化管理模式得以强化。此外，通过对系统成本核算单位进行重新拆分以及定位，实现生产经营活动的细分，进而确保企业治理目标可以快速实现。

6. IT服务风险

在企业信息化建设过程中，IT部门共享的不仅仅是IT资源及建设成果，还应该共享良好的系统维护建设服务。通过对 IT 系统开发过程进行调查和研究可以看出，在系统开发的初始阶段，IT 部门会投入大量的研发人员，但是随着系统开发的逐步深入，参与人员开始发生调动，完成任务的员工会逐渐撤离，进入下一项系统开发过程中，这样原系统的后期开发和使用会不断出现很多风险问题。这些风险不仅包括系统文档不健全问题，同时还包括没有对开发阶段的相关业务知识进行有效保护的问题。这实际上使得维护人员面临着很大挑战。这主要是因为在对系统进行调试的过程中，维护人员只能阅读程序代码，这样就使得他们无法对业务能力进行科学有效的理解，使得和客户之间的沟通存在障碍。同时，企业还没有建立科学完善的 IT 服务体系，相关的考核指标就会缺少。在维护工作中，如果缺少相关的服务标准，就会导致维护人员随意而为，对客户的满意度也缺少合理的量化指标，不能很好地处理客户问题，会频繁收到客户的投诉。

7. 信息和数据安全风险

通过对 IT 部门与业务部门的行为博弈焦点分析，在 IT 部门不共享 IT 资源的情况下，业务部门参与 IT 项目建设时，就会根据自身业务需要自行研发企业信息系统，其在信息系统的安全问题和数据安全方面的措施也是独立运营维护的。这使得信息系统在信息安全和数据安全方面存在很大的漏洞，易产生风险。首先，业务部门由于缺少足够的 IT 经费而无法建立数据中心，也就无法对数据进行统一维护；其次，由于缺少统一的信息和数据安全标准，很有可能会导致随时出现信息泄露问题，会对企业正常的生产经营造成不利影响。

6.4 构建 IT 治理中参与主体的演化博弈模型

从 IT 治理中参与主体的博弈风险分析结果来看，IT 治理中的参与主体主要为高层管理团队、业务部门和 IT 部门，在分析三者之间博弈焦点的基础上，笔者总结出了其行为博弈会给企业带来的风险问题。通过上述分析过程可以发现，在企业实施 IT 治理的过程中，高层管理团队、业务部门和 IT 部门会根据自身收益的变化来不断调整自己的策略：高层管理团队的主要策略选择有精通 IT 治理和不精通 IT 治理两种；业务部门的主要策略选择有参与 IT 项目建设和不参与 IT 项目建设两种；IT 部门的策略选择有共享 IT 建设成果和不共享 IT 建设成果两种。本章主要根据 IT 治理中参与主体之间博弈的现状，构建 IT 治理中参与主体的演化博弈模型，并结合系统动力学和系统仿真方法，详细分析 IT 治理中参与主体博弈的过程及结果，得到演化博弈均衡解。

6.4.1 参与主体行为策略选择及参数设置

高层管理团队的策略主要有：{精通 IT 治理、不精通 IT 治理}；业务部门的策略主要有：{参与 IT 项目建设、不参与 IT 项目建设}；IT 部门的策略主要有：{共享 IT 建设成果、不共享 IT 建设成果}。本书分别以 α，$1-\alpha$，β，$1-\beta$，γ，$1-\gamma$ 表示三者相应策略选择的比例，且 α，β，$\gamma \in [0, 1]$。

根据博弈焦点分析，可以确定高层管理团队、业务部门和 IT 部门三方在进行博弈过程中所涉及的主要参数。

高层管理团队在博弈过程中所涉及的主要参数为：

a – 从 IT 项目中获得的收益总和；

b – 精通 IT 治理情况下，参与 IT 项目所承担的成本；

c – 精通 IT 治理情况下，对 IT 部门不共享 IT 建设成果的处罚；

d – 精通 IT 治理情况下，业务部门参与 IT 项目带来的额外收益。

业务部门在博弈过程中所涉及的主要参数：

e – 在参与 IT 项目过程中所得到的固定收益；

f – 在参与 IT 项目过程中所承担的成本；

g – IT 部门不共享建设成果带来的损失；

h – 高层管理团队精通 IT 治理，IT 部门不共享建设成果时产生损失的补偿。

IT 部门涉及的主要参数为：

k – 建设 IT 项目所获得的固定收益；

m – IT 部门所承担的成本；

c – 高层管理团队精通 IT 治理情况下，IT 部门不共享 IT 建设成果的处罚；

n – 业务部门不参与 IT 治理时，IT 部门产生的损失；

s_{ij} – 表示第 i 个参与主体的第 j 种策略选择，$i = G$，M，T 它们分别表示高层管理团队、业务部门、IT 部门三个参与主体；$j=1，2，\cdots$，表示参与主体选择的第 j 种策略。

向量 $S_x=(s_{ij})$ 表示高层管理团队、业务部门、IT 部门三方博弈策略组合，其中 $x=1，2，3，\cdots 8$，表示第 x 个行为博弈策略组合。

其中，$a，b，c，d，e，f，g，h，k，m，n>0$。

通过上述三个博弈参与主体所选择的不同博弈策略，最终可以得到如图 6－1 所示的博弈策略组合：

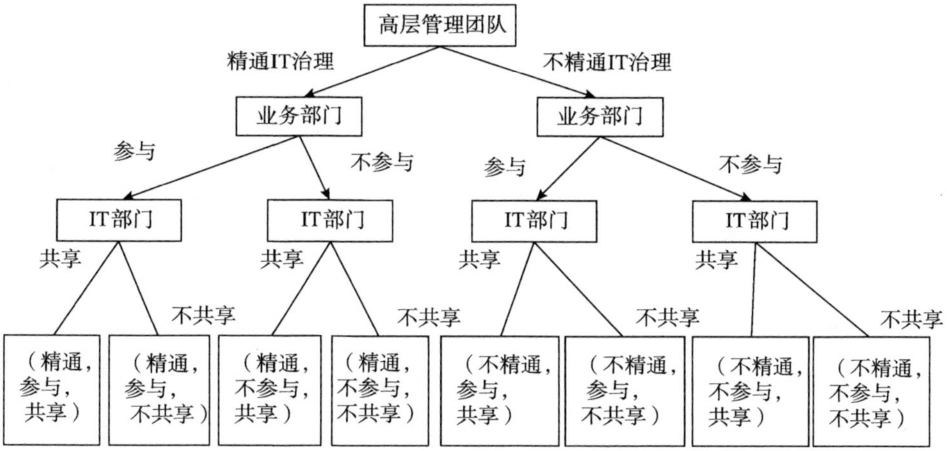

图 6－1　IT 治理中参与主体的博弈策略组合

IT 治理中三个参与主体的行为博弈策略组合表述如下：

$S_1=(s_{G1},s_{M1},s_{T1})$＝（精通 IT 治理，参与 IT 项目建设，共享 IT 建设成果）

$S_2=(s_{G1},s_{M1},s_{T2})$＝（精通 IT 治理，参与 IT 项目建设，不共享 IT 建设成果）

$S_3=(s_{G1},s_{M2},s_{T1})$＝（精通 IT 治理，不参与 IT 项目建设，共享 IT 建设成果）

$S_4=(s_{G1},s_{M2},s_{T2})$＝（精通 IT 治理，不参与 IT 项目建设，不共享 IT 建设成果）

$S_5=(s_{G2},s_{M1},s_{T1})$＝（不精通 IT 治理，参与 IT 项目建设，共享 IT 建设成果）

$S_6=(s_{G2},s_{M1},s_{T2})$＝（不精通 IT 治理，参与 IT 项目建设，不共享 IT 建设成果）

$S_7=(s_{G2},s_{M2},s_{T1})$＝（不精通 IT 治理，不参与 IT 项目建设，共享 IT 建设成果）

$S_8=(s_{G2},s_{M2},s_{T2})$＝（不精通 IT 治理，不参与 IT 项目建设，不共享 IT 建设成果）

以上博弈策略中，S_1 表示高层管理团队精通 IT 治理，业务部门参与 IT 项目建设，IT 部门共享建设成果；S_2 表示高层管理团队精通 IT 治理，业务部门参与 IT 项目建设，IT 部门不共享建设成果；S_3 表示高层管理团队精通 IT 治理，业务部门不参与 IT 项目建设，IT 部门共享建设成果；S_4 表示高层管理团队精通 IT 治理，业务部门不参与 IT 项目建设，IT 部门不共享建设成果；S_5 表示高层管理团队不精通 IT 治理，业务部门参与 IT 项目建设，IT 部门共享建设成果；S_6 表示高层管理团队不精通 IT 治理，业务部门参与 IT 项目建设，IT 部门不共享建设成果；S_7 表示高层管理团队不精通 IT 治理，业务部门不参与 IT 项目建设，IT 部门共享建设成果；S_8 表示高层管理团队不精通 IT 治理，业务部门不参与 IT 项目建设，IT 部门不共享建设成果。

6.4.2 三方行为博弈主体的收益分析

IT 治理中的参与主体高层管理团队、业务部门、IT 部门会根据自己所选择的策略的收益状况来调整和改变博弈策略，$P_i(E_x)$ 表示第 i 个参与主体在第 x 个博弈策略组合下的收益，具体说明如下：

（1）高层管理团队的行为博弈收益分析

高层管理团队的行为博弈策略主要有以下两种：{精通 IT 治理，不精通 IT 治理}。八种策略组合下，高层管理团队收益分别如下：

$P_G(E_1)=a-b+d$　　$P_G(E_2)=a-b+d+c$

$P_G(E_3)=a-b$　　$P_G(E_4)=a-b+c$

$P_G(E_5)=a$　　$P_G(E_6)=a$

$P_G(E_7)=a$　　$P_G(E_8)=a$

（2）业务部门的行为博弈收益分析

业务部门的行为博弈策略主要有以下两种：{参与 IT 项目建设，不参与 IT 项目建设}。基于八种策略组合，业务部门的收益分别为：

$P_M(E_1)=e-f$　　$P_M(E_2)=e-f-g+h$

$P_M(E_3)=0$　　$P_M(E_4)=0$

$P_M(E_5)=e-f$　　$P_M(E_6)=e-f-g$

$P_M(E_7)=0$　　$P_M(E_8)=0$

（3）IT 部门的行为博弈收益分析

IT 部门的行为博弈策略主要有以下两种：{共享 IT 建设成果，不共享 IT

建设成果}。八种策略组合下，IT 部门的收益分别为：

$P_T(E_1)=k-m$　　$P_T(E_2)=k-m-c$

$P_T(E_3)=k-m-n$　　$P_T(E_4)=k-m-n-c$

$P_T(E_5)=k-m$　　$P_T(E_6)=k-m$

$P_T(E_7)=k-m-n$　　$P_T(E_8)=k-m-n$

在坚持利益最大化原则的基础上，如表 6－1 和表 6－2 所示实际上就是高层管理团队在精通 IT 治理情况下以及不精通 IT 治理情况下所形成的三方博弈支付矩阵。

表 6－1　高层管理团队精通 IT 治理（α）情况下三方博弈支付矩阵

策略选择		IT 部门	
		共享（γ）	不共享（$1-\gamma$）
业务部门	参与（β）	$a-b+d$；$e-f$；$k-m$	$a-b+d+c$；$e-f-g+h$；$k-m-c$
	不参与（$1-\beta$）	$a-b$；0；$k-m-n$	$a-b+c$；0；$k-m-c-n$

表 6－2　高层管理团队不精通 IT 治理（$1-\alpha$）情况下三方博弈支付矩阵

策略选择		IT 部门	
		共享（γ）	不共享（$1-\gamma$）
业务部门	参与（β）	a；$e-f$；$k-m$	a；$e-f-g$；$k-m$
	不参与（$1-\beta$）	a；0；$k-m-n$	a；0；$k-m-n$

注：通过表 6－1 以及表 6－2 可以看出，高层管理团队的利益由每一个表格中首个函数表示，业务部门的收益由第二个函数表示，IT 部门的收益由第三个函数表示。

6.4.3　演化博弈模型的建立

在本书中，第 i 个参与主体选择第 j 种策略时的收益通过 u_{ij} 来表示。其中，$i=G$，M，T，分别表示的是三个不同的参与主体；参与主体的第一种策略以及第二种策略由 $j=1$，2 表示。比如，高层管理团队精通 IT 治理过程时所获得收益用 u_{G1} 表示；高层管理团队不精通 IT 治理过程时所获得收益用 u_{G2} 表示。

通过相关的支付矩阵计算结果可以得出高层管理团队精通 IT 治理时的期望收益函数为：

$$u_{G1}=\beta\gamma(a-b+d)+\beta(1-\gamma)(a-b+d+c)+(1-\beta)\gamma(a-b)+(1-\beta)(1-\gamma)(a-b+c) \quad (6-1)$$

在不精通 IT 治理情况下，高管层的期望收益函数是：

$$u_{G2}=\beta\gamma a+\beta(1-\gamma)a+(1-\beta)\gamma a+(1-\beta)(1-\gamma)a=a \quad (6-2)$$

高层管理团队的平均期望是：

$$\overline{u_G}=\alpha u_{G1}+(1-\alpha)u_{G2}$$

通过式 6－1 以及式 6－2 可得高层管理团队精通 IT 治理时的复制动态微分方程是：

$$\begin{aligned}\frac{\mathrm{d}\alpha}{\mathrm{d}t}&=\alpha(u_{G1}-\overline{u_G})=\alpha(1-\alpha)(u_{G1}-u_{G2})\\&=\alpha(1-\alpha)[\beta\gamma(-b+d)+\beta(1-\gamma)(-b+d+c)+(1-\beta)\gamma(-b)+(1-\beta)(1-\gamma)(-b+c)]\\&=\alpha(1-\alpha)[(1-\gamma)c-b+\beta d]\end{aligned} \quad (6-3)$$

同理可得：

在选择参与 IT 项目建设情况下，业务部门的期望收益函数是：

$$u_{M1}=\alpha\gamma(e-f)+\alpha(1-\gamma)(e-f-g+h)+(1-\alpha)\gamma(e-f)+(1-\alpha)(1-\gamma)(e-f-g) \quad (6-4)$$

在选择不参与 IT 项目建设情况下，业务部门的期望收益函数是：

$$u_{M2}=0 \quad (6-5)$$

业务部门的平均期望收益是：

$$\overline{u_M}=\beta u_{M1}+(1-\beta)u_{M2}$$

通过式 6－4 以及式 6－5 可以得到在选择参与 IT 项目建设的情况下，业务部门复核动态微分方程是：

$$\begin{aligned}\frac{\mathrm{d}\beta}{\mathrm{d}t}&=\beta(u_{M1}-\overline{u_M})=\beta(1-\beta)(u_{M1}-u_{M2})\\&=\beta(1-\beta)[\gamma(e-f)+(1-\gamma)(e-f-g)+\alpha(1-\gamma)h]\\&=\beta(1-\beta)[e-f+(1-\gamma)(\alpha h-g)]\end{aligned} \quad (6-6)$$

IT 部门选择共享 IT 建设成果的策略期望收益函数是：

$$u_{T1}=\alpha\beta(k-m)+\alpha(1-\beta)(k-m-n)+(1-\alpha)\beta(k-m)+(1-\alpha)(1-\beta)(k-m-n) \quad (6-7)$$

在选择不共享 IT 建设成果的情况下，IT 部门的策略期望收益函数是：

$$
\begin{aligned}
u_{T2} = &\alpha\beta(k-m-c)+\alpha(1-\beta)(k-m-n-c)+\\
&(1-\alpha)\beta(k-m)+(1-\alpha)(1-\beta)(k-m-n)
\end{aligned}
\tag{6-8}
$$

IT 部门的平均期望收益是：

$$\overline{u_T}=\gamma u_{T1}+(1-\gamma)u_{T2}$$

通过式 6－7 以及式 6－8 可以得到，在选择共享 IT 建设成果情况下，IT 部门的复制动态微分方程式是：

$$
\begin{aligned}
\frac{\mathrm{d}\gamma}{\mathrm{d}t} &= \gamma(u_{T1}-\overline{u_T})=\gamma(1-\gamma)(u_{T1}-u_{T2})\\
&=\gamma(1-\gamma)[\alpha\beta c+\alpha(1-\beta)c]\\
&=\gamma(1-\gamma)\alpha c
\end{aligned}
\tag{6-9}
$$

6.4.4 演化博弈均衡分析

博弈三方参与主体在博弈过程中所选择策略的概率 α，β，γ 与时刻 t 有关。这要是因为：$\alpha(t)$，$\beta(t)$，$\gamma(t)\in[0,1]$，由此可知，式 6－3、式 6－6、式 6－9 构成的动态复制微分方程组的解域为 $[0,1]\times[0,1]\times[0,1]$。

由式 6－3、式 6－6、式 6－9 联立组成，

$$X=\left(\frac{\mathrm{d}\alpha}{\mathrm{d}t}\ \frac{\mathrm{d}\beta}{\mathrm{d}t}\ \frac{\mathrm{d}\gamma}{\mathrm{d}t}\right)^T$$

令 $X=0$，即可求得高层管理团队、业务部门、IT 部门三方的局部均衡点，该点实际上就是三方参与主体演化博弈模型的均衡解。其中主要包括八个特殊的均衡点：(0，0，0)，(0，0，1)，(0，1，0)，(0，1，1)，(1，0，0)，(1，0，1)，(1，1，0)，(1，1，1)。它们构成了演化博弈解域的边界 $\{(\alpha,\beta,\gamma)\mid\alpha=0,1;\beta=0,1;\gamma=0,1\}$，由此围成的区域 $\Omega=\{(\alpha,\beta,\gamma)\mid 0<\alpha<1;0<\beta<1;0<\gamma<1\}$，也就是形成了三方博弈的均衡解域。通常来看，区域 Ω 中还包括一个均衡解，这个均衡解满足式 6－10，$E=(\alpha,\beta,\gamma)$。

$$
\left.
\begin{aligned}
&(1-\gamma)c-b+\beta d=0\\
&e-f-(1-\gamma)g+\alpha(1-\gamma)h=0\\
&\alpha c=0
\end{aligned}
\right\}
\tag{6-10}
$$

求解式 6－10 可得：

$$\left.\begin{aligned}&\alpha=0\\&\gamma=1-\frac{e\cdot f}{g}\\&\beta=\frac{bg-c(e-f)}{dg}\end{aligned}\right\}\qquad(6-11)$$

也就是如果 $E\notin\Omega$ 时，需要把 E 舍去。

然后把式 6－3、6－6、6－9 所包含的 α、β 和 γ 的偏导数依次求出，然后就能得到相关雅可比矩阵：

$$J=\begin{bmatrix}(1-2\alpha)[(1-\gamma)c-b+\beta d] & \alpha(1-\alpha)d & -\alpha(1-\alpha)c\\ \beta(1-\beta)(1-\gamma)h & (1-2\beta)[e-f+(1-\gamma)(\alpha h-g)] & \beta(1-\beta)(g-\alpha h)\\ \gamma(1-\gamma)c & 0 & (1-2\gamma)\alpha c\end{bmatrix}$$

通过上述雅可比矩阵来对该均衡点是否为局部渐进稳定状态进行判定，如果 $det(J)>0$ 同时 $tr(J)<0$ 时，该均衡点就会向局部稳定状态趋近，这实际上就是演化均衡状态。可以通过 $det(J)>0$ 且 $tr(J)<0$ 是否成立来对高层管理团队、业务部门以及 IT 部门是否达到演化均衡状态进行判定。如表 6－3 所示就是最终的判定结果：

表 6－3　均衡点的局部稳定性分析

均衡点	det（J）的值	tr（J）的值
(0,0,0)	0	$c-b+e-f-g$
(0,0,1)	0	$-b+c-f$
(0,1,0)	0	$c-b+d-(e-f-g)$
(0,1,1)	0	$-b+d-(e-f)$
(1,0,0)	$-c(c-b-d)(e-f+h-g)$	$b-d+e-f+h-g$
(1,0,1)	$-cb(e-f)$	$b+e-f-c$
(1,1,0)	$c(c-b+d)(e-f+h-g)$	$(-b+d)-(e-f+h-g)$
(1,1,1)	$c(e-f)(b-d)$	$-c-(e-f)+b-d$

通过表 6－3 可以看出，根据现有条件还不能确定均衡点的稳定性。只通过数学求导无法推导出这些均衡点中是否存在着使得三方博弈模型达到稳定的演化均衡点。主要是由于各个参数值的大小会对 $det(J)$ 与 $tr(J)$ 的大小产生决定性影响。

6.5　基于系统动力学的 IT 治理中参与主体的博弈仿真分析

通过上述演化博弈均衡分析可以看出，三方参与主体在经过反复博弈以后会达到一个演化均衡状态。通过演化博弈分析模型对于达到均衡状态的过程以及原因无法进行清晰说明，对于均衡的稳定性以及唯一性也无法进行明确。系统动力学是基于系统科学理论实现和计算机仿真的有效结合，对于系统反馈结构以及行为进行研究的一门科学。此外，系统动力学也是可以设计和制定出有效的管理政策的建模学科。在构建三方演化博弈模型的过程中尝试使用系统动力学的仿真工具来对参与者之间的博弈焦点进行了解，对于三方参与者的演化博弈策略选择变化情况进行明晰。

6.5.1　基于 SD 的演化博弈模型构建

在进行演化博弈分析的基础上构建 SD 仿真模型：

（1）通过三方博弈焦点分析以及支付矩阵来对系统所包括的主要变量进行确定：高层管理者精通 IT 治理的概率 α、高层管理团队从 IT 项目中获得的收益总和 a、精通 IT 治理情况下高层管理团队参与 IT 项目所承担的成本 b、精通 IT 治理情况下高层管理团队对 IT 部门不共享 IT 建设成果的处罚 c、精通 IT 治理情况下业务部门参与 IT 项目给高层管理团队带来的额外收益 d、精通 IT 治理的期望收益 u_{G1}、不精通 IT 治理的期望收益 u_{G2}；业务部门选择参与 IT 项目的概率 β、业务部门选择参与 IT 项目所获得的固定收益 e、业务部门选择参与 IT 项目所需承担的成本 f、IT 部门不共享建设成果为业务部门带来的损失 g、高层管理部门精通 IT 治理时 IT 部门不共享建设成果对业务部门产生损失的补偿 h、业务部门参与 IT 项目建设的期望收益 u_{M1}、业务部门不参与 IT 项目建设的期望收益 u_{M2}；IT 部门共享 IT 建设成果的概率 γ、IT 部门 IT 建设所获得固定收益 k、IT 部门建设 IT 项目所承担的成本 m、业务部门不参与 IT 项目建设时 IT 部门产生的损失 n、IT 部门共享建设成果的期望收益 u_{T1}、IT 部门不共享建设成果的期望收益 u_{T2}。

（2）α、β、γ 代表存量，主要表示三个方面的速率变量：一是高层管理团队精通的变化率对时间的积分，二是业务部门参与的变化率对时间的积分，三是 IT 部门共享的变化率对时间的积分；u_{G1}、u_{G2}、u_{M1}、u_{M2}、u_{T1}、u_{T2} 为 6 个中间变量；a、b、c、d、e、f、g、h、k、m、n 为系统边界外所涉及的变化因素，称之为“外生变量”。

（3）通过式 6－1 到式 6－9 可以得到模型中变量之间的关系式，其中，高层管理团队精通 IT 治理变化率用 $d\alpha | dt$ 表示；业务部门参与项目变化率用 $d\beta/dt$ 表示；IT 部门共享变化率用 $d\gamma/dt$ 表示。通过上述九个方程式可以对以上几种变量之间的函数关系进行清晰描述，这些关系不仅包括存量和速率变量之间的关系以及中间变量和外生变量之间的关系，同时还包括中间变量和存量之间的关系。

（4）根据实际状况，所有外生变量都是正数是本研究的基本假设，同时确保所有参与主体各个策略的策略收益都是正数。所以，如表 6－4 所示就是外生变量的初始值。

表 6－4　SD 模型中外部变量的初始值

变量	变量含义	变量取值
a	高层管理团队 IT 项目完成后所获得的收益总和	50
b	精通 IT 治理情况下，高层管理团队参与 IT 项目所承担的成本	10
c	精通 IT 治理情况下，高层管理团队对 IT 部门不共享 IT 建设成果的处罚	5
d	精通 IT 治理情况下，业务部门参与 IT 项目为高层管理团队带来的额外收益	15
e	业务部门选择参与 IT 项目所获得的固定收益	20
f	业务部门选择参与 IT 项目所承担的成本	5
g	IT 部门不共享建设成果对业务部门造成的损失	8
h	高层管理部门精通 IT 治理，IT 部门不共享建设成果时给业务部门造成损失的补偿	9
k	IT 部门建设 IT 项目所获得的固定收益	30
m	IT 部门所承担的成本	10
n	业务部门不参与 IT 治理时，IT 部门产生的损失	5

如图 6－2 所示就是最后所形成的三方参与主体的 SD 仿真模型。

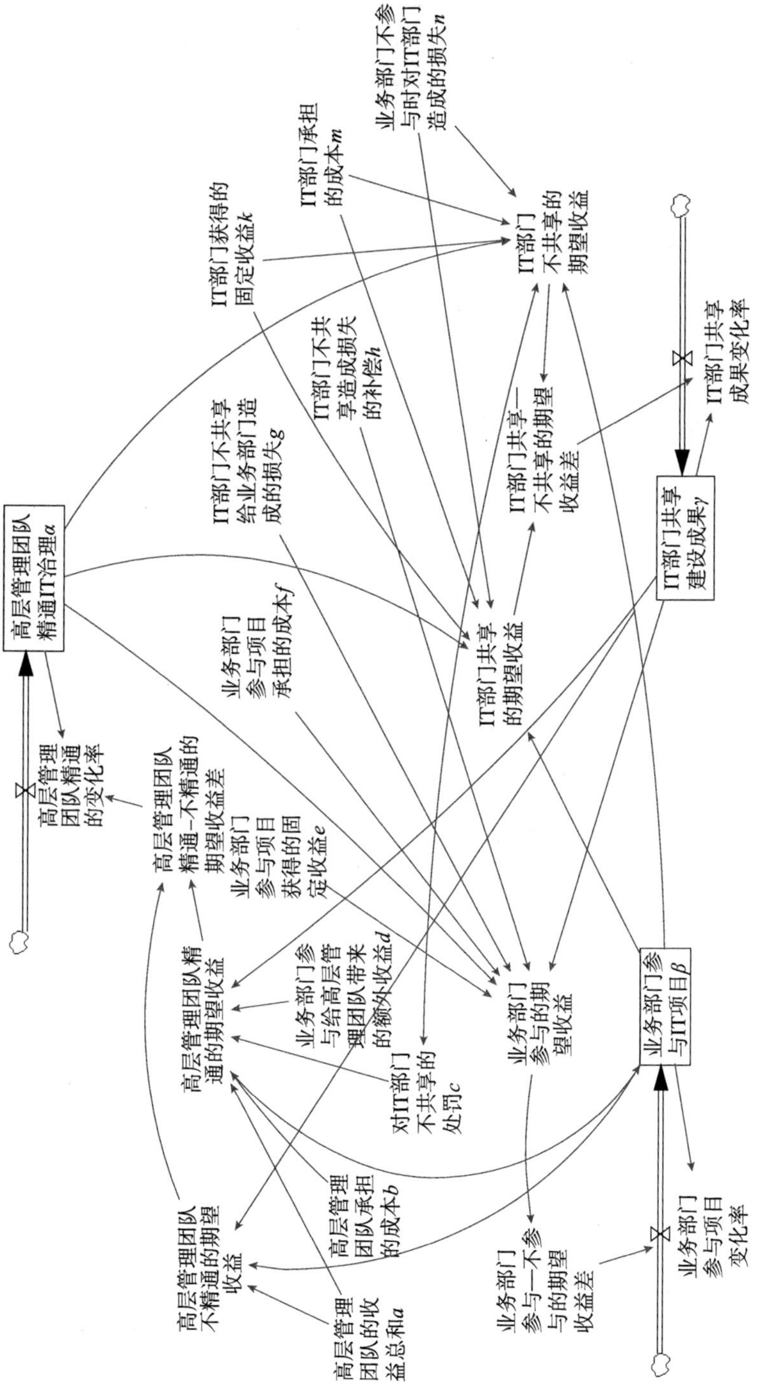

图 6-2 高层管理团队、业务部门、IT 部门行为演化博弈的 SD 仿真模型

笔者在对所有仿真值进行选取的过程中对于各相关因素变化对三个参与主体策略选择的敏感性分析都进行了考虑。因此现实中在企业 IT 治理过程中的各方的支付或收益值并不能完全由仿真值来代表，要针对不同的企业 IT 治理的实际情况进行赋值。

6.5.2 博弈模型仿真分析

本书选择 Vensim PLE 7.2aIT 产品对 IT 治理中参与主体的行为动态博弈过程进行了详细的仿真分析。在这个过程中，笔者对于模型参数进行了如下设置：INITIAL TIME = 0，FINAL TIME = 10，TIME STEP = 0.0625，Units for Time：month，Integration Type：Euler，并将主要的衡量指标定为三个参与主体的策略选择概率，在此基础上详细总结和分析了各相关影响因素对 IT 治理过程产生的影响。

如果在 IT 治理过程中，三个参与方选择某种纯策略作为博弈模型的初始值，那么三个参与主体在 IT 治理过程中都面临着两个方面的选择，那就是 0 和 1，即（0，0，0），（0，0，1），（0，1，0），（0，1，1），（1，0，0），（1，0，1），（1，1，0），（1，1，1）八种策略组合，通过 Vensim PLE 7.2aIT 产品进行仿真模拟，可知当三方参与主体将纯策略作为初始状态时，没有一个参与主体愿意打破当前的均衡状态，进而改变自己的博弈策略。但是，均衡状态并不是稳定不变的，如果任何一个参与方哪怕做出一些细小的变化，均衡状态就会被打破。

通过图 6-3 可以看出，在（0，0，0）的策略组合下的博弈过程的仿真结果。

由图 6-3 演化博弈过程可知，当高层管理团队不精通 IT 治理，业务部门不参与 IT 项目建设，IT 部门不共享 IT 资源及建设成果时，参与博弈的三方对初始策略都没有主动加以改变，也没有选择新的博弈策略。在这种情况下，博弈就会处于均衡状态；同理，将其他纯策略均衡解带入仿真模型中，三方参与主体对于自己的初始策略都没有加以改变。然而，这些纯策略均衡状态不一定是稳定的，可能会因为某一群体中部分主体行为的变化导致演化博弈结果的变化。以初始纯策略均衡解（0，0，0）为例，当高层管理团队的部分成员开始

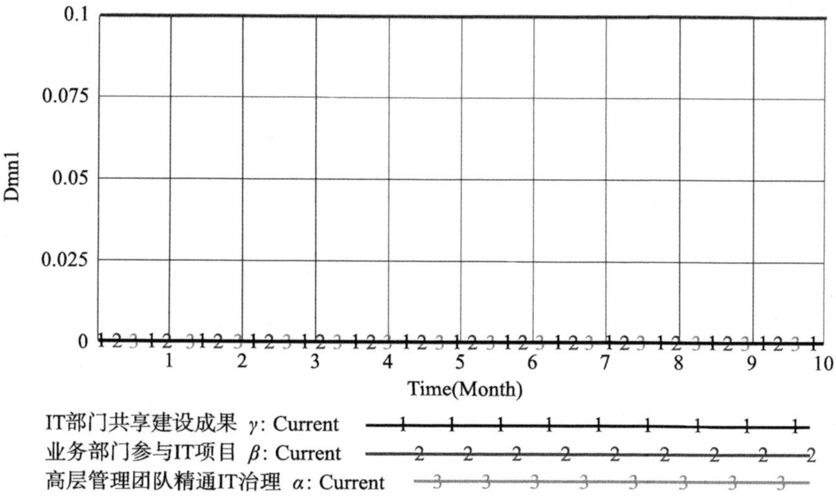

图 6－3　纯策略（0，0，0）的演化博弈过程

意识到 IT 治理的重要性时，开始积极学习 IT 治理理论，并开始精通 IT 治理，此时高层管理团队精通 IT 治理的比例由 $\alpha = 0$ 变为 $\alpha = 0.01$，对此状态（0.01，0，0）进行仿真分析，结果如图 6－4 所示。

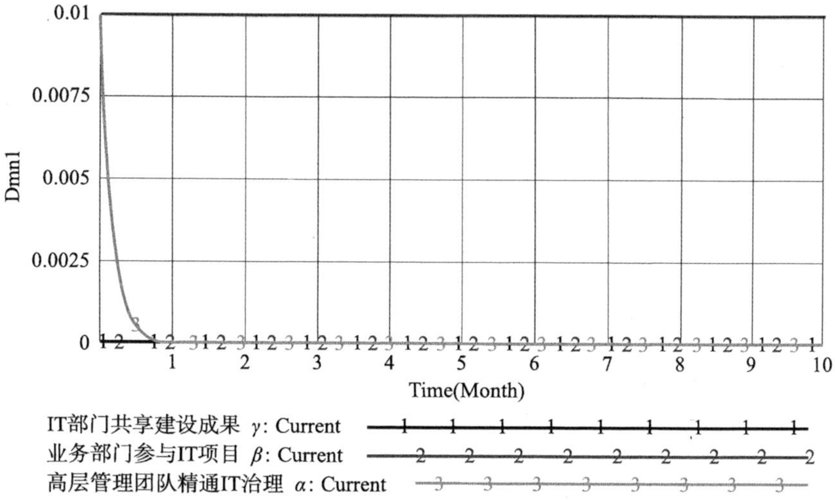

图 6－4　策略（0.01，0，0）的演化博弈过程

观察图 6－4 的演化博弈过程可知，当高层管理团队中的部分成员开始精通 IT 治理时，由于业务部门的不参与和 IT 部门的不共享策略，最终的博弈结果仍会趋向于（0，0，0）。这是因为由于业务部门和IT部门的不配合导致高层管理团队失去信心而放弃IT治理。当IT部门开始意识到IT治理的重要性时，部分成员开始积极主动地共享IT资源和IT建设成果，以期获得高层管理团队的重视和业务部门的支持与帮助。此时IT部门采取共享策略的比例由$\gamma=0$变为$\gamma=0.01$，对此状态（0，0，0.01）进行仿真分析，结果如图6－5所示。

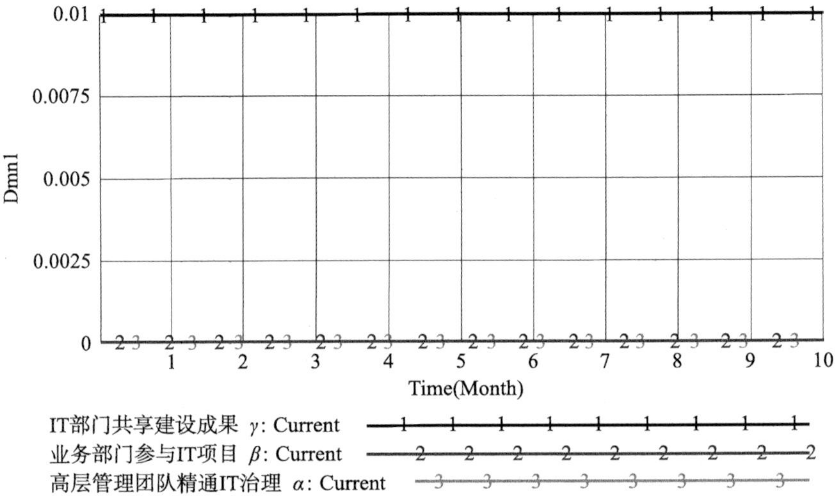

图6－5　策略（0，0，0.01）的演化博弈过程

通过图6－5可以发现IT部门开始共享IT信息时，最终的博弈结果没有发生改变，说明没有高层管理团队和业务部门的支持，IT部门不能对企业的IT治理实施产生直接影响。当业务部门开始重视IT治理时，业务部门中的成员开始积极参与IT项目的建设。此时业务部门采取参与策略的比例由$\beta=0$变为$\beta=0.01$，对此状态（0，0.01，0）进行仿真分析，结果如图6－6所示。

观察图6－6演化博弈过程发现，业务部门参与策略的比例由$\beta=0$向$\beta=1$状态演进，即博弈的均衡状态由（0，0，0）向（0，1，0）演进。这样能够说明纯策略均衡解（0，0，0）是不稳定的均衡状态，并不是演化稳定策略均衡。而博弈的均衡状态由（0，0，0）向（0，1，0）演进的过程说明，业务部门采取参与的策略选择能够给业务部门带来更大的收益，这样的策略选择就会成为业务部门其他成员模仿和学习的对象，最终使得业务部门整体趋向于选择参与策略。

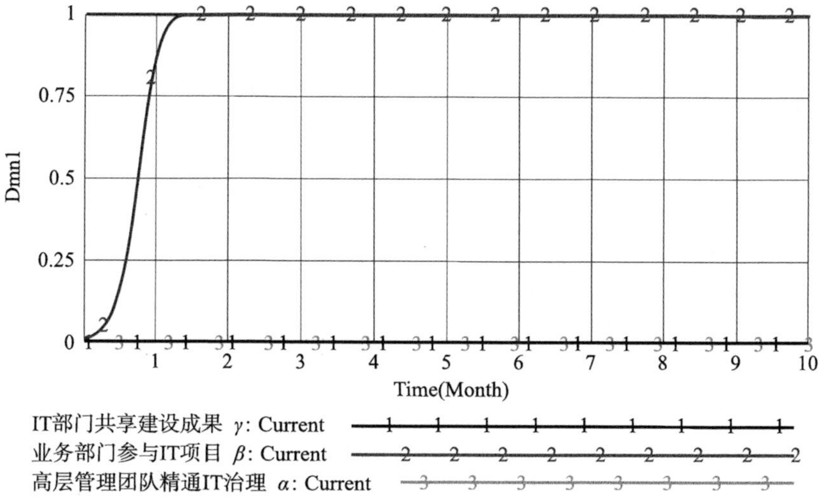

图 6－6　策略（0，0.01，0）的演化博弈过程

同理，分别分析了（0.01，0.01，0）、（0.01，0，0.01）、（0，0.01，0.01）、（0.01，0.01，0.01）状态下的演化博弈过程，得到的演化博弈结果分别为（1，1，0）、（0，0，0.01）、（0，1，0.01）、（1，1，1）。综上，通过对不同策略组合的演化博弈过程进行分析，首先，发现三方博弈参与主体选择纯策略作为初始状态时，任何一个参与主体对于目前的均衡状态都不愿意进行改变，进而打破目前的均衡状态。然而，这种均衡状态并不稳定，如果任何一个参与方哪怕做出一些细小的改变，均衡状态就会被打破。其次，对比分析发现，不管高层管理团队和 IT 部门的策略选择如何，业务部门只要有部分成员选择参与 IT 项目的建设过程，博弈的最终结果都是业务部门会整体选择参与策略。这样的结果是符合企业的实际情况的。业务部门参与 IT 项目的建设是企业信息化发展的需要，企业信息化建设不仅仅是高层管理团队与 IT 部门的责任，更需要业务部门积极地参与与配合，提供详细准确的业务服务，使得 IT 建设成果能够更好地满足业务部门经营决策的需要，也能够保证 IT 目标与业务目标的一致性。

由图 6－6 演化博弈过程可知，当业务部门参与策略的比例由 $\beta=0$ 向 $\beta=1$ 状态演进时，博弈的均衡状态由（0，0，0）向（0，1，0）演进。接下来就要分析策略（0，1，0）是否是稳定状态。当业务部门开始参与 IT 项目建设，由于权责分配、协调沟通等问题的出现，高层管理团队中的部分成员开始重视 IT 治理，高层管理团队精通 IT 治理的比例由 $\alpha=0$ 逐渐变为 $\alpha=0.1$，对此状态（0.1，1，0）进行仿真分析，结果如图 6－7 所示。

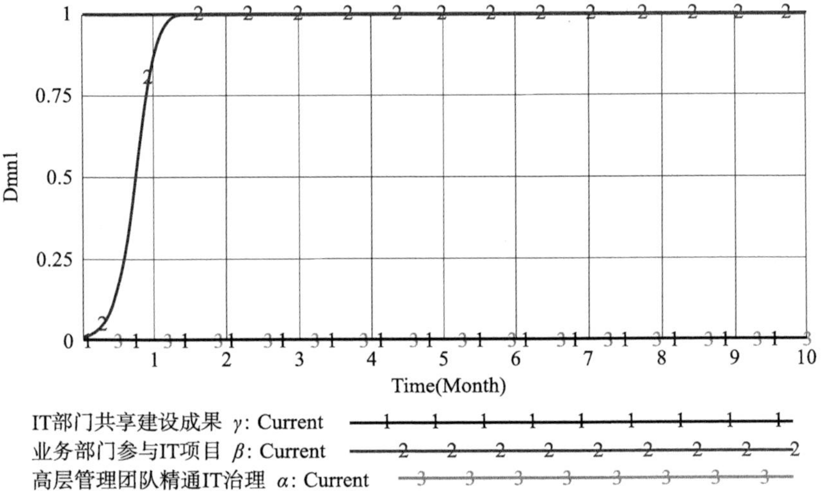

图 6－7　策略（0.1，1，0）的演化博弈过程

图 6－7 可以看出纯策略均衡解（0，1，0）也是不稳定的均衡状态，也不是演化稳定策略均衡，高层管理团队整体成员的策略选择将由 $\alpha=0$ 向 $\alpha=1$ 状态演进，即博弈的均衡状态由（0，1，0）向（1，1，0）演进。下一步来判断策略（1，1，0）的策略状态是否稳定。当业务部门参与 IT 建设，高层管理团队开始精通 IT 治理后，为了获得更大的利益，IT 部门也开始共享 IT 资源与 IT 建设成果，由 $\gamma=0$ 开始变为 $\gamma=0.01$，对此状态（1，1，0.01）进行仿真分析，结果如图 6－8 所示。

如图 6－8 所示，演化博弈的结果表明博弈的均衡状态由（1，1，0）向（1，1，1）演进，即当高层管理团队精通 IT 治理，业务部门参与 IT 建设时，IT 部门最终会共享信息资源。当策略为（1，1，1）时，高层管理团队开始松懈，不再用心经营 IT 治理，$\alpha=1$ 变为 $\alpha=0.8$，对（0.8，1，1）进行仿真分析，发现仿真结果如图 6－9 所示。

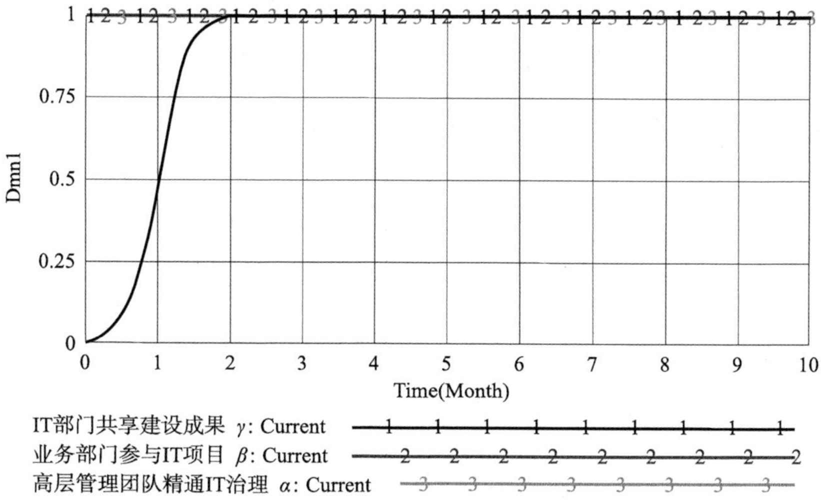

图 6－8　策略（1，1，0.01）的演化博弈过程

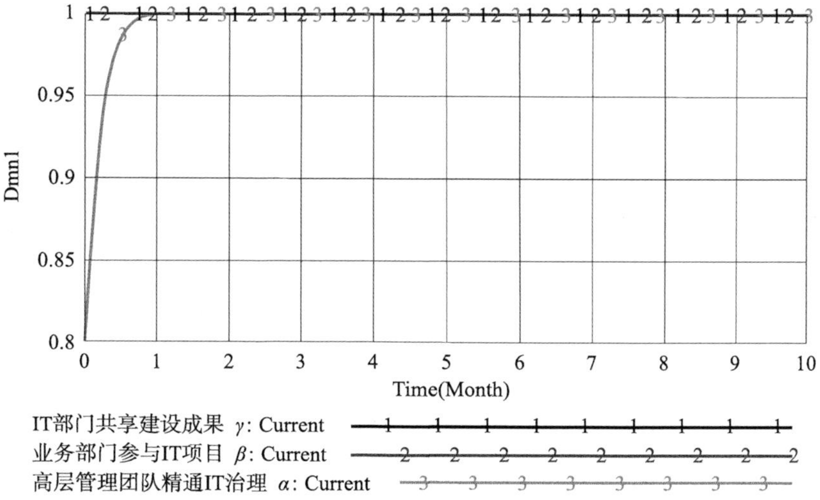

图 6－9　策略（0.8，1，1）的演化博弈过程

观察图 6－9 发现，当博弈策略为（0.8，1，1）时，博弈的最终结果仍为（1，1，1），所以，（1，1，1）为演化稳定策略均衡。通过分析上述达到演化博弈稳定策略均衡的过程可知，当业务部门开始参与 IT 建设时，企业中就会出现多主体发布任务、沟通协调不畅等问题，就会对高层管理团队提出更高的要求，迫使他们开始认真钻研 IT 治理理论，应用 IT 治理理论解决企业实际问题。精通 IT 治理的高层管理团队支持业务部门参与 IT 建设，会对 IT 部门不共享信息进行惩罚，所以 IT 部门也会逐渐趋向于共享 IT 资源及建设成果，最终达到（精通、参与、共享）均衡状态。

6.6 IT 治理中参与主体的演化博弈结果分析

（1）在演化博弈模型的构建过程中，高层管理团队是否精通 IT 治理的期望收益并不确定，业务部门参与策略的期望收益大于不参与策略的期望收益，IT 部门共享策略的期望收益大于不共享策略的期望收益。根据此结果判断，业务部门会趋向于参与 IT 项目建设，IT 部门愿意共享 IT 资源及 IT 建设成果。

（2）对演化博弈模型的局部均衡点的稳定性分析过程中，虽然不能通过数学方法直接判断各均衡点的稳定性，但是通过观察矩阵发现，精通 IT 治理情况下高层管理团队参与 IT 项目所承担的成本 b、对 IT 部门不共享 IT 建设成果的处罚 c、业务部门参与 IT 项目给高层管理团队带来的额外收益 d、业务部门选择参与 IT 项目所获得的固定收益 e、业务部门选择参与 IT 项目所承担的成本 f、IT 部门不共享建设成果为业务部门带来的损失 g、高层管理部门精通 IT 治理时 IT 部门不共享建设成果给业务部门造成损失的补偿 h 等作为关键因素会影响局部均衡点稳定分析的结果。而这些关键因素正是受到 IT 治理中参与主体的博弈风险因素的影响。

（3）基于 SD 的 IT 治理中参与主体的行为演化博弈仿真分析的结果显示，IT 治理中参与主体的演化博弈策略均衡（精通、参与、共享），是企业规避 IT 治理中参与主体的博弈风险后的最优状态。而通过观察仿真分析过程发现，为实现演化博弈策略均衡，首先需要业务部门参与 IT 项目建设，这是应对 IT 治理中参与主体的博弈风险的第一步。

本章小结

本章结合企业实际情况，首先，选择了企业中 IT 治理的参与主体：最高管理层的高层管理团队以及执行管理层的业务部门和 IT 部门；其次，根据文献研究和企业的 IT 治理现状，分析 IT 治理中参与主体之间的行为博弈焦点；再次，依据博弈焦点识别出 IT 治理中参与主体的行为博弈存在的风险；最后，基于系统动力学就 IT 治理主体的演化博弈行为进行仿真分析，找到了演化博弈均衡点。

7 面向利益主体的IT风险规避策略

从IT产品或服务供应链的视角来看，各方利益主体发挥着不同的作用，只有各方主体在协同的基础上，从自身的角度，最大限度地规避和防范风险，才能降低整个供应链的风险。从前面章节的分析中，我们可以看到，每一个利益主体面临的风险不尽相同，因此难以形成统一的风险规避范式。本章将根据各方主体参与供应链的行为特点，有针对性地给出IT风险规避方案。

7.1 IT产品或服务供应商风险应对策略

7.1.1 搭建风险知识共享平台，为风险管理实践提供支持

从前面的分析中我们知道，IT产品服务提供商的风险意识在逐渐加强，风险管理活动也逐渐普及，但是在风险识别和风险分析实践中缺乏经验指导，会存在一定的盲目性，因此实践效果较差。这是因为组织中缺乏风险知识积累。归根结底，是组织的知识管理问题，无论显性知识还是隐性知识，都没有内化为组织的资产。在知识经济时代，知识管理逐渐成为组织管理控制协调的重要支撑。因此将知识管理嵌入风险管理框架是非常必要的。具体需要做到以下几点。

1. 培养风险知识积累的意识，形成知识积累的良好氛围

无论需求分析还是系统开发、系统实施，每一个过程都需要有记录和总结，把风险点提炼出来，由专人在一定时期内进行收集、分类、总结，形成

知识档案，为其他项目及人员提供参考。建立良好的激励和约束机制，鼓励大家善于发现风险点和勇于分享风险点；对于没有风险意识，对风险积累没有贡献的人员进行帮扶，营造人人关注风险、随时记录风险的氛围。

2. 建立动态的风险知识共享平台

结合组织内社交媒体和信息系统的现状，通过自建、购买等方式，建立风险知识采集、存储、发布的有效渠道，构建适合组织的风险知识共享平台。特别要考虑到 IT 项目系统的特点，结合数据驱动的风险知识获取方法和基于专家风险知识获取方法，构建风险知识集，按照第 5 章建立的流程性知识和静态知识的知识表达和展示形式，形成风险知识地图或知识图谱。并通过第 5 章提供的知识库组织方式构建风险知识库，利用关系数据库的链接和贝叶斯网络等工具，实现风险知识的自更新，切实把风险知识长期积累落到实处。

7.1.2 构建科学的风险治理体系，规范风险管理活动

1. 构建科学的风险治理体系

建立项目经理为主要负责人的项目风险管理机构，以 IT 项目开发周期内的各项工作为主线，合理划分风险责任矩阵，明确参与各方的权利关系，加强各项工作的协调，落实风险责任制。使每个项目成员意识到风险管理的重要性，承担起相应的风险识别、风险分析、风险应对的责任，并抓好风险责任落实工作，建立实时的风险监控机制，由责任人定期反馈风险点动态，做到早发现、早应对。

2. 建立 IT 产品开发标准，规范 IT 产品开发过程

搭建 SOA 架构项目开发平台规避需求变动风险。为规避用户需求快速变化带来的风险，建立 SOA 架构项目开发平台是非常必要的。SOA 是在编程系统上对业务流程的建模，并且搭建速度快、维护简单，还可以跨网络、跨平台进行数据交换。SOA 架构是以基本的业务功能作为系统的基本实现单元来进行业务模块“组装”。业务功能的实现通过以下四个简单步骤进行业务逻辑的定义和编排。一是业务建模。在定义业务范围以及识别业务控制粒度的基础上对业务节点进行明确。二是模块封装。基于识别的粒度，定义模块逻辑的输出以

及输入功能属性。三是流程编排。按照业务流程的相关要求，排列并封装模块。四是测试交付。在对系统进行测试完毕后，符合要求的系统可以交付使用。

制定统一的开发架构标准，规避不同部门交接风险。统一的技术框架不仅可以解决因为开发人员流动引起的人手不足的问题，还可以对人员结构进行快速调整，减缓人员流动，确保项目如期完工。通过统一的开发架构可以达到不同系统之间快速协作、横向流动的目的，同时还有利于技术问题的解决和提高开发效率。构建一个和目前系统相匹配的MVC架构，制定和明确所有开发标准，不仅包括系统测试、单元测试、系统性能效率以及集成测试，同时还包括可测量性、设计标准、用户界面标准以及回归测试等。按照统一标准，可以提供维护效率，还可以解决诸如代码编写质量低下、开发人员技术水平不一而导致的项目进度缓慢的问题，此外还可以方便评审人员对相关代码进行规范化评审。

3. 加强开发过程的信息透明化及可视化，为风险预警提供基础

项目的顺利进行离不开项目组成员的协作，但协作的前提是信息共享。如果协作双方不知道对方进程的话，很难形成良好的协同效应，况且各方利益是一致的，不存在信息泄露的问题。在各行各业信息化的背景下，生产过程信息化、项目管理信息化还需要进一步深入。

IT产品组织作为信息技术的发起者，更应在过程化管理领域起引领作用。项目管理信息系统，作为项目信息跟踪平台，可以减少项目成员之间因为信息不对称引起的冲突或失误，减少系统内耗。而且需要从企业文化角度营造信息共享的氛围，使每个项目成员在关注技术的同时，也关注项目管理，养成在做每一件工作时在系统中留痕的习惯。只有这样，才能使开发过程透明化，大家才能共享信息，查漏补缺，提示风险点，尽早发现问题，为规避风险提供支持。

7.2 企业内部风险应对策略

通过对IT治理中参与主体的行为演化博弈结果进行分析，发现：

①业务部门中只要有部分成员选择参与 IT 项目建设，最终就会整体选择参与策略；②当业务部门开始参与 IT 建设，IT 治理中参与主体的博弈结果最终会达到（精通，参与，共享）均衡状态。这个结果说明，业务部门在 IT 治理中参与主体的博弈风险应对具有重要作用。业务部门积极参与 IT 项目建设是应对 IT 治理中参与主体的博弈风险的第一步。本章在应对 IT 治理中参与主体的行为博弈风险问题上，分别针对业务部门、高层管理团队、IT 部门三方提出风险的应对策略。

7.2.1 针对业务部门的风险应对策略

企业的信息化建设不仅是高层管理团队和 IT 部门的职责，也需要业务部门的参与和配合。尤其是通过以上 IT 治理中参与主体的博弈过程发现，在企业信息化建设过程中，业务部门的参与策略对企业信息化的整体建设有重要影响，所以对业务部门采取适当的激励策略显得尤为重要。

1. 加强业务部门的 IT 治理培训

企业应当聘请精通 IT 治理的导师对业务部门进行 IT 治理培训，根据企业的实际情况分批次进行。首先，应当培训各个业务部门的主管人员，使其充分认识 IT 治理对企业信息化建设的重要性，明确业务部门在企业 IT 治理过程中担当的重要角色；其次，对业务部门的其他成员进行培训，可以由各个业务部门单独进行培训，使其成员在初步了解 IT 治理的同时，明晰所在部门在 IT 治理过程中承担的责任，以及如何积极配合部门领导参与 IT 项目建设，以更好地发挥业务部门在企业 IT 治理中的作用。

2. 业务部门参与的奖励措施

业务部门参与企业信息化建设，获取收益的同时，也要付出相应的成本和承担一定的风险。现阶段，大多数企业中，业务部门不参与 IT 项目建设的主要原因是不愿意承担 IT 项目建设失败所带来的风险损失，所以这就需要高层管理团队结合企业的发展情况，采取有效的奖励措施，鼓励业务部门参与 IT 项目建设。例如，在业务部门参与 IT 项目建设时，给予一定的资金支持，降低业务部门参与项目的成本；或者在 IT 部门不能很好地应对 IT 风险，共享 IT 建设成果，对业务部门造成损失时，高层管理团队给予适当的补偿。这些支持和补偿对业务部门参与 IT 治理的积极性有很大的影响，但是具体数额应当结合企业的实际情况进行制定，不能一味地盲目投资，反而适得其反，对 IT 建设造成不可弥补的损失。

3. 业务部门的监管与评估

在对业务部门进行 IT 治理培训，制定参与 IT 建设的奖励条件之后，业务部门积极参与 IT 建设，但在其参与建设过程中，仍需要企业安排专职人员对其参与情况进行监管和评估。这有利于 IT 治理目标的实现以及及时发现业务部门参与过程中存在的问题，并采取应对策略。也可以与企业的 IT 治理监控和评估过程联系起来，从企业整体方面调整业务部门的策略和目标。

7.2.2 针对高层管理团队的风险应对策略

在业务部门积极参与 IT 项目建设以后，由于 IT 项目建设过程参与主体的多样性和复杂性，要求高层管理团队精通 IT 治理，能够结合企业的实际情况，实施 IT 治理。结合企业的 IT 治理现状以及 IT 治理中参与主体的博弈分析结果，对高水平企业的 IT 治理经验和先进做法进行了解，提出了 IT 治理的具体方案和实施措施，解决现有问题，规避 IT 治理风险，提高企业绩效。

1. IT 治理决策权分配问题

Peter Weill 和 Jeanne W. Rose 在《IT 治理——一流绩效企业的 IT 治理之道》中一直在强调对于有效治理需要解决的三个方面的问题，一是哪些决策需要制定？二是这些决策的制定主体是谁？三是对于这些决策如何进行制定和监控？从中我们可以看出，要解决 IT 治理的决策权分配问题，首先要明确企业都要做出哪些决策。所有企业在 IT 治理过程中必须解决以下五个方面的问题，一是 IT 原则决策，二是 IT 架构决策，三是 IT 基础设施决策，四是业务应用需求决策，五是 IT 投资以及优先顺序决策。这些问题以及它们之间的相互关系通过图 7 -1 可以看出。

<table>
<tr><td colspan="3">IT 原则决策
高层对于企业怎样使用 IT 的具体描述</td></tr>
<tr><td rowspan="2">IT 架构决策
通过相关决策、关系以及技术选择、组织来获得相关数据、应用以及基础设施的逻辑，在此基础上实现预期商业、技术的标准化以及一体化</td><td>IT 基础设施决策
对于 IT 服务进行集中协调以及共享，这样就能提升 IT 能力</td><td rowspan="2">IT 投资和优先顺序决策
IT 究竟在哪些方面需要进行投资以及具体的投资决策，不仅包括项目审批，同时还包括论证技术</td></tr>
<tr><td>业务应用需求决策
确定业务需求，以便进行购买 IT 应用系统，或者开发 IT 应用系统</td></tr>
</table>

注：2003 MIT Sloan Scholl Center for Information Systems Research（CISR）

图 7－1　关键的 IT 治理决策

在图 7－1 中，框架的最顶部就是“IT 原则决策”。通过 IT 原则决策可以看出，高层管理团队需要明确决策的具体方向，也就是 IT 治理的具体目标。如果该原则不能明确，那么其他决策之间就无法进行真正意义上的融合。在整个架构当中，IT 原则最终会转化为整合需求以及标准化需求，进而对技术路线图以及提供能力进行描绘。资源配置由 IT 投资和优先顺序决策来负责。基础设施以及应用需求是根据标准和原则从上而下来做出决策。IT 能力由基础设施创建，同时又受到 IT 应用的影响。IT 应用程序的需求由业务需求以及机会来确定。最后，基础设施和业务应用需求通过投资决策来选择并支持。这些基础设施和业务应用需求会形成一个架构，这个架构包括 IT 原则以及商业原则。

根据不同的 IT 决策，选择不同的治理原型，就是对决策权的治理原型进行明确：

（1）业务君主制——最高管理者。业务主管可能是一个，也可能是一群。主要包括高级业务主管委员会，也可能包括 CIO，但是独立设置的 IT 主管不包含其中。

（2）IT 君主制——IT 专家。IT 主管可能是一个，也可能是一群。可以用来制定 IT 架构和 IT 基础设施战略决策。

（3）封建制——每个业务部门独立决策。业务单位领导，关键流程负责人或其代表。

（4）联邦制——联合决策。决策主体不仅是决策层，同时还包括业务部门，IT 部门有或者没有参加；决策主体主要包括两种，一种是核心级主管，另一种是业务团队。此外，IT 主管也有可能参与其中。这种模式实际上和中央政府以及州政府协同工作的模式十分相似，可以用来制定业务应用需求和 IT 投资决策，主要为以上五项 IT 决策提供输入。

（5）IT 双寡头制——决策主体主要有两个。一是 IT 团队，二是其他某个团队，可能是最高决策层，也有可能是业务部门主管。可以用来制定 IT 原则、业务应用需求和 IT 投资决策。

（6）无政府制——决策由独立的个体或者小团体制定。

2. 实施 IT 治理的机制

好的治理机制能够调和代表企业中目标相互冲突的个体，使他们的观点与企业的利益相一致。实施 IT 治理机制可以应对费用分摊风险和沟通风险。好的治理机制包括三个方面，一是结构，二是流程，三是沟通。IT 决策组织单元以及角色由决策制定机构负责，同时负责实施治理计划；联合流程的目的是确保日常活动和 IT 政策保持一致，同时包括确保输入信息可以实现返回决策的流程；沟通方法使得 IT 治理政策、原则以及流程制定过程中所产生的公告、渠道以及倡议等得到有效传播。

（1）费用分摊机制

把集中的 IT 成本向各个业务部门进行分摊的会计制度称为费用分摊机制。很多企业通过该机制把 IT 决策过程中所涉及的三个方面的决策，即基础设施决策、业务应用需求决策、IT 投资决策和业务目标结合起来。费用分摊机制的目的就是分摊成本，使得共享服务单元能够将它支持的服务与成本进行匹配，从而使得各个业务部门的 IT 成本可以把共享服务的使用情况反映出来。费用分摊机制能够促进企业 IT 成本的有效利用，费用分摊流程能够证明费用的节省是由共享服务带来的。费用分摊机制可以在 IT 部门和业务部门之间推动，为 IT 治理决策提供有效的信息。

（2）业务/IT 关系经理

业务/IT 关系经理的出现是为了解决企业中存在的 IT 沟通风险。业务/IT 关系经理不仅会对沟通和了解产生影响，同时也会对业务部门经理需求的支持产生影响。这对业务/关系经理提出了更高的要求，要求他们是名副其实的混合型人才，不仅可以对各种业务问题进行充分考虑，如有效的市场细分，又能够充分考虑技术问题，如最好是设计分布式数据库来收集客户细分市场的信息。业务/关系经理的成功会使得任何类型的治理原型都有效。这些业务/关系经理能够帮助业务部门详细描述自己的业务需求、最大化本部门的价值和最小化本部门的 IT 成本，有利于拉近业务部门和 IT 部门的关系。关系管理成功的关键就在于是否拥有一个高水平的、能够得到高层管理团队尊重的业务/关系经理。

3. 有效的 IT 治理安排

在激励业务部门参与 IT 项目建设后，根据第 6 章分析的 IT 治理中参与主体的博弈风险分析的结果，为达到 IT 治理中参与主体的行为演化博弈均衡状态，应通过有效的 IT 治理来应对企业架构风险。通过建立统一的信息管理平台和开发架构来规范化企业的信息建设过程，使得业务需求能够更好的实现，降低企业信息化过程中的相关风险。

4. IT 治理的监控与评估

治理体系的运行需要依据环境的变化不断进行调整，从而使 IT 治理体系能够适应不同的环境，这就要求实时地、持续地进行监控，及时发现问题，并制定解决方案。通过审核机制可以连续监控 IT 治理体系以及质量体系，确保这两个体系得以完善，可以应对 IT 治理中参与主体在博弈中的监管风险。企业需要从以下几个方面着手来构建三级审核体系，该体系不仅包括内控系统、绩效评估以及监控评价的有效性和规定，同时还包括遵循外部监管。

企业目标逐层分解。在 IT 治理过程中，通过目标级联的方式把企业整体目标细分为多个活动目标，然后制定相关的 KPI，根据这种量化指标监督和评估 IT 治理的实施和效果，保证 IT 流程达到相应的标准。

引用质量审计角色。质量审计人员根据公司的 IT 治理方针和管理政策，根据企业相关标准，帮助项目组制定科学的全面质量管理策略以及审计策略。在评审的过程中，对项目组基于既定质量标准的执行状况进行监督。在已经建立的审计部门中设立独立的 IT 审计部门，依据公司 IT 治理方针、信息安全体系、质量管理体系等要求，定期或不定期组织开展审查工作，覆盖项目组日常工作的全部，对于 IT 项目是否和企业既定发展方针进行评价，对于相应体系是否持续有效得以实施进行相关验证，及时发现 IT 治理过程中的疏忽、质量管理体系中的不足之处、信息安全体系中的漏洞，并采取相关措施来构建反馈系统，不断提高质量和客户满意度，确保 IT 治理符合法律法规，确保质量体系得以不断完善。

通过定期的外审保证审计的独立性和公正性。外审能够站在中立角度且更容易发现问题，从而确保相应体系得到不断的完善，确保 IT 项目得以顺利平稳地运行。具备相关资质以及条件的审计机构对 IT 治理的相关活动进行审查的过程就称为外审。外审人员具有独立性，和企业 IT 治理主要参与主体没有任何依附关系，这样就能确保 IT 治理活动严格遵守法律法规以及企业规章制度。依托三级监管体系可以确保 IT 治理方针以及各项规章制度落实到位。三级监管体系主要包括以下三个方面的内容，一是质量管理人员会对 IT 项目相关工作进行监督，二是内审会对质量管理人员的工作进行监督，三是外审对内审工作进行监督。

7.2.3 针对 IT 部门的风险应对策略

在业务部门积极参与 IT 项目建设后，高层管理团队也应逐步深入研究 IT 治理，为规避 IT 治理中参与主体的博弈产生的相关风险采取有效的措施，同时，还需要 IT 部门的积极配合，采取有效的措施进行风险应对。

1. 健全 IT 治理服务体系

(1) 建立规范的配置管理策略

配置管理（Configuration Management，CM）指的是在信息系统的整个生命周期中，通过技术或行政手段全面地管理和控制信息系统建设的成果。详细记录演化的全过程实际上就是对系统生命周期的每一个阶段的变化进行真实记录，为今后系统的维护以及升级提供有价值的信息。配置管理的过程实际上是在对 IT 产品和硬件进行控制的过程，对于所有文档和信息进行详细记载，进而生成相关报告，帮助管理层对项目整体状况进行全面了解，采取有效措施来提高工作效率。人员流动会导致信息资产流失，配置管理使得分工更加明确，流程更加规范，使得资产流失问题得到有效解决，从而使新的成员可以快速地完成任务交接。

在配置管理的过程中可以有效建立代码以及文档的版本管理制度。在项目启动初期就进行配置管理，进而对历史变更信息进行查阅，这样就能为后期系统的维护和升级提供强有力的数据支持。对于系统变更过程，系统维护人员可以有据可查，对于知识的积累形成有效保护，使得系统维护的效率大大提高。

需要根据企业的实际状况来制定项目配置管理规范；要根据信息系统的不同时期来制定相关的配置系统；在项目组中来定位配置人员的角色；在配置管理过程中，引用权限管理机制以及加密机制，确保信息的安全可靠性。

（2）建立标准的系统维护服务

企业需要充分考虑现阶段的发展状况来构建 IT 服务协议框架，为客户以及服务提供者提供一个公平公正的管理流程。业务需求和优先级与协议框架要保持一致。信息系统是否能够支持企业当前的发展需要在一定程度上由 IT 服务的内容和质量决定，这会对企业的发展速度产生直接影响。

首先，构建标准化企业 IT 服务流程。在使用系统过程中，如果最终用户碰到问题，最先通过本地 IT 部门来加以解决。如果本地 IT 部门处理不了再交由 IT 服务部门进行处理或者给予本地部门技术帮助。IT 服务部门也主要根据标准化流程来处理客户问题，根据严重性程度把问题划分为三类，一是一般问题，二是急问题，三是紧急问题。在标准化流程的支持下，无效请求大大减少，使得客户的满意度大大提高。

其次，构建 SLA 服务保障协议。依托所有业务和 IT 服务的关系程度，在进行详细调查的基础上来明确考核内容。在现行 IT 服务内容的基础上，对当前 IT 服务方面的差距进行分析和明确。把目前的服务水平和考核内容进行比较，在此基础上来明确当前服务目标，采取科学有效的改进措施。这样就能确保框架协议在客户和服务提供者之间形成相应的约束，确保双方之间可以尽快达成共识。

该框架主要涉及以下三个方面的内容。一是建立服务需求定义。把客户业务需求以及需求服务内容进行梳理，同时整理成文档形式。二是服务水平协议，即 SLAB。根据服务需求来定义和签署服务水平协议。该协议不仅包括客户职责以及对服务支持的要求，同时还包括服务的定量和定性衡量标准以及责任和角色。三是运营水平协议。从技术层面上对服务水平协议实现的内容进行定义。

最后，确保监控制度和报告制度得以实施。根据服务水平协议以及运营水平协议，由 IT 服务部门来收集、统计以及分析日常数据和信息，并在此基础上对未来发展趋势进行预测，进而调整和完善原有计划。最终使得 IT 服务质量符合企业现在以及未来发展的要求。

想要保证系统维护工作顺利开展就要建立系统维护服务体制。在项目开发初始阶段，IT 服务部门就需要着手建立系统服务体制，维护人员就需要积极参与其中，这样不仅可以对组织过程形成有效保护，同时还可以确保系统客户满意度以及应用能力得到提高。

2. 维护企业信息安全和数据安全

企业通过建立信息系统可以实现信息的内外交换以及共享，这样不仅使得企业经营管理效率大大提高，同时也使得企业经营成本极大降低。但是我们也清楚地认识到，在信息系统下，信息得不到传统物理边界的有效保护，使企业面临着信息泄露的风险和挑战。因此，企业需要结合自身实际情况来构建科学完善的信息安全管理机制，对客户信息以及组织信息进行全方位保护，规避一些信息安全风险。这些信息安全风险不仅包括非授权方位、数据传输安全以及非法复制，同时还包括黑客恶意攻击以及局域网安全等。

为了维护企业的信息安全以及数据安全，企业还可以制定信息安全手册以及规范。信息安全手册以及规范不仅包括信息安全风险管理规范、信息管理规范、计算机终端安全管理规范、物理与环境安全管理规范、网络安全管理规范、信息安全管理体系文件管理规范以及信息安全事件管理规范，同时还包括人员安全管理规范、邮件安全管理规范、业务连续性管理规范、组织安全管理规范、设备安全管理规范、信息系统开发安全管理规范、备份管理规范以及信息安全管理体系审核与评价规范等。

建立信息安全事件响应机制。企业可以结合实际情况来构建以主要责任人为第一责任人的信息安全事件响应组织架构，设立信息安全专员，负责管理、监督信息安全工作，其必须熟知信息安全事件应急预案等规章制度，确保如果发生安全事故，可以在最短的时间内使事故得到有效控制和处置。

制定信息资产分级制度。根据企业的相关价值将信息资产划分为三个不同等级，一是“机密”信息，二是“秘密”信息，三是“公共”信息。同时采取多种措施控制潜在的信息安全风险，包括物理访问控制、权限识别、授权确认等。

7.3 企业外部风险的应对策略

7.3.1 信息全面共享化，减少信息不对称

1. 政府部门监管与协调

政府部门通过强制性的措施来阻止逆向选择行为的发生，全面有效协调 IT 行业项目主体的行为，信息不对称的影响也将被消除，通常由制度化的方式来实施。首先，建立 IT 产品市场信用制度，制定相关法律、法规来维护社会信用，提高信用信息透明度，借助公开的社会信用信息网络，激励、引导 IT 行业项目主体以诚信为本的行为[1]；其次，培养 IT 产品市场的信用意识，加大舆论宣传力度，提高企业信用管理和防范风险意识，加强信用教育。政府部门可以通过制度化信息来调节 IT 产品开发商与 IT 用户的交易行为，这是解决 IT 行业信息不对称的最强有力的手段，是解决逆向选择与道德风险的有效办法。

因此，为了建立有效的市场竞争机制，保证 IT 产品市场的正常运行，建议政府部门出台相应的 IT 行业监管政策，建立和完善 IT 行业的信用法规体系，加强法制建设，是降低 IT 项目行为主体风险的重要保障；建立并完善 IT 项目的制度规范，是提高 IT 项目质量、防范 IT 项目行为主体风险的重要保证。实施正确的引导和有力的监督来改善整个行业环境，营造良好的 IT 行业环境。

2. 基于网络特征的知识共享

信息不对称实质上就是信息不完全，想要降低或者消除风险，还需抓住信息这一关键核心。信息沟通渠道不完善，将产生严重的风险问题。因此，在 IT 项目活动中，IT 产品开发商、IT 产品代理商、第三方监理及 IT 用户均可利用各方面的力量来获取全面的信息，以降低或消除由信息不对称引起的各种风险[2]。降低信息不对称的最有效手段是进行全面的信息披露，提高信用信息的透明度，建立公开、公正、公平的市场竞争秩序，充分利用当代发展迅速的计

算机网络提高信息的共享率和利用率，保证信息的时效性。

在传统商品市场中，当人们对某种商品的质量或功能信息不了解时，总是会向身边的人，特别是向那些使用过该商品的人进行咨询，以便获取更多的信息。随着互联网的快速发展，越来越多的人通过网络发布和获取信息，特别是近年来百度等搜索引擎的出现，使人们能够更加快速便捷地查询自己想要了解的信息。IT 产品消费者拥有便利的上网条件，应该充分利用互联网通信便捷、覆盖面广的优点，相互间通过网络积极地进行交流和沟通，将自己使用过的 IT 产品的相关信息与他人共享。这种方式可以实现消费者之间的信息互补，极大地改善信息不对称的情况，促进整个 IT 产品市场的健康发展。

7.3.2 防范逆向选择问题引发的风险

1. 信号传递与信息甄别

在 IT 产品市场中，信息传递有两种方式，第一，声誉信号，就是 IT 产品开发商通过过去的经验所形成的声誉向 IT 用户传递信息，表明自己所提供的信息真实可靠，IT 产品开发商可以采用信号传递的方法来消除与用户之间的信息障碍。第二，信息披露，就是 IT 产品开发商向 IT 用户提供一些材料文件来展示自身的竞争优势。首先，开发商应该投入必要的成本大力宣传自己的产品，打造自己的品牌。消费者对于名牌产品有更多的信赖感，同时，广告的内容可以让用户在一定程度上对 IT 产品的性能有所了解，有效地避免逆向选择的发生。另外，IT 产品开发商可以采取推出免费试用版等方法，让消费者充分了解产品的性能信息，除此之外，开发商还应该承诺提供良好的售后服务，如免费的技术咨询和 IT 产品升级等。这不仅可以激发消费者的购买欲望，同时也是反馈用户信息的重要渠道，开发商可以利用这些反馈信息来捕捉消费者需求的变化趋势，不断完善和改进自己的产品，维持 IT 产品的生命力。

信息甄别是委托人自然选择代理人的过程，IT 产品开发商提供多种合同让 IT 用户选择，IT 用户根据自身的类型选择合适的版本，IT 产品消费者的需求具有分散化的特点，他们对 IT 产品的需求程度以及支付意愿等都存在较大的差异，开发商应该根据目标消费群体的需求层次来细分市场，针对用户特点将产品进行差异化生产并按照不同的价格来销售，可以有效规避逆向选择产生的风险。

2. 加强 IT 项目信息环境建设

信息不对称是影响 IT 项目市场效率，引发 IT 项目风险的重要原因，因此努力收集 IT 项目各方面的信息，是缓解这一问题的重要方法[3]。尽可能提高信息透明度，是防止逆向选择和道德风险行为的强有力手段。在整个 IT 项目活动中，要想搜集到所有关于 IT 产品的信息是不现实的，几乎不可能。因此，建议国家建立一个统一的可共享的 IT 产品开发商信息库，可以随时共享与查询，努力完善信息披露制度、信用建设制度、声誉制度等。IT 项目主体信息系统包括 IT 项目外部信息和内部信息。

（1）外部信息

IT 项目的外部信息包括 IT 产品开发商、IT 产品代理商、第三方监理、IT 用户等项目主体的信息，信息库中除资质、管理能力、专业水平、服务、设备等基本信息外，还包括商业信誉、历史业绩及经验等情况，各项目主体可以通过该信息库查询其他项目主体的信息。

（2）内部信息

内部信息主要指的是各 IT 项目自身所具备的特性，有关 IT 项目的各方面信息可以输入 IT 项目信息系统中，包括 IT 项目的规模、成本数据、IT 产品工作量、IT 产品的应用数据等一切有关 IT 产品方面的信息。

总之，加强 IT 项目信息环境建设，刻不容缓。降低 IT 项目行为主体产生的风险程度，应当扩大信息交流和信息资料的分析、利用。建立综合的对 IT 项目进行信息资料搜集、分析、整理、利用等一系列制度，包括奖励与惩罚机制，要加强 IT 项目行为主体之间的信息交流，提高 IT 项目信息的利用水平。建立声誉平台以规范 IT 行业产品开发商的道德风险行为。用户通过信息共享平台积极了解 IT 项目各方面信息，积极削弱信息不对称带来的影响。IT 项目信息系统内除了具备基础的业务知识而外，还要具备广泛而丰富的相关知识，这是 IT 行业高质量 IT 产品的重要保证，也不失为一个捷径，应及时更新 IT 项目信息系统，并依靠完善的情报资料系统消除信息不对称。

7.3.3 防范道德风险问题引发的风险

1. 引入监理机制，提高监管力度

IT 项目实施各个阶段中引入第三方监理机制进行监督，监督手段可以发现代理人努力程度的一些隐匿信息，这些隐匿信息有助于降低信息的不对称性。在 IT 项目合同执行期间，IT 产品第三方监理监督可以进一步降低来自信息不对称造成的风险。IT 项目活动监督过程可以从质量监督、进度监督和成本监督入手，可以降低 IT 产品开发商与 IT 用户之间的信息不对称程度，第三方监理在监督和管理 IT 项目中，有专业的技术优势，有助于 IT 用户深入了解 IT 产品开发商的资质、技术与价格等信息。

在 IT 项目履约阶段，从第三方监理、IT 产品开发商与 IT 用户三方博弈模型均衡结果中可知，当引入第三方监理后，可以大大降低 IT 产品开发商隐匿技术信息的概率，并且要求 IT 项目监理做到以下两点：第一，要求 IT 项目监理人员拥有丰富的现场开发、实施经验和组织能力，IT 项目监理行业要形成一个比较完善的监理体系，让监理人员在实际工作中规范监理，同时提升监理的实施效果；第二，建立完善的第三方监理信息管理系统，有条不紊地整合信息对于监理监管 IT 项目的开发过程有极大的帮助。

站在用户角度，一方面建议引入第三方监理机制，用监理方信息共享平台与惩罚机制平台来约束 IT 产品开发商隐匿技术信息的行为，建立信息共享平台以确保 IT 产品开发商披露必要的信息，保证 IT 项目用户了解 IT 项目的真实情况。本书建立 IT 项目行为主体之间的冲突分析模型，不只与现实中 IT 行业普遍存在的现象相拟合，而且还能从过程中发现项目存在的风险问题，为 IT 项目开发商与用户提供最优的参考方案。

2. 建立与完善风险预警机制

预警是为了提示 IT 项目行为主体风险发生的可能性，提醒项目行为主体采取防范措施，风险预警机制引入 IT 项目风险管理中是预报、监测、控制风险的一项有益办法，将人员风险、客体风险全部纳入 IT 项目风险预警机制中，将有效地控制 IT 项目风险，降低信息不对称造成的影响。IT 项目风险预警机制包含强大的风险分析方法和风险度量模型及模拟仿真，通过对监测到的数据集进行研究，不仅可以对 IT 项目行为主体风险进行全面的预测，而且能及时防范 IT 项目行为主体造成的风险。

在风险预警系统信息采集和传递过程中会产生大量的信息和数据，运用计算机对这些信息和数据进行收集、存储、加工、分析和处理，会提高 IT 项目风险预警的效率和准确性。IT 项目风险预警系统把 IT 项目活动所包含的风险因素作为自己的研究对象，对 IT 项目活动状态进行监测、识别、评价、预控，同时不断调整 IT 项目活动的过程、状态以规避或降低风险，从而确保 IT 项目处于良性运行状态。

3. 完善信息激励与约束机制

（1）激励与约束机制

由 IT 产品开发商与代理商在销售阶段的博弈均衡结果可知，IT 产品开发商在制定契约时，应采取绩效工资代替固定报酬的方式，由模型可知，站在 IT 产品开发商的角度考虑，一方面，IT 产品开发商要设立有效的激励机制，提高金额 $W(h)$ 或者降低金额 $W(l)$，同时在保证代理商能接受成本的情况下，对超额完成任务的代理商给予丰厚的奖励，对没完成定额的代理商，应扣罚薪酬。另一方面，最初确定双方契约内容，如果代理商接受，就按契约所设定的执行，杜绝双方事后谈判，建议开发商可以采用相对绩效来降低风险成本。

信息不对称下，防范 IT 项目风险行之有效的方法为建立科学合理的激励与约束机制。IT 项目行为主体之间存在信息不对称现象，造成逆向选择与道德风险，建立一套有效、完善的激励与约束机制，有利于 IT 项目活动的顺利进行，一般来说，根据委托—代理理论，IT 产品开发商与 IT 产品代理商之间是一种契约关系，双方签订契约，契约具有较强的约束作用。IT 产品开发商为了维护自身利益，在其无法观测 IT 产品代理商的销售行为时，需要制定一套完善且严格的激励与约束方案，既保证自身利益最大化，又保证 IT 产品代理商努力程度达到最佳状态。

在 IT 项目合同中应明确赔偿责任与终止合同的权利，制定激励与约束协议以使信息透明化，降低信息不对称程度，在 IT 项目管理中，IT 产品开发商需要设计一种 IT 产品代理商及用户都愿意接受的契约，IT 产品开发商借助激励合同使得 IT 产品代理商觉得有利可图，使 IT 产品代理商努力所得的收益大过于偷懒所得的收益，促使 IT 产品代理商有参与积极性，为自身利益最大化而甘愿努力工作。

（2）合同机制

在 IT 项目开发的过程中，无论在招投标阶段、项目履约阶段还是销售阶段，都存在着严重的信息不对称风险问题，而签订具有法律约束效力的激励合同可以有效规避信息不对称现象。根据第 4 章博弈均衡结果可知，影响 IT 产品开发商、IT 产品代理商、IT 用户之间的信息不对称程度的因素有很多，例如惩罚力度、监督力度、IT 项目各行为主体的收益等，这些因素的变化，都将引起信息不对称程度的增减，因此，在与 IT 项目开发商协商的时候，必须制定好协议并提高涉及这些影响因素的条款的透明度，并在协议中要求 IT 项目开发商不得隐匿 IT 产品的核心技术信息来规避用户需求，一旦发现 IT 项目开发商选取隐匿的策略，要及时反馈并询问信息，提出自身需求，必要时采取法律手段来维护自身权益。

总之，IT 项目各行为主体之间都应制定相关的具有法律效力的约束合同，并由专业律师仔细核对条款，将造成 IT 项目风险的各项人为因素都添加进合同中，合同中需要标明定期检查、监督其计划执行情况发生结果，如果任意一方 IT 项目行为主体不努力工作、不认真履约，应该果断决策，及时处理甚至终止合同。

本章小结

从 IT 产品或服务集成商、IT 项目发起方、第三方监理以及用户等利益主体参与供应链过程出发，分析了各自 IT 风险规避的着眼点，给出相应的风险规避方案。对于 IT 产品集成供应商，需要利用大数据、人工智能等新兴技术，并结合管理知识，加快风险管理规范化进程，从而提高其风险管理水平。对于 IT 项目发起方来说，在外部风险应对方面，从信息获取与甄别的角度削弱信息不对称带来的影响，在一定程度上防范逆向选择。对于内部风险，需要从 IT 战略和企业战略相协调的角度出发，通过治理决策分配机制设计，健全 IT 治理服务体系以及完善激励与约束机制等方式，最大限度地减少内耗，形成

IT 风险规避共同体。

参考文献

[1] 左其亭，赵春霞. 人水和谐的博弈论研究框架及关键问题讨论 [J]. 自然资源学报，2009，24 (7)：1315 - 1324.

[2] 周鑫. PPP 项目融资风险分担博弈分析 [J]. 合作经济与科技，2009 (14)：78 - 79.

[3] 王性玉，张征争. 中小企业融资困境的博弈论研究 [J]. 管理世界，2005 (4)：149 - 150.

8 结论与展望

8.1 本书主要工作

本书首先以 IT 项目供应方为研究对象，讨论了其如何适应知识经济时代对 IT 项目风险管理转型的需求。从知识管理与风险管理融合的角度对 IT 项目提供方如何应对风险提出解决方案。对 IT 项目风险数据进行提取，通过爬虫手段，确定平台、数据项等要素，得到与 IT 项目风险因素有关的数据。其次，对 IT 项目风险知识获取进行研究，运用语义相似度计算及文本挖掘技术，确定知识属性，构建了包括文本数据提取、隐性知识特征词提炼、知识内容抽取模型的知识获取流程。该流程得到了“流程型”及“描述型”风险知识，旨在从两个方面对风险进行全面管理，同时推广泛化隐性知识半自动化获取流程。再次，对风险知识体系的研究，即风险表达。“流程型”风险知识通过梳理生命周期工作流程，找到各阶段所对应的风险，依据工作流程建立风险传递模型并采用 Petri 网实现对风险传递模型的转换；“描述型”风险知识通过改进领域本体建模，创建基本类层级结构、事物关联层级等，形成 IT 项目“描述型”风险知识本体模型，为 IT 项目风险的规避提供了可视化的参考，同时为知识库的建立提供了技术支撑。最后是知识库的建立，将风险知识按属性类别存放于数据库二维表中来实现知识的存储，根据表的自连接理论建立推理机，形成风险推导过程，便于风险的查询及共享。

利用博弈论的相关知识，对我国软件行业价值链行为主体结构优化进行研究。首先明确了 IT 项目价值链行为主体的含义，梳理了博弈论的相关理论。其次在完全信息静态的情况下，构建了以软件开发商、用户和监理方为行为主体的三方博弈模型，在最优结果的基础上进一步深入分析了影响最优软件行业价值链各方收益的因素，其中引入IT项目行业的第三方监理正是本书的独特之处。然后，在不完全信息条件下研究软件开发方与代理方的两方动态博弈模型，将努力程度作为重要考核指标，引入博弈模型中，在最优结果的基础上进一步深入分析了提高整个价值链体系效率的因素。最后，在博弈模型分析结论的基础上，为我国软件产业链的优化提出相应的政策建议。

在借鉴国内外IT治理领域以及主体行为风险管理领域已有研究成果的基础上，结合中国企业信息化建设过程中的IT治理现状，明确了企业高层管理团队、业务部门以及IT部门等各参与主体的责任，识别了IT治理参与主体行为博弈的风险；将演化博弈理论与系统动力学方法相结合，分析作为主要参与主体的企业高层管理团队、业务部门以及IT部门三方在企业IT治理过程中的行为博弈演化过程，通过建立SD模型，分析得到参与主体行为博弈系统的演化均衡状态，为企业IT治理的顺利实施和风险应对提供理论与方法支持。其研究成果为IT治理主体行为风险管理提供理论依据和方法，丰富和完善了管理学科中主体行为风险管理研究，通过对企业具体的IT治理实施进行研究，为企业的健康发展提供决策支持。

8.2 下一步工作

本书以利益相关者视角讨论了不同行为主体如何满足知识经济时代对IT项目风险管理的需求，根据不同主体面对问题的特点，给出不同的解决方案。但是研究还存在一定的局限性。

首先，从IT项目开发者的角度出发，虽然本书对IT项目风险知识管理过程进行了研究，但是依旧存在以下几点不足：

（1）文本数据来源只着眼于网络平台，主要针对文本数据，但是风险因素的获取途径不仅有文本形式，还有音频、视频等其他形式的文件，且来源于社交平台的风险数据未考虑进去。

（2）风险发生概率难以确定，Petri网中的“Token”标志未充分利用，在未来的研究中，着重确定生命周期中风险流的通畅情况，以此确定风险发生的概率。

其次，从IT项目供应链的角度来看，虽然本书初步对IT治理参与主体的行为博弈风险进行了分析并提出了相应的解决策略，但仍存在很多需要改进和完善的地方，有待进一步进行深入研究，使研究结果为企业更好地实施IT治理，应对IT治理参与主体行为风险提供理论依据和方法支持。

（1）本书选取了高层管理团队、业务部门和IT部门作为IT治理的主要参与主体，但是依据IT治理的定义和范围，IT治理的参与主体是复杂多样的，所以其行为博弈的焦点也是多种多样的，有待进一步分析研究。

（2）本书构建了IT治理参与主体的三方演化博弈模型，还可单独分析任一博弈主体群体内部的博弈过程来详细分析内部策略选择的变化过程。

（3）缺乏实际企业的案例分析，应结合具体企业的实际情况，应用本书的模型和仿真分析进行总结并验证风险应对策略的有效性。

当然，由于研究者知识结构有限，不足之处尚不能枚举，以上不足也是研究者后期进一步探索和讨论的内容。